经典读本丛书

主编　何云峰　刘国良

副主编　贺红山　秦松元　赵小勤　钟健颖　张　玲

参编　（排名不分先后）

刘文英　刘治国　李梅兰　杨玉如　桂金菊　彭双宝

国学经典读本 上

湖南大学出版社·长沙

图书在版编目（CIP）数据

国学经典读本（上）/何云峰，刘国良主编 . —长沙：湖南大学
出版社，2017.9（2021.8 再版）

（经典读本丛书）

ISBN 978-7-5667-1402-2

Ⅰ.①国…　Ⅱ.①何…　②刘…　Ⅲ.①中华文化—师范学校—
教材　Ⅳ.①K203

中国版本图书馆 CIP 数据核字（2017）第 230323 号

国学经典读本（上）

GUOXUE JINGDIAN DUBEN（SHANG）

主　　编：何云峰　刘国良

丛书策划：罗红红　刘　锋

责任编辑：罗红红

特约编辑：周小喜

印　　装：长沙鸿和印务有限公司

开　　本：787 mm×1092 mm　1/16　**印张：**12.5　**字数：**282 千

版　　次：2021 年 8 月第 2 版　**印次：**2021 年 8 月第 1 次印刷

书　　号：ISBN 978-7-5667-1402-2

定　　价：35.00 元

出 版 人：李文邦

出版发行：湖南大学出版社

社　　址：湖南·长沙·岳麓山　　**邮　　编：**410082

电　　话：0731-88822559（营销部），88821343（编辑室），88821006（出版部）

传　　真：0731-88822264（总编室）

网　　址：http://www.hnupress.com

电子邮箱：718907009@qq.com

经典读本丛书编委会

目次

一般来说，"国学"又称"汉学"或"中国学"，泛指传统的中华文化与学术。国学包括中国古代的哲学、史学、宗教学、文学、礼俗学、考据学、伦理学以及中医学、农学、术数、地理、政治、经济及书画、音乐、建筑等诸多方面。

第一章

国学

第一节　国学溯源

一、什么是国学

国学是以先秦的经典及诸子百家学说为根基，涵盖两汉经学、魏晋玄学、隋唐道学、宋明理学、明清实学和同时期的先秦诗赋、汉赋、六朝骈文、唐宋诗词、元曲与明清小说并历代史学等一套特有而完整的文化、学术体系。先秦诸子百家学说是共存共鸣的，没有主从关系，如果按不同时期所起作用而论，各家学说在各个时期都发挥着或显性或隐性作用，只是作用所在的领域不同而已。自汉武帝"罢黜百家，独尊儒术"后，在思想教化领域起主流作用的是儒家，但其他各家学说也在不同的领域发挥着重要作用，比如政治领域的道家与法家，军事领域的道家、兵家，医学领域的道家、医家，还有其他各领域的各家（名家、墨家、农家……），等等。某一领域起主流作用并不代表全部，所以，国学的各个学派学说并没有主从之分，并不存在以哪一家学派学说为主体的片面说法。

关于国学的分类，目前比较通用的方法之一就是"四库全书"的分类方法，它把国学分为经、史、子、集四大类。

"经"是指古籍经典，如《易经》《诗经》《孝经》《论语》《孟子》等，后来又增加一点语言训诂学方面的著作，如《尔雅》。

"史"指一些史学著作，按年代分，包括通史，如司马迁的《史记》、郑樵的《通志》，断代史，如班固的《汉书》、陈寿的《三国志》、欧阳修的《新五代史》等；按内容分，有政事史，如司马光的《资治通鉴》、李焘的《续资治通鉴长编》等，专详文物典章的制度史，如杜佑的《通典》、马端临的《文献通考》等，还有以地域为记载中心的方志；等等。

"子"是指中国历史上创立一个学说或学派的人物文集和艺术、谱录等书。如儒家的《荀子》，法家的《韩非子》《商君书》，兵家的《孙子》，道家的《老子》《庄子》，以及释家、农家、医家、天文算法、术数、艺术、谱录、杂家、类书、小说家皆入"子部"。

"集"是历史上诸位文人学者的总集和个人的文集。个人的称为"别集"，如《李太白集》《杜工部集》《王荆公集》等；总集如《昭明文选》《文苑英华》《玉台新咏》等。四库未列入的一些古代戏剧作品如《长生殿》《西厢记》《牡丹亭》也属集部。

尽管目前国学的定义与分类尚不能统一，但国学主要精神的内涵却是学术界一致认可的。概括起来，国学所蕴含的精神主要有以下一些方面：（1）天人一体；（2）爱国统一；（3）以人为本；（4）富国富民；（5）诚信谦恭；（6）重义轻利；（7）公道正直；（8）勤劳勇敢；（9）自强不息；（10）厚德载物；等等。

二、国学渊源演变

"国学"一词，出于《周礼·周官·乐师》"掌国学之政，以教国子小舞"，与之相似的还有《周礼·周官·大司乐》"掌成均之法，以治建国之学政"。这里的"国学"，就是指国家的高级教育机构。周代的教育，有国家教育与地方教育之分。地方教育称"乡学"，学校类型有"校""序""庠"，设在地方的自治单位"乡""遂"之中，并由司徒和遂大夫职掌。国家教育称"国学"，设在王城，由乐师、大司乐等官职掌。可见，国学的原义，是指周代中央设在王城的国家教育机构，它与地方的乡学相对。

周代国学，又有小学和大学之别。按照《周礼正义》所述，周王国的小学，建在王宫南大门的左边，由师氏职掌。而王国的大学，建在国都之南郊，包括辟雍、上庠、东序、瞽宗和成均五所，由大司乐职掌。小学和大学的学生称为"国子"，主要是王太子、王子、公卿大夫之嫡子，他们皆为贵族子弟，以与乡学中的平民子弟相区别。贵族子弟八岁入小学，教育内容主要是"六艺"之文和基本的生活规矩。国子十五岁从小学升入大学（大学的国子还包括乡、遂所推荐的贤能），在大学里，他们因时因地依次到辟雍、上庠、东序、瞽宗和成均之中学习干戈乐舞、礼仪典书，大约九年之后毕业。大学教育的目标和步骤，按《礼记·学记》记载："一年视离经辨志，三年视敬业乐群，五年视博习亲师，七年论学取友，谓之小成。九年知类通达，强立而不反，谓之大成。夫然后足以化民易俗，近者说服而远者怀之，此大学之道也。"可见，大学教育之道，就是要让贵族子弟获得"修身、齐家、治国、平天下"的才德。在周代，大学教育是贵族子弟成才的高级阶段，承担着为国家培养"修己治人"之才的使命，是周代国学最重要的部分，以至于有时人们把国学与大学教育等同起来。

后代的国家教育，明显受到国学的影响。周代以降，为了教育王公官僚子弟和平民俊秀，培养人才，各朝各代都重视设立国家教育机构和学校。其中，汉代有太学；晋武帝又设国子学，以与原有的太学并立；北齐为国子寺；隋唐宋时国子监下辖太学、四门、国子学；元代设国子学；明、清为国子监。它们都是国家的高级教育机构，秉承了周代国学的职能。如果说周代国学的教育内容是礼乐文化，那么，周代以后国学的教育内容主要是儒家经典。如汉代太学，主要教授《周易》《尚书》《诗经》《周礼》《春秋》五经；唐代太学、四门、国子学的生徒要学习《周礼》《仪礼》《礼记》《毛诗》《春秋》《左氏传》《公羊传》《穀梁传》《尚书》《周易》《孝经》《论语》等经，闲暇时还可兼习《国语》《尔雅》；北宋国子监的教材有《诗经》《尚书》《周易》《春秋》《左氏传》《公羊传》《穀梁传》《周礼》《仪礼》《礼记》及孔颖达的《五经正义》等；南宋时国学教材在北宋经书的基础上，又增加了朱子的《四书集注》和《仪礼经传通解》、周敦颐的《太极图说》、张载的《西铭》、程颐的《易传序》和《春秋传序》等；明、清的科举考试以"四书五经"为主，学校的课程和教材也主要是"四书五经"，而且"四书"主朱子《集注》，《易》主程颐的《易传》、朱子的《本义》，《书》主蔡氏《传》，《春秋》主《左氏传》《公羊传》《穀梁传》，《礼记》主古注，等等。可以看出，秦汉至明清，国家的最高学校名称虽各异，学生所学的课程和教材亦有变化，但它们基本秉承了周代"国学"作为国家教育机构的原义，其作为教材的儒家经典，实际上与周代的"礼乐文化"一脉相承。一句话，在古代，国学就是国家办的高级教育机构，其教育的核心是周朝的"礼乐文化"与以孔子为代表的儒学传统和文献，其目标是培养"修己治人"之才。

进入近代，国学的内涵发生了嬗变，国学不再是指国家的教育基地，而是指中国固有学术文化的总体，其间并有"中学"向"国学"转变的分际。19世纪中叶，裹挟着军事经济强势的西方文化进入中国，并冲击着中国固有的文化，由此，古代的"华夷之辨"转变成"中西之辨"。在中西文化的颉颃中，"中学"处于弱势地位。为了实现富强，使中华民族立于不败之地，以魏源、林则徐、曾国藩、左宗棠等人为代表的洋务派，以及以王韬、郑观应、黄遵宪等人为代表的早期改良派，主张在坚持孔子之道的同时，学习西方的技艺器用，他们的主张后来被提炼为"中学为体，西学为用"之论。其中的"中学"，就是指以孔门之学为主的中华固有的学术，它与西方的自然科学、工艺技术、工商法律等知识相对。19世纪末20世纪初，随着中西文化冲突的进一步加剧，中国文化更加弱势，中国面临亡国灭种的危机。为了保国保种，以章太炎为代表的国粹派提出"保存国学""振兴国学"的口号。章太炎认为，国学是国家成立的根本，国学亡而国必亡，国学兴而国自立，国学与国家的命运息息相关、存亡相依。章太炎指出，国学是中国固有的学术文化的总称，它包括"经学、史学、哲学、文学"；相对于"中学"，此时的国学已无"以孔门之学为主"的强调。而章太炎的国学观，被人们普遍接受，成为20世纪知识界对国学的基本看法。

当然，由于中国固有的学术和文化，其内容广泛，包罗万象，因此，说到国学的具体内容，以胡适为代表的"反传统派"和以梁启超、梁漱溟为代表的"传统派"便出现了分歧。反传统派心目中的国学内容，侧重于古代文学史、史学考据文献及诸子作品；而传统派心目中的国学内容，主要是指影响中国人生活和社会心理的儒家经典。就学习国学之目的，反传统派是要清理中国的一段历史和学术史，批判传统儒学的弊病，从中寻找几点与西方现代学术相契合的"真价值"，以便接引西方的知识，在中国"再造"现代文明。相反，传统派研究国学之目的则很明确，他们相信中国固有学术的道德和精神价值，希望人们熟读儒家经典，体验其中的"活灵魂"，并以之修身践履。

由上可知，国学的概念及其内容不是静态的、不变的，而是动态的、变化的。然而，除"反传统派"外，人们对国学的看法，在不断变化中有一不变的红线，即不论是周代的官学、中世的士大夫，还是近代的"传统派"，都把国学当作塑造中华民族独特生活方式和基本价值观的载体，认为以孔子为代表的儒学传统，就是国学的内核所在。

如果明白了国学的内核，今天我们学国学、读国学，面对的就不是让人畏惧、无处下手的中国学术文化的总体，而是以儒学为主脑，在研习"四书五经"的基础上，适当可以旁及先秦诸子、佛道之书及诗词文史，如《大学》《论语》《孟子》《中庸》《易经》《书经》《诗经》《礼记》《左传》《墨子》《老子》《庄子》《荀子》《韩非子》《六祖坛经》《近思录》《传习录》《史记》《资治通鉴》（或《通鉴纪事本末》）《楚辞》《昭明文选》《唐诗三百首》《宋词三百首》《唐宋文选》等。

第二节　国学常识

国学常识是国学的基本知识，学习和掌握必要的国学常识，不仅是开阔视野、增加知识储备、提高个人素质的必经之路，也是推动文化繁荣发展和社会进步的重要因素。然而，国学典籍汗牛充栋，内容庞杂浩繁，即使穷尽毕生之力，也难通万一。为了更方便、更轻松、更快捷地了解和掌握必要的国学常识，我们特对浩如烟海的国学常识进行了适当的取舍，选取了最具代表性、最实用且为我们最感兴趣的内容分门别类进行介绍。

一、文化常识

1. "初唐四杰"：王勃、杨炯、卢照邻、骆宾王。
2. 三国：魏、蜀、吴。
3. "四大古典名著"：《红楼梦》《三国演义》《水浒传》《西游记》。
4. "四大民间传说"：《牛郎织女》《梁山伯与祝英台》《孟姜女》《白蛇传》。
5. 苏轼的散文代表北宋散文的最高成就，在中国诗坛上，苏轼与黄庭坚并称"苏黄"。
6. 马致远的散曲代表作《天净沙·秋思》，被誉为"秋思之祖"。
7. 曹雪芹"披阅十载，增删五次"，创作了我国古典小说中最伟大的现实主义作品

《红楼梦》（又称《石头记》），它问世后就广为流传，深受人们喜爱，还出现了专门研究该书的一门学问——"红学"，"红学"现已成为世界文学研究中的重要课题。

8. 岁寒三友：松、竹、梅。

9. 花中四君子：梅、兰、竹、菊。

10. 文人四友：琴、棋、书、画。

11. 文房四宝：笔、墨、纸、砚。

12. 四库全书：经、史、子、集。

13. 《诗经》"六义"指：风、雅、颂（分类），赋、比、兴（表现手法）。

14. 唐诗、宋词、元曲、明清小说。

15. 桂冠、鳌头、榜首、问鼎、夺魁：第一。

16. 三纲五常："三纲"即父为子纲、君为臣纲、夫为妻纲；"五常"即仁、义、礼、智、信。

17. "四书""五经"："四书"即《论语》《大学》《中庸》《孟子》，"五经"指《诗》《书》《礼》《易》《春秋》。

18. 三皇：天皇、地皇、人皇或伏羲、女娲、神农。

19. 五帝：黄帝、颛顼、帝喾、唐尧、虞舜。

20. 五金：金、银、铜、铁、锡。

21. 五味：酸、甜、苦、辣、咸。

22. 五行：金、木、水、火、土。

23. 五脏：心、肝、脾、肺、肾。

24. 六腑：胃、胆、三焦、膀胱、大肠、小肠。

25. 七情：喜、怒、哀、乐、爱、恶、欲。

26. 五伦：君臣、父子、兄弟、夫妇、朋友。

27. 三姑：尼姑、道姑、卦姑。

28. 六婆：牙婆、媒婆、师婆、虔婆、药婆、稳婆。

29. 九属：玄孙、曾孙、孙、子、身、父、祖父、曾祖父、高祖父。

30. 五谷：稻、黍、稷、麦、豆。

31. 中国八大菜系：四川菜、湖南菜、山东菜、江苏菜、浙江菜、广东菜、福建菜、安徽菜。

32. 五毒：石胆、丹砂、雄黄、矾石、慈石。

33. 五音：宫、商、角、徵、羽。

34. 五彩：青、黄、赤、白、黑。

35. 七宝：金、银、琉璃、珊瑚、砗磲、珍珠、玛瑙。

36. 九宫：正宫、中吕宫、南吕宫、仙吕宫、黄钟宫、大面调、双调、商调、越调。

37. 七大艺术：绘画、音乐、雕塑、戏剧、文学、建筑、电影。

38. 四大名瓷窑：河北磁州窑、浙江龙泉窑、江西景德镇窑、福建德化窑。

39. 四大名旦：梅兰芳、程砚秋、尚小云、荀慧生。

40. 六礼：冠、婚、丧、祭、乡饮酒、相见。

41. 八旗：镶黄、正黄、镶白、正白、镶红、正红、镶蓝、正蓝。

42. 十恶：谋反、谋大逆、谋叛、谋恶逆、不道、大不敬、不孝、不睦、不义、内乱。

43. 三山：安徽黄山、江西庐山、浙江雁荡山。

44. 五岭：越城岭、都庞岭、萌渚岭、骑田岭、大庾岭。

45. 五岳：中岳嵩山（河南）、东岳泰山（山东）、西岳华山（陕西）、南岳衡山（湖南）、北岳恒山（山西）。

46. 五湖：鄱阳湖（江西）、洞庭湖（湖南）、太湖（江苏）、洪泽湖（江苏）、巢湖（安徽）。

47. 四海：渤海、黄海、东海、南海。

48. 四大名桥：广济桥、赵州桥、洛阳桥、卢沟桥。

49. 四大名园：颐和园（北京）、避暑山庄（河北承德）、拙政园（江苏苏州）、留园（江苏苏州）。

50. 四大名刹：灵岩寺（山东长清）、国清寺（浙江天台）、玉泉寺（湖北江陵）、栖霞寺（江苏南京）。

51. 四大名楼：岳阳楼（湖南岳阳）、滕王阁（江西）、黄鹤楼（湖北武昌蛇山）、蓬莱阁（烟台市）。另一说是黄鹤楼、岳阳楼、滕王阁、越王楼。还有一说法是黄鹤楼、岳阳楼、滕王阁、鹳雀楼。

52. 四大名亭：醉翁亭（安徽滁州）、陶然亭（北京）、爱晚亭（湖南长沙）、湖心亭（杭州西湖）。

53. 四大古镇：景德镇（江西）、佛山镇（广东）、汉口镇（湖北）、朱仙镇（河南）。

54. 四大碑林：西安碑林（陕西西安）、孔庙碑林（山东曲阜）、地震碑林（四川西昌）、南门碑林（台湾高雄）。

55. 四大名塔：嵩岳寺塔（河南登封嵩岳寺）、飞虹塔（山西洪洞广胜寺）、释迦塔（山西应县佛宫寺）、千寻塔（云南大理崇圣寺）。

56. 四大石窟：莫高窟（甘肃敦煌）、云冈石窟（山西大同）、龙门石窟（河南洛阳）、麦积山石窟（甘肃天水）。

57. 四大书院：白鹿洞书院（江西庐山）、岳麓书院（湖南长沙）、嵩阳书院（河南嵩山）、应天书院（河南商丘）。

58. 四大佛教名山：浙江普陀山（观音菩萨）、山西五台山（文殊菩萨）、四川峨眉山（普贤菩萨）、安徽九华山（地藏王菩萨）。

59. 四大道教名山：湖北武当山、江西龙虎山、安徽齐云山、四川青城山。

60. 八卦：乾（天）、坤（地）、震（雷）、巽（风）、坎（水）、离（火）、艮（山）、兑（沼）。

61. 八字："八字"也叫"四柱"（年柱、月柱、日柱、时柱），每柱两个字，上为天干（甲、乙、丙、丁、戊、己、庚、辛、壬、癸），下为地支（子、丑、寅、卯、辰、巳、午、未、申、酉、戌、亥），正好八个字，所以称为"八字"。

62. 六子全书：《老子》《庄子》《列子》《荀子》《扬子法言》《文中子中说》。

63. 汉字六书：象形、指事、形声、会意、转注、假借。

64. 书法九势：落笔、转笔、藏锋、藏头、护尾、疾势、掠笔、涩势、横鳞竖勒。

65. 竹林七贤：嵇康、刘伶、阮籍、山涛、阮咸、向秀、王戎。

66. 饮中八仙：李白、贺知章、李适之、李琎、崔宗之、苏晋、张旭、焦遂。

67. 蜀之八仙：容成公、李耳、董仲舒、张道陵、严君平、李八百、范长生、尔朱先生。

68. 扬州八怪：郑板桥、汪士慎、李鳝、黄慎、金农、高翔、李方膺、罗聘。

69. 十三经：《易经》《诗经》《尚书》《周礼》《仪礼》《礼记》《公羊传》《穀梁传》《左传》《孝经》《论语》《尔雅》《孟子》。

70. 四大文化遗产：明清档案、殷墟甲骨、居延汉简、敦煌经卷。

71. 元代四大戏剧：关汉卿《窦娥冤》、王实甫《西厢记》、汤显祖《牡丹亭》、洪昇《长生殿》。

72. 晚清四大谴责小说：李宝嘉《官场现形记》、吴沃尧《二十年目睹之怪现状》、刘鹗《老残游记》、曾朴《孽海花》。

73. 六艺：礼、乐、射、御、书、数。

74. 三从：未嫁从父，既嫁从夫，夫死从子。

75. 四德：妇德、妇言、妇容、妇工（妇女的品德、辞令、仪态、女工）。

76. 三清：元始天尊（清微天玉清境）、灵宝天尊（禹余天上清境）、道德天尊（大赤天太清境）。

77. 四御：北极紫微大帝、南极长生大帝、勾陈上宫天皇大帝、承天效法后土皇地祇。

78. 八仙：铁拐李、钟离权、张果老、吕洞宾、何仙姑、蓝采和、韩湘子、曹国舅。

79. 十八罗汉：布袋罗汉、长眉罗汉、芭蕉罗汉、沉思罗汉、伏虎罗汉、过江罗汉、欢喜罗汉、降龙罗汉、静坐罗汉、举钵罗汉、开心罗汉、看门罗汉、骑象罗汉、探手罗汉、托塔罗汉、挖耳罗汉、笑狮罗汉、坐鹿罗汉。

80. "永字八法"：是说"永"字具有点、横、竖、撇、捺、折、钩、提八种笔画。

81. 古代的学校有庠、序、太学等名称，明清时最高学府为国子监。

82. 三教九流："三教"即儒教、佛教、道教，"九流"即儒家、道家、阴阳家、法家、名家、墨家、纵横家、杂家、农家。

83. 古代科举考试（从隋代至明清）：①童生试，也叫"童试"，应试者不分年龄大小，都称童生，合格后取得生员（秀才、相公）资格，这样才能参加科举考试；②乡试，明清两代每三年在各省省城举行的一次考试，由秀才参加，考取的叫举人，第一名叫解（jiè）元。③会试，明清两代每三年在京城举行的一次考试，各省的举人及国子监监生皆可应考，录取三百名为贡士，第一名叫会元。④殿试，是科举制最高级别的考试，皇帝在殿廷上对会试录取的贡士亲自策问，以定甲第。录取分三甲：一甲三名，赐"进士及第"的称号，第一名称状元（鼎元），第二名称榜眼，第三名称探花，合称"三甲鼎"；二甲若干名，赐"进士出身"的称号；三甲若干名，赐"同进士出身"的称号。

二、作者作品

1. 唐宋八大家：韩愈、柳宗元、欧阳修、苏洵、苏轼、苏辙、王安石、曾巩。

2. 并称"韩柳"的是韩愈和柳宗元，他们是唐朝古文运动的倡导者。

3. 一门父子三词客：苏洵（老苏）、苏轼（大苏）、苏辙（小苏）。

4. 豪放派词人：苏轼、辛弃疾，并称"苏辛"。婉约派词人：李清照（女词人）。

5. 李杜：李白、杜甫。小李杜：李商隐、杜牧。

6. 屈原：我国最早的伟大诗人，他创造了"楚辞"这一新诗体，开创了我国诗歌浪漫主义风格。

7. 孔子：名丘，字仲尼，春秋时鲁国人，他是儒家学派的创始人，被称为"孔圣人"，孟子被称为"亚圣"，两人并称为"孔孟"。

8. 苏轼称赞王维"诗中有画，画中有诗"。

9. 杜甫是唐代伟大的现实主义诗人，其诗广泛深刻地反映了社会现实，被称为"诗史"，杜甫也因此被尊为"诗圣"，其有著名的"三吏"：《潼关吏》《石壕吏》《新安吏》；"三别"：《新婚别》《垂老别》《无家别》。

10. 我国第一部纪传体通史是《史记》（又称《太史公书》），作者是汉朝的司马迁，鲁迅称《史记》为"史家之绝唱，无韵之《离骚》"，有：12本纪、30世家、70列传、10表、8书，共130篇。

11. "四史"：《史记》《汉书》《后汉书》《三国志》。

12. 元曲四大家：关汉卿、郑光祖、白朴、马致远。

13. 《聊斋志异》是我国第一部优秀文言短篇小说集，作者是清代著名小说家蒲松龄。"聊斋"是他的书屋名，"志"是记叙，"异"是奇怪的事情。

14. 书法四大家：颜真卿、柳公权、欧阳询、赵孟頫。

15. 战国时期百家争鸣主要流派及代表：儒家有孔子、孟子；法家有韩非子；道家有老子、庄子、列子；墨家有墨子。

16. 南宋四大家：陆游、杨万里、范成大、尤袤。

17. 边塞诗人：高适、岑参、王昌龄。

18. 唐宗：唐太宗李世民；宋祖：宋太祖赵匡胤；秦皇：秦始皇嬴政；汉武：汉武帝刘彻。

19. 我国第一位田园诗人是东晋的陶渊明（陶潜），他"不为五斗米折腰"。

三、中国文学之最

1. 最早的诗歌总集是《诗经》。

2. 最早的爱国诗人是屈原。

3. 最早的田园诗人是东晋的陶渊明。

4. 最早也是最杰出的边塞诗人是盛唐的高适和岑参。

5. 古代最杰出的豪放派词人是北宋的苏轼。

6. 古代最杰出的女词人是南宋的李清照。

7. 古代最著名的爱国词人是南宋的辛弃疾。

8. 古代最伟大的浪漫主义诗人是唐代的李白。

9. 古代最伟大的现实主义诗人是唐代的杜甫。

10. 古代写诗最多的爱国诗人是南宋的陆游。

11. 古代最著名的长篇神话小说是明代吴承恩的《西游记》。

12. 古代最著名的长篇历史小说是明初罗贯中的《三国演义》。

13. 古代最早写农民起义的长篇小说是元末明初施耐庵的《水浒传》。

14. 古代最伟大的现实主义长篇小说是清代曹雪芹的《红楼梦》。

15. 古代最杰出的长篇讽刺小说是清代吴敬梓的《儒林外史》。

16. 古代最杰出的文言短篇小说集是清代蒲松龄的《聊斋志异》。

17. 古代最早的语录体散文是《论语》。

18. 古代最早的记事详备的编年体史书是《左传》。

19. 古代最早的纪传体通史是《史记》。

20. 古代最杰出的铭文是唐代刘禹锡的《陋室铭》。

21. 最早的长篇叙事诗是汉代的《孔雀东南飞》。

22. 最早载有完整寓言故事的书是《墨子》。

23. 最早的汉赋是枚乘的《七发》。

24. 成就最高的汉赋作家是司马相如。

25. 我国第一个杰出的女诗人是蔡琰（蔡文姬）。

26. 我国文学批评史上的第一篇文学批评论文是曹丕的《典论·论文》。

27. 现代最伟大的文学家是鲁迅。

28. 现代最杰出的长篇小说是茅盾的《子夜》。

29. 现代最有影响的短篇小说集是鲁迅的《呐喊》。

四、常见借代词语

桑梓：家乡　桃李：学生　南冠：囚犯　同窗：同学

烽烟：战争　巾帼：妇女　丝竹：音乐　须眉：男子

手足：兄弟　汗青：史册　伉俪：夫妻　桑麻：农事

垂髫：小孩　三尺：法律　膝下：父母　华盖：运气

庙堂：朝廷　社稷、轩辕：国家　婵娟、嫦娥：月亮

白丁、布衣：百姓　伛偻、黄发：老人　函、简、笺、鸿雁、札：书信

五、古代的称呼

（一）谦称

1. 自称：愚、敝、卑、臣、仆。

2. 帝王自称：孤、寡、朕。

3. 古代官吏自称：下官、末官、小吏。

4. 读书人自称：小生、晚生、晚学、不才、不肖。

5. 古人称自己一方的亲属朋友用"家"或"舍"，如家父、家母、家兄、舍弟、舍妹、舍侄等。

6. 其他自谦辞：晚辈自称"在下"，老人自称"老朽""老夫"，女子自谦"妾"。

（二）敬称

1. 对帝王：万岁、圣上、天子、圣驾、陛下、大王。

2. 对将军：麾下。

3. 对对方或对方亲属的敬称用令、尊、贤。令：令尊（对方父亲）、令堂（对方母

亲）、令兄（对方哥哥）、令郎（对方儿子）、令爱（对方女儿）；尊：用来称与对方有关的人和物。尊上（对方父母），尊公、尊君、尊府（对方父亲），尊堂（对方母亲），尊亲（对方的亲戚），尊命（对方的吩咐），尊意（对方的意思）；贤：称平辈或晚辈。贤家（指对方）、贤郎（对方儿子）、贤弟（对方弟弟）；仁：称同辈友人中长于自己的人为仁兄，称地位高的人为仁公。

4. 称年老的人为丈，丈人。唐以后称岳父为丈人，又称泰山。妻母为丈母，又称泰水。

5. 称谓前加"先"表已死，用于敬称地位高的人或年长的人。称死去的父亲：先考、先父；称死去的母亲：先妣、先慈；已死的有才德的人：先贤；死去的帝王：先帝。

6. 君对臣敬称：卿、爱卿。

7. 对品格高尚、智慧超群的人用"圣"表敬称，孔子为"圣人"，孟子为"亚圣"，杜甫为"诗圣"，后来"圣"多用于帝王，如"圣上""圣驾"。

（三）特殊称谓

1. 百姓的称谓：布衣、黎民、庶民、苍生、氓。

2. 伯（孟）仲叔季：兄弟行辈中长幼排行的次序。伯（孟）是老大，仲是老二，叔是老三，季是老四。

3. 不同的朋友关系之间的称谓。贫贱之交：贱而地位低下时结交的朋友。金兰之交：情谊契合，亲如兄弟的朋友。刎颈之交：同生死、共患难的朋友。忘年之交：辈分不同，年龄相差较大的朋友。竹马之交：从小一块长大的异性朋友。布衣之交：以平民身份相交往的朋友。患难之交：在遇到磨难时结成的朋友。

4. 年龄的称谓。垂髫：三四岁至八九岁。总角：八九岁至十三四岁。豆蔻：十三四岁至十五六岁（比喻人还未成年，未成年的少年时代称为"豆蔻年华"）。弱冠：20岁。而立：30岁。不惑：40岁。知天命：50岁。花甲：60岁。古稀：70岁。耄耋：八九十岁。期颐：100岁。

六、古代官职名及任免升降知识

1. 丞相：中国古代官名，一般指皇帝下面的最高行政官，是秉承君主旨意总理全国政务的人。

2. 太师：指两种官职。其一，古代称太师、太傅、太保为"三公"，后多为大官加衔，表示恩宠而无实职。其二，古代又称太子太师、太子太傅、太子太保为"东宫三师"，都是太子的老师，太师是太子太师的简称，后来也逐渐成为虚衔。

3. 尚书：最初是掌管文书奏章的官员。隋代始设六部，唐代确定六部为吏、户、礼、兵、刑、工，各部以尚书、侍郎为正副长官。

4. 学士：魏晋时是掌管典礼、编撰诸事的官职。唐以后指翰林学士，成为皇帝的秘书、顾问，参与机要，因而有"内相"之称。明清时奉旨、侍读、侍讲、编修、庶吉士等虽亦为翰林学士，但与唐宋时翰林学士的地位和职掌都不同。

5. 上卿：周代官制，天子及诸侯皆有卿，分上、中、下三等，最尊贵者谓"上卿"。

6. 大将军：先秦、西汉时是将军的最高称号。魏晋以后渐成虚衔而无实职。明清两代于战争时才设大将军官职，战后即废除。

7. 参知政事：又简称"参政"，是唐宋时期最高政务长官之一，与同平章事、枢密使、枢密副使合称"宰执"。

8. 军机大臣：军机处是清代辅佐皇帝的政务机构。任职者无定员，一般由亲王、大学士、尚书、侍郎或京堂兼任，称为军机大臣。军机大臣少则三四人，多则六七人，称为"枢臣"。

9. 御史：本为史官，秦以后置御史大夫，职位仅次于丞相，主管弹劾、纠察官员过失诸事。

10. 枢密使：枢密院的长官。唐时由宦官担任，宋以后改由大臣担任，枢密院是管理军国要政的最高国务机构之一，枢密使的权力与宰相相当，清代军机大臣往往被尊称为"枢密"。

11. 左徒：战国时楚国的官名，与后世左、右拾遗相当。主要职责是规谏皇帝，举荐人才。

12. 太尉：元代以前的官职名称。是辅佐皇帝的最高武官，汉代称大司马。宋代定为最高一级武官。

13. 上大夫：先秦官名，比卿低一等。

14. 大夫：各个朝代所指的内容不尽相同，有时可指中央机关的要职。

15. 士大夫：旧时指官吏或较有声望、地位的知识分子。

16. 太史：西周、春秋时为地位很高的朝廷大臣，掌管起草文书、策命诸侯卿大夫、记载史事，兼管典籍、历法、祭祀等事。秦汉以后设太史令，其职掌范围渐小，其地位渐低。

17. 长史：秦时为丞相属官，两汉以后成为将军属官，是幕僚之长。

18. 侍郎：初为宫廷近侍。东汉以后成为尚书的属官。唐代始以侍郎为三省（中书、门下、尚书）各部长官（尚书）的副职。

19. 侍中：原为正规官职外的加官之一。因侍从皇帝左右，地位渐高，等级超过侍郎。魏晋以后，往往成为事实上的宰相。

20. 郎中：战国时为宫廷侍卫。自唐至清成为尚书、侍郎以下的高级官员，分掌各司事务。

21. 参军："参谋军务"的简称，最初是丞相的军事参谋。晋以后地位渐低，成为诸王、将军的幕僚，隋唐以后逐渐成为地方官员。

22. 令尹：战国时期楚国执掌军政大权的长官，相当于丞相。明清时指县长。

23. 都尉：职位次于将军的武官。《陈涉世家》："陈涉自立为将军，吴广为都尉。"《鸿门宴》："沛公已出，项王使都尉陈平召沛公。"

24. 从事：中央或地方长官自己任用的僚属，又称"从事员"。《赤壁之战》："品其名位，犹不失下曹从事。"

25. 节度使：唐代总揽数州军政事务的总管，原只设在边境诸州；后内地也遍设，造成割据局面，因此世称"藩镇"。

26. 经略使：也简称"经略"。唐宋时期为边防军事长官，与都督并置。明清两代有重要军事任务时特设经略，官位高于总督。

27. 刺史：原为巡察官名，东汉以后成为州郡最高军政长官，有时称为太守。

28. 巡抚：明初指京官巡察地方。清代正式成为省级地方长官，地位略次于总督，别称"抚院""抚台""抚军"。

29. 校尉：两汉时期次于将军的官职。

30. 教头：宋代军中教练武艺的军官。

31. 提辖：宋代州郡武官的官名，主管训练军队、督捕盗贼等事务。

32. 知府：即"太守"，又称"知州"。

33. 县令：一县的行政长官，又称"知县"。

34. 里正：古代的乡官，即一里之长。

35. 里胥：管理乡里事务的公差。

36. 囧卿：太仆寺卿的别称，掌管皇帝车马、牲畜之事。《五人墓碑记》："贤士大夫者，囧卿因之吴公。"（"因之"是吴默的字）

37. 司马：各个朝代所指官位不尽相同。战国时为掌管军政、军赋的副官，如《鸿门宴》："沛公左司马曹无伤言之。"隋唐时是州郡太守（刺史）的属官，如《琵琶行》："元和十年，予左迁九江郡司马。"白居易当时被贬至九江，位在州郡别驾、长史之下。

38. 迁：调职、调动，一般指升官；左迁则为降职调动。

39. 谪：降职并远调。

40. 拜：授给官职。

41. 授：授予官职。

42. 擢：选拔，提拔。

43. 除：免去旧职而任新职。

44. 罢：罢免、停职。

45. 免：免除官职。

46. 黜：废黜，贬退，也用于剥夺王位或太子的继承权。

七、地理

1. 阴：山北水南。阳：山南水北。

2. 左：东为左。右：西为右。

3. 河：黄河。江：长江。

4. 佛教四大名山：五台山、九华山、峨眉山、普陀山。

5. 六合：天、地、东、南、西、北六个方位。

6. 八荒：东、东南、南、西南、西、西北、北、东北八个方向。

7. 中国的古称：九州、神州、赤县、华夏、九土、中华。

8. 重要城镇名古今对照：苏州：姑苏。成都：锦官城。南京：金陵、建业、建康、丹阳、江宁、白下、石头城。扬州：维扬、扬城、淮上、江都、广陵。北京：大都、燕京、神京。开封：大梁、汴梁、东京。镇江：京口。杭州：临安、武林、钱塘。

9. 我国部分城市别称：昆明——春城；苏州——中国的威尼斯；重庆——山城、雾城；拉萨——日光城；广州——花城、羊城、五羊城；徐州——彭城。

10. 长江上的"三个火炉"：重庆、武汉、南京。

八、天文

1. 北斗：又称北斗七星，指在北方天空排列成斗形（勺形）的七颗亮星。北极星，北方天空的标志。

2. 闰年：以公历年除以4或400（年号末两位数为0时，除以400），能整除的那年便是闰年。

3. 二十四节气：指立春、雨水、惊蛰、春分、清明、谷雨、立夏、小满、芒种、夏至、小暑、大暑、立秋、处暑、白露、秋分、寒露、霜降、立冬、小雪、大雪、冬至、小寒、大寒二十四个节气。

4. 传统节日。上元：元宵，农历正月十五。寒食：清明前1~2天。重阳：农历九月初九。端午：农历五月初五，是为了纪念屈原。中秋：农历八月十五。

5. 纪年法。

（1）公元纪年法。

（2）皇帝年号纪年法，如"庆历四年春"。

（3）天干地支纪年法。天干：甲、乙、丙、丁、戊、己、庚、辛、壬、癸。对应数字：4，5，6，7，8，9，0，1，2，3。地支：子、丑、寅、卯、辰、巳、午、未、申、酉、戌、亥。对应数字：4，5，6，7，8，9，10，11，0，1，2，3。计算方法：用公历年份除以 10，余数为天干顺序；用公历年份除以 12，余数为地支顺序。例如：1911 年，计算天干时，用 1911 年除以 10，余数为 1，对表"1"为"辛"；计算地支时，用 1911 年除以 12，余数为 3，对表"3"为"亥"，那么 1911 年为"辛亥"年。

6. 纪月法（不常见，略）。

7. 纪日法。农历初一：朔。农历十五或十六（小月十五，大月十六）：望。农历每月的末一天：晦。

8. 纪时法。古人一日两餐，早饭在日出之后，这段时间叫食时；晚饭在日昃之后，这段时间叫晡时。每段时间等于现代的两个小时。用此法纪时，得十二时为：夜半 23～1 时；鸡鸣 1～3 时；平旦 3～5 时；日出 5～7 时；食时 7～9 时；隅中 9～11 时；日中 11～13 时；日昃 13～15 时；晡时 15～17 时；日入 17～19 时；黄昏 19～21 时；人定 21～23 时。若以十二地支纪时，以上十二时分别对应子、丑、寅、卯、辰、巳、午、未、申、酉、戌、亥。

第三节　国学与学校教育

一、当前学校推行国学教育的重要意义

作为祖国未来的建设者们，我们的学习和工作直接关系到社会的未来，因此要求我们具有更高的人文修养，而掌握一定的优秀传统文化，对我们提高人文修养具有十分重要的意义。

1. 增强文化修养，可以提升文化品位。

俗语说"腹有诗书气自华"，作为一名在校学生，多读点传统的经典诗词文章，可以有效提升我们个人的文化修养。

每天上课之余，我们可利用一点时间，感受感受李白的"黄河之水天上来，奔流到海不复回"的雄浑大气，"长风破浪会有时，直挂云帆济沧海"的豪迈气概，"我寄愁心与明月，随风直到夜郎西"的婉转柔情，"今人不见古时月，今月曾经照古人"的沧桑世事和"安能摧眉折腰事权贵，使我不得开心颜"的士者骨气。

如果还有时间，我们每天可以去品味品味杜甫的"无边落木萧萧下，不尽长江滚滚来"，感受一下诗人晚年孤苦病老之时，站在高处，远望滚滚长江、无边秋日的凄清

景色，空有一腔忧国伤怀的愁绪与无奈；聆听聆听他"读书破万卷，下笔如有神"的教诲；与他一起体会"正是江南好风景，落花时节又逢君"的惊喜和"安得广厦千万间，大庇天下寒士俱欢颜，风雨不动安如山"的社会理想，让诗人的喜怒哀乐、爱国情怀穿越历史的长河，历经岁月的风雨，沉淀到我们的灵魂深处，滋润我们的心灵。

多读、多背点国学经典，把一种精神、一种文化积淀在我们心里，日积月累，慢慢就会变成我们自身的一种内在的文化素质，一种外在的儒雅气质，从而在将来的幼儿园教学中影响到幼儿。

2. 增强生活智慧，可以提升人生境界。

经典的古代文化作品，它之所以能够沐风栉雨，经久不衰，就在于它向我们传达了深刻的人生哲理。因此，多读一些传统的思辨性哲理文章，细悟其中的奥妙，就会改变我们思维的方法、为人处世的方式，把自己的人生升华到更高的新境界。

《老子》的"上善若水。水善，利万物而有静，处众人之所恶，故几于道"告诉我们：最高明的智者，就像水一样具有种种美德。它滋润万物，有利于它们生长而又不和万物相争，保持平衡，总是处于人们所不喜爱的较低位置，所以它的完美接近于天地的精神。"上善若水"，乃人生的最高境界呀！

"知人者智，自知者明"强调为人要有自知之明，不可得意时飞扬跋扈，失意时丧魂落魄，应永远保持一颗平和之心。

"将欲拾之，必故张之；将欲弱之，必故强之；将欲去之，必故与之；将欲夺之，必故予之。是谓微明。柔胜刚，弱胜强。"多么巧妙的"以柔克刚，以弱胜强"方法论呀！

"知者不言，言者不知。"凡是大智大慧的人，不会随便妄语；妄语的人，肯定是缺乏智慧，因此，不要做个喋喋不休的话蚱蜢，而应懂得有时候"沉默是金"。

"合抱之木，生于毫末；九层之台，起于累土；千里之行，始于足下。"万丈高楼从地起，所有的雄心壮志，必须起始于做好每一件小事。

"信言不美，美言不信。善者不辩，辩者不善。知者不博，博者不知。""故有无之相生也，难易之相成也，长短之相形也，高下之相盈也，音声之相和也，前后之相随，恒也。"

这些都是国学中的至理名言、人生真谛，值得我们这些在校中高职生去领悟。

3. 增强职业道德修养，可以提升专业能力水平。

多学点传统文化，还可以提前让在校的我们增强职业道德意识，从而不断提升我们的专业能力与水平。

当面对物欲横流的环境时，如何抵御外在的各种诱惑，坚守自己的道德底线，实现自己的人生理想，是每一位同学都应该思考的问题，也是加强自身职业道德修养的关键一课。因此，多读读那些优秀的传统经典，听听古人对我们的劝诫："金玉满堂，莫之能守；富贵而骄，自遗其咎。""知足不辱，知止不殆。""天网恢恢，疏而不失。"每个人都少一些贪欲，这个社会就多几分平静。这每一句话都是对我们的谆谆教诲，都是在提醒我们将来做一位有良知的公民；而对于那些在个人道德修炼道路上越滑越远的人，每一句话则如警钟。

子曰："君子食无求饱，居无求安，敏于事而慎于言，就有道而正焉，可谓好学也已。""饭疏食，饮水，曲肱而枕之，乐亦在其中矣。"我们要在中华优秀传统经典文化的熏陶下做到超然脱俗，求知若渴，树立终身学习的理念。

在同学之中，我们要虚心求教："见贤思齐，见不贤而内自省也。""三人行，必有我师焉。"

只有沐浴在优秀的国学经典中，我们才能提高自身的道德修养，进而提升我们的专业能力和水平。

二、如何学好国学

学习国学并非易事，没有捷径可走，却有规律可循。勤于学习、善于学习是基本规律，要真正把学习国学当成一种境界来追求，一种品格来培育，一种习惯来养成，日积月累、层层递进，不断提升国学修为。

1. 思想上要正确对待。

科学认识国学，全面把握国学，才能增强传承弘扬国学的积极性和主动性。

要忧患思国学。近代以来，西方文化长期处于强势地位，我国传统文化面临着传承危机，在世界上的影响力相对较小。在 20 世纪世界重大科技成果中，我国率先发现或发明的少之又少。越是如此，我们越要有危机感，越要增强学习国学、传承国学的责任感和紧迫感，发扬光大中华文明，为科技发展、民族振兴提供强劲的精神支撑。

要辩证看国学。国学是传统文化的内核，包含的思想和精神具有多面性。诸如"己所不欲，勿施于人""言必诚信，行必忠正"等思想是传统文化的优秀因子，具有永恒意义。至于"愚民"思想和做法则属于封建糟粕，要坚决抛弃。

要自信学国学。随着全球化、信息化时代的到来，中华优秀传统文化的重要性愈发凸显，国学已经成为我国现代化建设的重要资源、塑造国人人格的重要力量和构建中华民族精神家园的重要基石。我们要坚定文化自信，更加热爱国学，主动弘扬国学，在继承和发展优秀传统文化的过程中，推动国家现代化建设，推动中华民族豪迈地走向世界。

2. 路径上要合理规划。

任何学习都是一个由浅入深、筑基垒台的过程。学习国学，要注重文言学习，以夯实基础。章太炎在《国学概论》中甚至要求，学习研究国学应先精通"小学"，也就是文字学、训诂学和音韵学。

注重原著学习，以固本溯源。意大利作家卡尔维诺有一句名言："任何一本解释经典的书都比不上原作本身。"学习国学，要从本源出发，品读原著，独立思考，促进学有所得、学有所成。当然，我们也可以在阅读原著的同时，读一些解释经典的书籍，学习"四书"，就可以看朱熹的《四书章句集注》、王阳明的《大学问》和《传习录》，起到辅助理解和促进吸收的作用。

注重开放学习，以兼容并蓄。学国学不能故步自封、狭隘守旧，要用开放的心态对待古今中外各类文明，领悟文明的相通之处，在思想碰撞中撷其精华，为我所用，在文明交流中相互融合，达成共识。

3. 方法上要科学把握。

具体来说，一是好阅读。"书读百遍，其义自见。"要日读，经常读书，学而时习之；要诵读，既背读又熟读，因为许多名篇"非高声朗读则不能得其雄伟之概，非密咏恬吟则不能探其深远之韵"；要抄读，既可全抄又可节抄，以抄写、摘录来加固记忆，加深体会；要参读，读荀子的《劝学篇》，可以参考韩愈的《劝学篇》和宋濂的《送东阳马生序》，达到增进理解、融会贯通的目的。

二是善思考。思考是学习进步的动力，没有思考就没有学习。既要结合自己的经历思考，又要结合他人的经验思考；既要结合当时的情境思考，又要结合当前的现实思考；既要结合历史的进程纵向思考，又要结合世界的发展横向思考，使国学蕴含的深厚思想真正内化于心、外化于行。

三是勤动笔。"不动笔墨不读书。"读书时动笔，是学习和思考留下的痕迹。动笔的基本做法是圈点勾画，标注重点。再进一层，是做眉批、札记，摘录重要内容。更深一步，是记录心得，把读书过程中的体会感悟保留下来，最高境界是思考成熟后撰写文章，形成自己的思想认识和学术观点，推进国学研究和文化进步。

四是重践行。朱熹《语类》曰："论先后，知为先；论轻重，行为重。"学习国学中的理念、价值、道德，不能仅仅停留在言语上，留存在头脑中，而是要知行合一、学以致用，更好地在日常工作生活中践行，塑造完美人格，推动事业进步，为传承和弘扬国学贡献力量。

第二章

孝悌

　　"弟子入则孝，出则悌"是至圣孔子说过的一句名言，可见"孝悌"是一个人从小就应具备的基本品德。在日常生活中，我们只有把"孝悌"做好了，才能做好"修身"，进而做到"齐家""治国""平天下"。

　　千百年来，"孝顺父母，天经地义"等思想已经深深嵌进每一个华夏儿女的脑髓，成为中华儿女天然的遗传因子；而关爱兄弟、友爱朋友也成为一个人成功"立德"的衡量标准之一。

第一节　孝　道

内涵概说

| 小篆 | 隶书 | 草书 | 行书 | 楷书 |

"孝"读作 xiào。本义是上一代与下一代融为一体。《说文解字》解释篆体"孝"字云："善事父母者。从老省，从子，子承老也。""孝"字写的就是长辈与子女的关系，其意思就是指做儿女的应尽心奉养并尊敬父母。

纵观泱泱中华文化，孝道的基本内涵有五个：珍重生命（《孝经》开篇有言"身体发肤，受之父母，不敢毁伤，孝之始也"）；敬养父母；"承志"（《礼记》中说"夫孝者，善继人之志，善述人之事也"）、"立身"；"无违"（没有违背良心良知的非分之想）、"谏净"（当父母出错时要劝止）；慎终追远。

古人云"百善孝为先"，这反映了中华民族极为重视孝的观念。孝是中华文化与中华伦理精神的核心与根本，孝是中华传统伦理体系的起点与诸德之首，有了"孝"才会有"悌""忠""信""礼""义""廉""耻"等人生其他七德，《孝经》认为"孝悌之至"，就能够"通于神明，光于四海，无所不通"。

孝，是随时随地存在着的，也许是几句贴心的话语，也许是身边陪伴的身影，也许是从远方打来问寒问暖的电话。因此，孝并不是一个物件，而是一种珍贵而又美好的感情，它是儿女对父母养育之恩的深情回报。无论采用什么方式，只要让父母对你少点牵挂，让他们时时充满着幸福感，就可称作"孝"。

原典摘编

夫孝，德之本也，教之所由生也。

————《孝经》

孝是一切道德的根本，所有品行的教化都是由孝行派生出来的。

平常我们说的"至德要道"，就是孝道，就是德行的根本、教化的出发点。孝由家庭私德逐渐扩展到国家和社会，演变成一种社会公德，从而在传统中国社会形成一张伦理之网，成为人们处理家庭、亲属以及各种人际关系的价值标准，进而影响到一个民族、一个国家的未来。所以，孝，我们不能不重视。

老吾老，以及人之老；幼吾幼，以及人之幼，天下可运于掌。

——《孟子·梁惠王上》

在赡养、孝敬自己的长辈时，不应忘记其他没有亲缘关系的老人；在抚养、教育自己的小孩时，不应忘记其他没有血缘关系的小孩。这样，治理天下就像东西在自己手掌中运转一样容易。

是正常人，就应当有博爱之心：不仅爱自己的亲人，还要爱与自己非"亲"之人；不仅爱国人，还要爱域外之人；不仅爱人类，还要爱地球上甚至宇宙间一切生灵。当然，这一切爱首先得从孝顺父母亲开始，试想一个连自己父母都不孝的人，你能奢望他爱别人吗？

人人亲其亲，长其长，而天下平。　　　　——《孟子·离娄上》

这句话出自《孟子·离娄上》，原句是"道在迩而求诸远，事在易而求诸难；人人亲其亲，长其长，而天下平"。意思是说，人们在做事时有发散思维固然好，但不用把问题看得太复杂，简单看世界，世界也变得简单；只要人人各自亲爱自己的双亲，各自尊敬自己的长辈，那么，天下自然就可以太平了。

一个社会是否和谐，整个自然是否平衡，与咱们每个人"孝"的道德修养可是息息相关的。我们只有孝敬好双亲，恪尽孝道，"自扫门前雪"，才能为整个地球"添砖加瓦"，达到乾坤朗朗、万物熙熙的大同境界。

不得乎亲，不可以为人；不顺乎亲，不可以为子。

——《孟子·离娄上》

一个人不能获得父母亲的欢心，就难以成其为人；不能顺从父母亲的心意，就难以成其为儿子。

我们对父母亲的一些好的建议，应当乐于接受，即使当时他们的有些话不很妥当、正确，我们也应艺术地"接受"，不可直言拒绝，伤了他们的自尊。若是伤害了父母的心，又凭什么为人？失去了亲人，我们同时也会失去朋友。朋友和亲人都失去了，那么也就一无所有了。

> 惟顺于父母，可以解忧。 ——《孟子·万章上》

这是孟子所说的一句话，意思是说只有孝顺父母，才可以排解忧愁。

父母是我们的精神支柱。父是天，母是地。天地风调雨顺，万物才会滋生丰茂。我们孝顺父母，父母喜自心生，我们何忧？

父母，能尽享天伦之乐，没有忧愁了，我们才会无后顾之忧，放心出外打拼，实现我们的人生价值。一句话，父母快快乐乐、健健康康，才是我们的福气啊！

> 孝子不谀其亲，忠臣不谄其君，臣子之盛也。 ——《庄子·天地》

此句出自《庄子·天地》，意为：孝子不奉承他的父母，忠臣不谄媚他的国君，这是忠臣、孝子尽忠尽孝的极点。

自古以来，很多人把"谀亲""谄君"看作当然，认为只有这样，父母才会高兴，国君才会舒心，他们也才算尽了孝道、忠道。其实，这是一些人对"孝"和"忠"的一个极大误解。现代中国人应跳出这个思想旧窠，从家庭和国家长远发展的角度，向父母、上级甚至国家进良言，说真话。

> 父兮生我，母兮鞠我。拊我畜我，长我育我。顾我复我，出入腹我。欲报之德，昊天罔极。 ——《诗经·小雅·蓼莪》

父母生我养我，拉扯我长大，呵护备至。我想好好报答，但父母的恩情如天一般大而无穷，怎么报答得完呢！

这是《诗经》里的一段话，抒发了做儿女的未能奉养父母、孝敬父母而在父母离开人世之后的悲痛不已的心情。这段话告诉我们：父母对我们有恩，我们当"涌泉相报"，善尽孝道。

> 永言孝思，孝思维则。 ——《诗经·大雅·下武》

人能长言孝思而不忘，则孝亲之思可以为天下法则。

这句话说的是：孝道要永远提倡，孝道是天下的榜样。在现代社会，是否行孝应是一个人是否符合公民规范，一个社会肌体是否健康的判断依据之一。整个社会只有向好榜样看齐，才能形成得到大家认同的公序良俗，才能带来其乐融融的和谐社会。

父母之所爱亦爱之，父母之所敬亦敬之。　　　　　——《春秋》

　　父母所爱护的人或事物，你也同样地去爱护它；父母所敬重、尊敬的人或事物，你也同样地去尊重它。

　　这句话说的其实就是"爱屋及乌"的问题。讲的是做儿女的，行为举止都应顾及父母的感受。作为儿女，我们要时时刻刻让他们感受到：我们跟他们是同一"战壕"的，他们与我们没有代沟，他们的思想还没有过时。

　　子曰："父母之年，不可不知也。一则以喜，一则以惧。"
　　　　　　　　　　　　　　　　　　　　　　　——《论语·里仁》

　　孔子说："父母的年纪，不可不知道，并且要常常记在心里。一方面为他们的长寿而高兴，另一方面又为他们的衰老而恐惧。"

　　作为子女，父母的任何小事在自己这里都是大事，应牢记在心，高调处理，莫要留下"子欲养而亲不待"的遗憾。

　　子曰："父母在，不远游，游必有方。"　　　——《论语·里仁》

　　孔子说："父母在世，不远离家乡，如果要出远门，必须有明确的去处。"
　　孔子话语里强调的是子女对父母的责任。作为子女，父母健在时，确实应该陪伴他们，与他们共同生活在一起。一则，有疑惑时，可以从父母那里获得释解；二则，父母有恙时，可及时侍奉。当然，这与我们出外打拼并无矛盾，只要我们经常与父母保持手机、视频畅通，便捷的交通工具，足可让我们在最短的时间内回到他们身边。

　　今之孝者，是谓能养。至于犬马，皆能有养；不敬，何以别乎？
　　　　　　　　　　　　　　　　　　　　　　　——《论语·为政》

　　这句话的原文是："子游问孝。子曰：'今之孝者，是谓能养。至于犬马，皆能有养；不敬，何以别乎？'"
　　子游问什么是孝。孔子说："今天许多人把孝单纯理解为赡养父母。说到狗、马这些动物，都能被人饲养；如果不尊敬父母，与养狗养马有什么不同呢？"
　　有人说，孝道就是"笑道"，说得太对了！近日，河北鹿泉一位女大学生因后悔自己常对父母说话很冲，决心用发帖的形式改掉这个毛病，做个孝顺女，结果演绎了一个感人的悔过的孝道故事，引起社会极大的轰动。这个"孝心悔过帖"告诉我们，物质尽孝固然重要，精神尽孝"悦亲"却势在必行。

曾子曰：孝有三，大尊尊亲，其次弗辱，其下能养。 ——《礼记》

曾子说：孝顺的行为可以分成三个等级：最高一等的是言语、行为和内心都能尊敬父母；其次一等是不打骂侮辱父母，对他们好；再下一等的是能给他们养老送终，当然连养老送终都做不到的就是不孝了。

在这个物欲横流、竞争激烈的社会，对父母的孝，不能也跟着"物质化"。很多人认为尽孝的标准就是给父母多少钱。每月寄点钱，父母生活改善了，就能充分体现他们的孝心了。其实，这种做法有失偏颇：父母最为需要的不是子女们的钱，而是他们的关心。隔三岔五，哪怕是一个电话、一句问候、一声"爸""妈"，父母亲也心满意足矣！

肇牵车牛远服贾，用孝养厥父母。厥父母庆。 ——《尚书·酒诰》

在农闲的时候，用牛车载着商品，去远处的地方进行贸易，用来孝敬赡养父母，让你们的父母高兴。

用物质去赡养双亲，是为人子女者应尽的义务。但现代社会，一般的家庭，经济都比较富裕，老年人也会有一些积蓄或退休工资，温饱对他们来说已不成问题。那么，在这种情况下，我们怎样才能让年迈的父母高兴呢？逢年过节（近的可一周一次）买点小小礼品，与他们聚一聚，陪他们聊聊天，让他们尽享天伦之乐，也是一种好形式啊！

妻贤夫祸少，子孝父心宽。 ——《增广贤文》

妻子贤惠的，丈夫的祸患就少；儿子孝顺的，父亲就感到舒心。

"妻贤夫祸少，子孝父心宽"这句话是太多的人生教训总结出来的。妻子与子女，就是一个家庭的后院，也是家庭的重心，后院着火，整个家都会瘫痪。换言之，夫贤妻祸少，女孝母心安，也对。现实中，有多少男人因为妻子和子女而犯错误，实在数不胜数。女人犯错误，往往也因为男人或孩子。可见，夫妻之间、父母与子女之间在"德"上的要求都应高标准，只有这样，家族才能永远兴旺。被称为"江南第一家"的江南郑家，从宋朝延续到了清朝而不衰败，正是因为用孝义做家风。而当代中国"二十四孝"之一的全国道德模范马莲花感动全家并接力行"孝"的故事，更是让人感佩。

孝子亲则子孝，钦于人则众钦。　　　　　　　　——林逋《省心录》

意思是：你对父母孝顺，你的子女对你也孝顺；你敬重别人，别人也敬重你。

一首歌谣说得好："尽孝道，讲传承，一辈做给一辈看，一辈讲给一辈听，一辈跟着一辈学，一辈一辈传家风。"可见榜样的力量是无穷的。有时，身教要远远超出言传的功效，因此，作为未来的父母亲、未来的孩子王，我们就要从现在开始，从小事做起，事无巨细，做好表率，这样，周围的人才会信服你。

羊有跪乳之恩，鸦有反哺之义。　　　　　　　　——《增广贤文》

小羊跪着吃奶，小乌鸦长大后能反过来喂养老乌鸦，以报答父母的养育之恩。

作为低等动物的小羊、小乌鸦尚且能知恩图报，那么身为万物主宰的我们，就更应对父母甚至其他长辈感恩在心了。2015年"感动中国人物"中的朱晓晖"仁孝行于家"，照顾瘫痪在床的老父亲的事迹，便给我们树立了榜样。

家贫知孝子，国乱识忠臣。　　　　　　　　——《名贤集》

在家庭贫困的时候，才能发现真正的孝子；在国家危难的时候，才能识别真正的忠臣。

"疾风知劲草，板荡识诚臣。"越是艰苦的条件，越能考验一个人对父母亲的孝心。那种家庭富裕时口口声声要孝顺，大难来临时却"各自飞"的人，就是假仁假义的伪君子。

树欲静而风不止，子欲养而亲不待。　　　　　　　　——《韩诗外传》

树希望静止不摆，风却不停息；子女想赡养父母，父母却已离去。

此名句出自汉韩婴《韩诗外传》。相传春秋时孔子偕徒外游，忽闻道旁有哭声，停而趋前询其故，哭者曰："我少时好学，曾游学各国，归时双亲已故。为人子者，昔日应侍奉父母时而我不在，犹如'树欲静而风不止'；今我欲供养父母而亲不在。逝者已矣，其情难忘，故感悲而哭。"

借树欲静而风不休不止吹之为喻，实叹人子欲孝敬双亲时，其父母皆已亡故。后喻事与愿违，不尽如人意，或客观情况与主观愿望相悖时，多用此语。

慎，朝夕伺候莫厌烦。 　　　　　　——《劝报亲恩篇》

父母出入（门）要小心搀扶，早晚伺候父母不要厌烦。

尽孝并不是用物质来衡量的，而是要看你对父母是不是发自内心地诚敬。孝无贵贱之分，上自皇帝下至百姓，只要有孝心，在任何情形之下，不计千辛万苦，你都能曲承亲意，尽力去做到。我们能孝敬父母、孝养父母的时间是一日一日地递减，如果不及时行孝，会徒留终身遗憾。如果没有办法利用与父母相聚的时间来孝养他们，等到你想要来报答亲恩的时候，为时已晚。但愿我们在父母健在的时候，及时孝养，不要等到追悔莫及的时候，才思亲、痛亲却不再。

蓼莪

《诗经·小雅》

蓼蓼者莪①，匪莪伊蒿②。哀哀父母，生我劬劳③。
蓼蓼者莪，匪莪伊蔚④。哀哀父母，生我劳瘁。
瓶之罄矣⑤，维罍⑥之耻。鲜民之生⑦，不如死之久矣。
无父何怙⑧？无母何恃？出则衔恤⑨，入则靡至。
父兮生我，母兮鞠⑩我。拊我畜我⑪，长我育我。
顾我复我⑫，出入腹⑬我。欲报之德，昊天罔极⑭！
南山烈烈⑮，飘风发发⑯。民莫不穀⑰，我独何害！
南山律律⑱，飘风弗弗⑲。民莫不穀，我独不卒⑳！

①蓼（lù）蓼：高又大的样子。莪（é）：一种草，即莪蒿。李时珍《本草纲目》："莪抱根丛生，俗谓之抱娘蒿。"

②匪：同"非"。伊：是。

③劬（qú）劳：与下章"劳瘁"皆劳累之意。

④蔚（wèi）：一种草，即牡蒿。

⑤瓶：汲水器具。罄（qìng）：尽。

⑥罍（léi）：盛水器具。

⑦鲜（xiǎn）：指寡、孤。民：人。

⑧怙（hù）：依靠。

⑨衔恤：含忧。

⑩鞠：养。

⑪拊：通"抚"。畜：通"慉"，喜爱。

⑫顾：顾念。复：返回，指不忍离去。

⑬腹：指怀抱。

⑭昊（hào）天：广大的天。罔：无。极：准则。

⑮烈烈：山风大的样子。

⑯飘风：同"飙风"。发发：读如"拨拨"，风声。

⑰榖：善。

⑱律律：同"烈烈"。

⑲弗弗：同"发发"。

⑳卒：终，指养老送终。

白话文解读

看那莪蒿长得高，却非莪蒿是散蒿。可怜我的爹与妈，抚养我大太辛劳！
看那莪蒿相依偎，却非莪蒿只是蔚。可怜我的爹与妈，抚养我大太劳累！
汲水瓶儿空了底，装水坛子真羞耻。孤独活着没意思，不如早点就去死。
没有亲爹何所靠？没有亲妈何所依？出门行走心含悲，入门茫然不知止。
爹爹呀你生下我，妈妈呀你喂养我。你们护我疼爱我，养我长大培育我。
想我不愿离开我，出入家门怀抱我。想报爹妈大恩德，老天降祸难预测！
南山高峻难逾越，飙风凄厉令人怵。大家没有不幸事，独我为何遭此劫？
南山高峻难迈过，飙风凄厉人哆嗦。大家没有不幸事，不能终养独是我！

解析

《诗经》是中国古代诗歌的开端，是中国最早的一部诗歌总集。它收集了西周初年至春秋中叶（公元前11世纪至公元前6世纪）的诗歌，共311篇（包括有目无诗的6篇），先秦称"诗"或"诗三百"，至西汉，始名《诗经》，名列儒家经典"五经"之首。《诗经》在内容上分为《风》《雅》《颂》三个部分，表现手法为赋、比、兴。《风》是周代各地的歌谣，共160篇；《雅》是周人的正声雅乐，又分《小雅》和《大雅》，共105篇；《颂》是周王庭和贵族宗庙祭祀的乐歌，又分为《周颂》《鲁颂》和《商颂》，共40篇。《诗经》是中国文学史的光辉起点和现实主义文学传统的源头，它以丰富而深刻的思想内容、精湛而杰出的艺术成就把我国诗歌发展推向了第一个高峰，其影响巨大而深远。

《蓼莪》是《小雅》里的一首诗歌。《毛诗序》说此诗"刺幽王也，民人劳苦，孝子不得终养尔”，只有最后一句是中的之言，至于“刺幽王也，民人劳苦”云云，正如欧阳修所说“非诗人本意”（《诗本义》），诗人所抒发的只是不能终养父母的痛极之情。

子女赡养父母，孝敬父母，本是中华民族的美德之一，实际也应该是人类社会的道德义务，而此诗则是以充沛情感表现这一美德的最早的文学作品，对后世影响极大，不仅在诗文赋中常有引用，甚至在朝廷下的诏书中也屡屡言及。《诗经》这部典籍对民族心理、民族精神形成的影响由此可见一斑。

先妣^①事略

归有光

先妣周孺人^②，弘治元年^③二月二十一日生。年十六年来归^④。逾年，生女淑静。淑静者大姊也。期^⑤而生有光；又期而生女子，殇^⑥一人，期而不育^⑦者一人；又逾年，生有尚，妊^⑧十二月；逾年，生淑顺；一岁，又生有功。有功之生也，孺人比乳他子加健。然数颦蹙顾诸婢^⑨曰：“吾为多子苦！”老姬以杯水盛二螺进，曰：“饮此，后妊不数矣。”孺人举之尽，喑^⑩不能言。

正德八年^⑪五月二十三日，孺人卒。诸儿见家人泣，则随之泣。然犹以为母寝也，伤哉！于是家人延^⑫画工画，出二子，命之曰：“鼻以上画有光，鼻以下画大姊。”以二子肖^⑬母也。

孺人讳^⑭桂。外曾祖讳明。外祖讳行，太学生^⑮。母何氏，世居吴家桥，去县城东南三十里，由千墩浦而南，直桥并小港以东，居人环聚，尽周氏也。外祖与其三兄皆以资雄^⑯，敦尚简实^⑰，与人姁姁^⑱说村中语，见子弟甥侄无不爱。

孺人之吴家桥则治木棉^⑲；入城则缉纑^⑳，灯火荧荧，每至夜分^㉑。外祖不二日使人问遗^㉒。孺人不忧米盐，乃劳苦若不谋夕^㉓。冬月炉火炭屑，使婢子为团，累累曝阶下。室靡弃物，家无闲人。儿女大者攀衣，小者乳抱^㉔，手中纫缀不辍^㉕，户内洒然^㉖。遇僮奴有恩，虽至箠楚^㉗，皆不忍有后言。吴家桥岁致鱼蟹饼饵，率人人得食。家中人闻吴家桥人至，皆喜。

有光七岁，与从兄^㉘有嘉入学，每阴风细雨，从兄辄留，有光意恋恋，不得留也。孺人中夜觉寝^㉙，促有光暗诵《孝经》^㉚即熟读，无一字龃龉^㉛，乃喜。

孺人卒，母何孺人亦卒。周氏家有羊狗之疴^㉜。舅母卒，四姨归顾氏，又卒，死三十人而定。惟外祖与二舅存。

孺人死十一年，大姊归王三接，孺人所许聘者也。十二年，有光补学官弟子^㉝，十六年而有妇，孺人所聘者也。期而抱女，抚爱之，益念孺人。中夜与其妇泣，追惟^㉞一二，仿佛如昨，余则茫然矣。世乃有无母之人，天乎？痛哉！

①先妣（bǐ）：亡母。妣，母，后只用于称亡母。《礼记·曲礼》："生曰父，曰母，曰妻；死曰考，曰妣，曰嫔。"

②孺人：古代贵族、官吏之母或妻的封号，明清时用以封赠七品以下官职的母亲或妻子的名号。

③弘治元年：公元1488年。弘治是明孝宗的年号（公元1488—公元1505年）。

④来归：意为嫁到夫家。归，出嫁。

⑤期（jī）：一周年。

⑥殇：早逝，还没有成年就死去。

⑦不育：不能抚养。

⑧妊：怀孕。

⑨数（shuò）：屡次。颦蹙（píncù）：皱眉头。顾：注视。

⑩喑（yīn）：哑。

⑪正德八年：公元1513年。正德是明武宗年号（公元1506—公元1521年）。

⑫延：请。

⑬肖：像。

⑭讳：名。封建时代不应直称的尊长的名字称讳。

⑮太学生：太学的学生。太学是封建时代的最高学府，在明代就是国子监。

⑯以资雄：凭财产而在当地有势力。

⑰敦尚简实：注重简易朴实。

⑱姁姁（xǔ）：和蔼亲切的样子。

⑲木棉：这里指棉花。

⑳缉纑（lú）：把麻搓成线，准备织布。纑，麻缕。

㉑夜分：半夜。

㉒问遗（wèi）：问候和赠送物品。

㉓不谋夕：即朝不谋夕，早上不能为晚上打算，比喻境况窘迫。这里说母亲虽不忧米盐，但还是当穷日子过，十分勤俭。

㉔乳抱：抱在怀里喂奶。

㉕纫缀不辍：缝缝补补一刻不停。

㉖洒然：整齐清洁，很有秩序。

㉗棰（chuí）楚：杖责。棰，杖；楚，荆木。棰楚，这里当动词用。

㉘从兄：堂兄。

㉙中夜觉寝：半夜睡醒。

㉚《孝经》：书名。宣传封建孝道的儒家经典。

㉛龃龉（jǔyǔ）：生疏而不流畅。原指上下牙齿不相对应。

㉜羊狗之疴（kē）：由羊、狗等家畜传染的疾病。

㉝学官弟子：经过本省各级考试取入府、州、县学的学员，即秀才。学官，各级地方教官的统

称，府学称教授，州学称学正，县学称教谕，负责管教在学的生员。

㉞追惟：追思。

白话文解读

先母周孺人，弘治元年二月二十一日生。十六岁嫁到我家。第二年，生下女儿淑静。淑静，就是我的大姊。过一年，生下我，又一年生下一男一女，一个生下就死了，另一个也只活了一年；又过了一年，生下有尚，怀孕十二个月；第二年，生淑顺；过一年，生有功。有功生下以后，先母哺养他比前几个儿女更费力。于是她常常皱着眉头对几个女佣说："孩子这样多，我真苦死了。"有一个老婆子用一杯水盛着两个田螺送上来，说："把这杯水喝了，以后就不会常怀孕了。"先母举起杯，把水一气喝完，从此失声变哑，不能说话。

正德八年五月二十三日，孺人病故。儿女都还小，看见家里大人哭，也跟着哭，但是还以为娘是睡着了。真是伤心啊！接着，家里请来画工为先母画遗像，（父亲）把两个孩子带到画工眼前，对他说："遗像鼻子以上照有光画，鼻子以下照淑静画。"因为这两个孩子面容像母亲。

先母名桂。外曾祖父名明。外祖父名行，是太学生；外祖母姓何。外祖父家世世辈辈住吴家桥。吴家桥在昆山县城东南，离城三十里，经过千墩浦往南，对着桥头沿着小河往东就到。村子里聚居着许多人家，全都姓周。外祖父和他三个哥哥都因为富有而出名，为人忠厚正直，常和和气气和村里人谈家常，看到小辈外甥侄子个个都喜爱。

先母到吴家桥娘家，就做棉花活。进城回婆家，就搓麻捻线，常常点盏小灯，劳动到深更半夜。外祖父三天两头差个人来送点东西。家里不缺吃食，先母却终日劳苦像是穷得揭不开锅。冬天生炉火用的炭屑，叫丫环做成炭团，一颗挨一颗晒在台阶下面。屋里没有废物，家里没有闲人。儿女大的牵着衣服，小的抱在怀里，手里还不停地缝缝补补，间间房里干干净净。待佣人有恩惠，佣仆虽然被责打了，背后也不忍心责怪她。吴家桥每年要送来鱼、蟹、糕饼，总是人人可以吃到。家里人听说吴家桥有人来，个个都欢喜。

我七岁时和堂兄有嘉进学塾读书。每逢阴雨天气，堂兄总是在学塾里过夜，我心里舍不得和他分开，但是却不能留住，必定要赶回家。先母常在半夜醒来，叫我低声背诵《孝经》，要我背诵得没有一个字错漏，她才高兴。

孺人故世以后，外祖母何孺人也病故了。周家染上了瘟疫。舅母病故；四姨妈嫁入顾家，又病故；一连死了三十个人才停止。只有外祖父和二舅还健在。

孺人故世十一年后，大姊淑静嫁给王三接，这婚事是孺人生前应允的。故世十二年后，我补上了生员，十六年后，我娶妻，婚事也是孺人生前给我定下的。一年以后我有了个女儿，我们夫妇都很喜爱女儿，格外想念孺人。夜半三更，和妻子一同流着眼泪，回想她生前的几件事，仿佛昨天发生的一样，别的什么，都记不起来了。世界上竟有没有娘亲的人，天啊，多么悲痛啊！

解析

《先妣事略》是明代散文家归有光追忆亡母的一篇记叙文，蕴含着对母亲深沉的悼念之情：悲伤母亲短暂而艰辛的一生，歌颂母亲朴实而崇高的品德。

作者拾取母亲生前的一些日常生活琐事絮絮道来，刻画了一位勤劳、俭朴、善良、待人厚道、严以教子的母亲形象，并寓歌颂、赞美于叙事之中。当然，作者写此文绝不单单是为了表现自己母亲的形象，而是借对自己母亲的描述赞美千千万万个普普通通的具备美好品质的劳动妇女。文中母亲这一形象，是作为作者母亲的存在以抚慰作者的追忆怀念之心，更是作为一位普通的劳动妇女的存在。不能否认，那时并不是只有作者亡母这么一个具有美好品质的妇女存在，还有很多像作者亡母一样高尚的劳动妇女存在。作者在表达自己的怀念之情的同时也赞美了许许多多富有爱心、勤劳朴素、善良的劳动妇女。作者亡母不是一个人，而是一群人，她是一个象征，一个美好的代表。

陈情表

李 密

臣密言：臣以险衅，夙遭闵凶①。生孩六月，慈父见背②；行年四岁，舅夺母志③。祖母刘悯臣孤弱，躬亲抚养④。臣少多疾病，九岁不行，零丁孤苦，至于成立⑤。既无伯叔，终鲜⑥兄弟，门衰祚薄，晚有儿息⑦。外无期功强近⑧之亲，内无应门五尺之僮，茕茕孑立，形影相吊⑨。而刘夙婴疾病，常在床蓐⑩，臣侍汤药，未曾废离⑪。

逮奉圣朝，沐浴清化⑫。前太守臣逵察臣孝廉，后刺史臣荣举臣秀才⑬。臣以供养无主，辞不赴命。诏书特下，拜臣郎中⑭，寻蒙国恩，除臣洗马⑮。猥以微贱，当侍东宫⑯，非臣陨首所能上报。臣具以表闻，辞不就职。诏书切峻，责臣逋慢⑰。郡县逼迫，催臣上道；州司临门，急于⑱星火。臣欲奉诏奔驰，则刘病日笃⑲；欲苟顺私情，则告诉不许⑳：臣之进退，实为狼狈。

伏惟圣朝以孝治天下，凡在故老，犹蒙矜育㉑，况臣孤苦，特为尤甚。且臣少仕伪朝㉒，历职郎署，本图宦达，不矜名节㉓。今臣亡国贱俘，至微至陋，过蒙拔擢，宠命优渥，岂敢盘桓，有所希冀㉔。但以刘日薄西山㉕，气息奄奄，人命危浅㉖，朝不虑夕。臣无祖母，无以至今日。祖母无臣，无以终余年。母、孙二人，更相为命，是以区区不能废远㉗。

臣密今年四十有四，祖母今年九十有六，是臣尽节于陛下之日长，报养刘之日短也。乌鸟私情，愿乞终养㉘。臣之辛苦㉙，非独蜀之人士及二州牧伯㉚所见明知，皇天后土实所共鉴㉛。愿陛下矜悯愚诚，听臣微志，庶刘侥幸，保卒余年㉜。臣生当陨首，死当结草㉝。臣不胜犬马怖惧之情，谨拜表以闻㉞。

注释

①以：因。险衅（xìn）：凶险祸患（这里指命运不好）。险，艰难，坎坷；衅，灾祸。夙：早时，这里指年幼的时候。闵：通"悯"，指可忧患的事（多指疾病死丧）。凶：不幸，指丧父。

②见背：背离我，离我而去。这是死的委婉说法。指弃我而死去。见，由被动句发展而来，但这里已不再用作被动词，类似结构为"见谅"。

③行年：经历的年岁。母志：母亲守节之志。这是母亲改嫁的委婉说法。

④悯：怜悯。躬亲：亲身。

⑤至于：直到。至，达到；于，介词，引出对象。成立：成人自立。

⑥终：又；鲜：少，这里指"无"的意思。

⑦门衰祚薄：家门衰微，福分浅薄。祚（zuò）：福分。儿息：同子息、生子。息，亲生子女。又如息子（亲生儿子）、息女（亲生女儿）、息男（亲生儿子）。

⑧期：穿一周年孝服的人。功：服丧九月为大功，服丧五月为小功。这都指关系比较近的亲属。强近：勉强算是接近的。

⑨吊：安慰。

⑩婴：被……缠绕。蓐：通"褥"，坐卧时铺在床椅上面的垫子、草席子。

⑪废：停止服侍。离：离开。

⑫逮：及，到。奉：承奉。圣朝：指当时的晋朝。沐浴清化：恭维之辞，指蒙受当朝的清平教化。

⑬察：考察和推举。孝廉：孝顺，品性纯洁。这里非指古时"孝廉"科职。举：推举。秀才：汉代以来选拔人才的一种察举科目。这里是优秀人才的意思，与后代科举的"秀才"含义不同。

⑭拜：授予官职。郎中：尚书省的属官。

⑮寻：不久。除：拜官授职。洗马：太子的属官，掌管图书。

⑯猥：鄙，谦辞。微贱：卑微低贱。当：担任。东宫：太子居处，借指太子。

⑰切峻：急切而严厉。逋慢：逃避，怠慢。

⑱于：比。

⑲笃：病重，沉重。

⑳苟：姑且。告诉：报告申诉。

㉑伏惟：表示恭维地伏在地上思忖，是古时下对上陈述己见时的谦敬之辞。故老：年老而德高的旧臣。矜育：怜悯养育。

㉒伪朝：蔑称，对晋称被灭掉的蜀国。

㉓历职：连续任职。郎署：尚书郎的官衙。宦达：官场上发展。宦，做官；达，显贵。不矜：不看重。矜，夸耀。

㉔拔擢（zhuó）：提拔。宠命：恩宠任命。优渥（wò）：恩惠优厚。盘桓：徘徊不前的样子，指

拖延不就职。希冀：指非分的乞求。

㉕日薄西山：太阳接近西山。喻人的寿命即将终了。薄，迫近。

㉖危浅：指生命垂危。浅，不长。

㉗更（gēng）相：相继，相互。是以：因此。区区：拳拳，形容自己的私情（古今异义）；另一说指"我"，自称的谦辞。

㉘乌鸟私情：乌鸦反哺之情。比喻对长辈的孝养之情。终养：养老至终。

㉙辛苦：辛酸苦楚（古今异义）。

㉚二州：指梁州（在今陕西省汉中地区）、益州（在今四川省）。牧：古代称州的长官。伯：长。

㉛皇天后土：文中指天地神明。鉴：明察。

㉜矜悯：怜悯。听：准许。庶：庶几，或许，表示希望或推测。保：安。卒：终。

㉝结草：典故，出自《左传·宣公十五年》。见成语"结草衔环"。说春秋时，晋大夫魏武子有爱妾，武子病时，嘱咐其子魏颗，自己死后，令妾改嫁。到了病危时，又说令妾殉葬。武子死后，魏颗把父妾嫁出，说是遵守父亲神志清醒时的遗命。传说后来魏颗和秦将杜回作战，看见一老人结草绊倒了杜回，夜间魏颗梦见老人说是魏武子妾的父亲，帮助他，是为了报答不令女儿殉葬的恩德。现在表示死后也会像结草老人一样来报答恩情。

㉞不胜：禁不住。胜，承受，承担。犬马怖惧之情：这是臣子谦卑的话，用犬马自比。闻：使动用法，使……知道。与上文"具以表闻"的"闻"用法相同。

白话文解读

臣子李密陈言：我因命运不好，小时候遭遇到了不幸。刚出生六个月，我慈爱的父亲就不幸去世；经过四年，舅父逼母亲改嫁。我的祖母刘氏，怜悯我从小丧父，便亲自对我加以抚养。臣小的时候经常生病，九岁时还不会行走。孤独无靠，一直到成人自立。既没有叔叔伯伯，又没什么兄弟，门庭衰微而福分浅薄，很晚才有儿子。在外面没有比较亲近的亲戚，在家里又没有照应门户的童仆。生活孤单没有依靠，每天只有自己的身体和影子相互安慰。但祖母又早被疾病缠身，常年卧床不起，我侍奉她吃饭喝药，从来就没有停止侍奉而离开她。

到了晋朝建立，我蒙受清明的政治教化。前任太守逵，考察后推举臣下为孝廉，后任刺史荣又推举臣下为优秀人才。臣下因为供奉赡养祖母的事无人承担，辞谢不接受任命。朝廷又特地下了诏书，任命我为郎中，不久又蒙受国家恩命，任命我为太子洗马。像我这样出身微贱地位卑下的人担当侍奉太子的职务，这实在不是我杀身捐躯所能报答朝廷的。我将以上苦衷上表报告，加以推辞不去就职。但是诏书急切严峻，责备我逃避命令，有意拖延，态度傲慢。郡县长官催促我立刻上路；州官登门督促，比流星坠落还要急迫。我很想遵从皇上的旨意赴京就职，但祖母刘氏的病却一天比一天重；想要姑且顺从自己的私情，但报告申诉不被允许：我是进退两难，十分狼狈。

我俯伏思量晋朝是用孝道来治理天下的，凡是年老而德高的旧臣，尚且还受到怜悯养育，何况我的孤苦程度更为严重呢。况且我年轻的时候曾经做过蜀汉的官，担任过郎官职务，本来就希望做官显达，并不顾惜名声节操。现在我是一个低贱的亡国俘虏，十分卑微浅陋，受到过分提拔，恩宠优厚，怎敢犹豫不决而有非分的企求呢？只是因为祖母刘氏寿命即将终了，气息微弱，生命垂危，早上不能想到晚上怎样。臣下我如果没有祖母，就没有今天的样子；祖母如果没有我的照料，也无法度过她的余生。我们祖孙二人，互相依靠而维持生命，因此我的内心不愿废止奉养，远离祖母。

　　臣下我现在的年龄四十四岁了，祖母现在的年龄九十六岁了，臣下我在陛下面前尽忠尽节的日子还长着呢，而在祖母刘氏面前尽孝尽心的日子已经不多了。我怀着乌鸦反哺的私情，乞求能够准许我完成对祖母养老送终的心愿。我的辛酸苦楚，并不仅仅被蜀地的百姓及益州、梁州的长官所目睹、所明白，连天地神明也都看得清清楚楚。希望陛下能怜悯我愚昧诚心，请允许我完成臣下一点小小的心愿，使祖母刘氏能够侥幸地保全她的余生。我活着应当杀身报效朝廷，死了也要结草衔环来报答陛下的恩情。臣下我怀着牛马一样不胜恐惧的心情，恭敬地呈上此表来使陛下知道这件事。

解析

　　文学史上，臣属给皇帝的奏议，以情真意切、倾诉肺腑感人的，常把诸葛亮的《出师表》和李密的《陈情表》并提；以获得"高难度"的险助而又收"高效率"奇功的，则常把李斯的《谏逐客书》和李密的《陈情表》同论。足见《陈情表》的历史地位之高。

　　《陈情表》是李密写给晋武帝的。李密原是蜀汉后主刘禅的郎官（官职不详）。公元263年，司马昭灭蜀汉，李密成了亡国之臣。仕途已失，便在家供养祖母刘氏。公元265年，晋武帝请李密出来做官，先拜郎中，后又拜为洗马（即太子侍从官）。但李密却"辞不就职"。为达到此目的，李密先写自己与祖母刘的特殊关系和特殊命运，抒发对祖母的孝情，"臣侍汤药，未曾废离"；接下来，表白自己感恩戴德，很想走马上任，但"刘病日笃"，而"诏书切峻，责臣逋慢"，"实为狼狈"的处境；再接下来，转写自己"不矜名节"，并非"有所希冀"，不应诏做官，是因为"祖母无臣，无以终余年"。在排除了晋武帝的怀疑这个前提之下，最后再提出自己的请求"矜悯愚诚，听臣微志"，就显得更真实、更深切、更动人。

虞舜耕田（节选）

　　虞舜，瞽瞍（gǔsǒu）之子。性至孝。父顽，后母嚣，弟象傲。舜耕于历山，有象为之耕，鸟为之耘。其孝感如此。帝尧闻之，事以九男，妻以二女，遂以天下让焉。

白话文解读

在虞代，有一位孝子"舜"，他的父亲叫瞽瞍，既没有知识，又喜欢胡作妄为。继母没有妇德，后母所生的弟弟既傲慢又无礼。相传他的父亲瞽瞍及继母、异母弟象多次想害死他，舜却毫不嫉恨，仍对父亲恭顺，对弟弟慈爱。他的孝行感动了天帝。舜在历山耕种，大象替他耕地，鸟代他锄草。帝尧听说舜非常孝顺，有处理政事的才干，就把两个女儿娥皇和女英嫁给他；经过多年观察和考验，选定舜做继承人。舜登天子位后，去看望父亲，仍然恭恭敬敬，并封象为诸侯。

解析

从现代的角度来看，舍去故事中古人原始思维的一些东西，而抽取其合理的内核，舜的故事有三点可说：一是在不和睦的家庭中，要学会忍受、克制、宽容，用自己的真诚去感动家人；二是孝绝不是"愚孝"，舜的种种逃生的机警与智慧，就是"至孝"中的聪明之孝，而不是愚蠢之孝；三是古代选拔人才时，孝行也是一个必要的条件，孝就是舜被选举为尧的继承人的一个必要条件。舜对家人祸心的不嫉恨，体现的是一种"宽恕""隐忍"的精神，即"忍人之所不能忍"，最终"成人之所不能成"。

仲由负米

周仲由，字子路。家贫，常食藜藿之食，为亲负米百里之外。亲没，南游于楚，从车百乘，积粟万钟。累茵而坐，列鼎而食。乃叹曰："虽欲食藜藿，为亲负米，不可得也！"孔子曰："由也事亲，可谓生事尽力，死事尽思者也。"

白话文解读

周朝的仲由，表字子路。他的家里穷苦得很，天天所吃的，都是些藜呀、藿呀那

一类不好的蔬菜。因为奉养爷娘的缘故，常常出去，到百里以外背了米回来给爷娘吃。等到他的爷娘都去世以后，他就往南方游历。游到楚国，跟随他的车骑有一百辆之多，他积聚的谷米，有一万钟之富。坐的时候，便茵褥重叠；吃的时候，便饭菜丰盛。他就叹气说："我现在虽然富贵，但是要想像从前一样吃着藜藿类蔬菜，仍旧到百里以外去背米来养爷娘，不可能实现了！"孔子说道："仲由服侍爷娘，可以说是活着尽了力，死了尽着追思的了。"

解析

从这则故事中，我们可以看到子路的孝顺，也可以看到子路的勇敢与担当。后来子路为官为宰，但是父母已经不在，这也提醒我们今天的人行孝一定要早，不要想着以后我要如何如何孝顺自己的父母，也许当你发达的时候父母已经不在人世了，到那时再后悔就已经太晚了。在古代有种说法，"父母在，不远游"，但是对于今天的人来说，这一准则已经不合时宜，我们大多数人都远离父母在外面打拼，没有时间陪伴自己的父母，等到父母去世了才后悔不已。

汉文尝药

汉文帝，姓刘，名恒，高祖第三子也。初封于外为代王。生母薄太后，帝朝夕奉养无倦怠。太后病三年之久，帝侍疾，目不交睫，衣不解带。所用汤药，必先亲尝之而后进。仁孝之名，闻于天下。

白话文解读

汉朝的文帝，姓刘，名字叫作恒，是汉高祖刘邦的第三个儿子。他没有做皇帝，高祖已经封他在代州地方任职，所以又叫代王。他原来是庶出的，生母就是薄姬，后来才称薄太后。但是文帝的天性，生成是很孝顺的。朝朝夜夜，奉养这位母亲，从来没有懒惰的意思。薄太后曾经生病，足足生了三个年头。文帝服侍他母后时，总是殷殷勤勤，看护得很周到。夜间睡的时候，眼睛都没有闭过，衣带也没有解开过。所煎的汤药，必定先要自己亲自尝过了，才端到薄太后面前叫母后吃。因为他有这样的孝心，所以仁孝的名声就传遍天下，人人都晓得了。

解析

人们常说"久病床前无孝子"。对病人三年无微不至的照顾，对一个人来讲，确实是一件不容易做到的事。可是，一位日理万机的君王，却能够真正做到三年如一日地悉心侍奉母亲，追其根源，这都是由于他有一颗真挚的孝敬之心。反观现代社会，很多为人子女的，终日忙于名利事务，却很少念及家中还有时刻牵挂自己的父母，更谈不上亲力亲为侍奉双亲了。此时此刻，我们不妨静下心来，认真地反思一下，终日忙忙碌碌，究竟给养育我们的父母带来多少欢乐、多少精神的慰藉。

"夫孝，德之本也，教之所由生也。"没有孝道的人生，是拔根断源晚景凄凉的人生；没有孝道的民族，是没有生命力的民族。孝亲是做人的基本，是民族慎终追远、民德归厚的基石。汉文帝以一颗拳拳孝子之心，以侍亲尝药的孝行，为天下百姓做出了侍母报恩的榜样。

闵损芦衣

周闵损，字子骞，早丧母。父娶后妻，生二子。母恶损，所生子衣棉絮，而衣损以芦花。父令损御车，体寒失鞅，父察知之，欲逐后妻。损启父曰："母在一子寒，母去三子单。"父善其言而止。母亦感悔，视损如己子。

白话文解读

周朝时候，有个孝子，姓闵名损，表字叫作子骞。生他的母亲，早已亡过。他的父亲娶了一个后妻，生了两个儿子。那个后母很厌恶闵损，冬天的时候，给自己亲生的两个儿子穿了棉呀、絮呀做的衣裳，给闵损穿的衣裳，里面却是装着芦花的。有一次，闵损的父亲叫他驾车，可是因为衣衫单薄，身体寒冷，一不小心，将车上驾马引轴的皮带子掉落地上。他的父亲起初很生气，后来觉察儿子是因穿了芦花棉衣太冷的缘故，便要赶走后妻。闵损却对父亲说："母亲在此，无非我一个儿子受着寒冷；倘若母亲去了，可怜三个儿子都要孤单了。"父亲觉得闵损的话说得没错，也就作罢。他的后母从此也感悟懊悔了，以后看待闵损，就像自己亲生的儿子一样。

解析

"母在一子寒，母去三子单"是子骞对父亲说的话，非常凄凉，非常恳切，又非常悲悯，完全是肺腑之言，连铁石心肠的人听后都会为之声泪俱下，足见闵损的天性是何等孝敬、纯洁，何等淳厚、善良。这句话流传千古，让后代都不禁赞美闵子骞的孝心、孝行。如果我们也是生长在类似的家庭环境当中，我们也应该懂得如何与后母好好相处。如果能向子骞学习，相信这样的家庭生活当中，一定可以免去许多误会、争执和不愉快。人都有孝心、孝行，天下不会有人心肠像铁石一样，只要我们肯用心，发自内心对父母孝顺奉养，父母再怎么不好，也都会有感悟的一天。

曾参养志

周曾参，字子舆，善养父志。每食，必有酒肉，将彻，必请所与。父嗜羊枣，既没，参不忍食。采薪山中，家有客至，母无措，啮指以悟之。参忽心痛，负薪归。妻为母蒸梨，不熟，出之。过胜母，避其名不入。学于孔子，而传《孝经》。

白话文解读

周朝的曾参夫子，表字叫子舆。他奉养爷娘时和别人不同，他奉养父母亲的做法就是实现人生的伟大志向。每逢吃饭的时候，必定有酒有肉。而要收去碗筷的时候，一定问他父亲这余下来的酒肉要送给哪个。他的父亲生平喜欢吃羊枣子，后来父亲死了，曾参就终生不吃羊枣子了。有一次，他在山里砍柴，不料家里忽然有客人来了。他的母亲因为曾参不在家里，又没有钱可以备办供客享用的食材，没有办法，就用牙齿咬破自己的指头，希望曾参能有所感悟。果然，曾参在山里忽然心头像小鹿撞了一样疼痛不止，就慌慌忙忙背了柴回到家里来。

有一次，曾参的妻子替婆婆蒸一只梨子，没有蒸得熟透，曾参就把妻子赶出去，不要她做妻子了。后来曾参走过一个叫胜母的地方，因为这个地方的名称不好，就不肯走进胜母的里门。曾参在孔夫子门下受学，孔夫子很看得起他，传了他一部《孝经》。

解析

曾子不但对奉养父母非常重视，即使在日常生活、言语行为当中，也非常谨慎，唯恐有辱父母养育之恩，担心因为自己表现不好而使父母蒙羞。

同时，他更是非常留意如何教导自己的学生孝敬父母，时刻以自己的修身来为学生们树立良好的行为典范；所以，他的学生子思继承了他"养志"的精神，成为一代贤人，他的学生孟子后来则成为"亚圣"。

曾子一生秉承孔子的教诲，依教奉行，专心致力于孝道，也用自己一生的行动来告诉我们如何顺承亲意，如何将孝道落实在日常生活当中。他不但做到了"入则孝，出则悌"，还做到了"谨而信"，并且把夫子所教的这些德行留传于后世。而由他所传述的《孝经》也流传千古，其间不知造福和成就了多少人。

纵观天下父母之心，都是希望自己的孩子能够成龙成凤，希望他们能有所成就。其实，成就"功名利禄"并不算真有成就，而成就"道德学问"才算真有成就。

第二节　友　悌

内涵概说

| 小篆 | 隶书 | 草书 | 行书 | 楷书 |

悌，读作 tì，从心，弟声。本义：作"善兄弟"解，敬爱兄长之意，现在指敬爱兄长，顺从兄长。亦泛指敬重长辈。广义来说，四海之内皆兄弟，因此又有友爱之义。悌是儒家的伦理范畴，儒家非常重视"悌"，常与"孝"并列，称为"孝悌"，把它看作实行"仁"的根本条件。

在封建社会，统治阶层为了维护下级对上级服从的封建等级制度，大力提倡悌。西汉考试制度中有"举孝廉"一项，就是以"孝悌"的程度作为评选官员的标准，更将"孝悌"纳入现实的政治制度中。在封建大家庭中，兄弟之间的关系好坏会直接影响整个"家国"的安定。曹植《七步诗》流传千古，而"不悌"的曹丕被指责千年，可见"悌"的重要性。现在虽然大多数家庭都是独生子女，即使有兄弟姐妹，长大后也要自立生活，然而每一个人遇到困难需要求助于别人时，首先想到的还是兄弟。在现代社会中"悌"的思想更应该推广为同事、朋友之间的尊重友爱。

原典摘编

首孝悌，次见闻。

——《三字经》

首先，在日常生活中要做到孝敬父母，友爱兄弟姐妹，接下来是学习看到和听到的知识。

兄弟间彼此诚心相待，友爱相处。弟对兄应当恭顺，而兄对弟亦当爱护。当兄弟姐妹健在时，更要珍爱，相互勉励、扶持，切莫伤和气，毕竟"一回相见一回老，能得几时为弟兄"。心中常怀有兄长、弟妹之情，则敬亲爱亲之情油然而生。由此扩大到周遭之人，亦极易融合为一家人，如此上下和睦，一片祥和之气，充塞于宇宙间，此乃真自然之道矣！

有子曰："其为人也孝弟，而好犯上者，鲜矣。不好犯上，而好作乱者，未之有也。君子务本，本立而道生。孝弟也者，其为仁之本与！"

——《论语·学而》

有子说："他的为人，孝顺父母，顺从兄长，而喜好触犯上层统治者，这样的人是很少见的。不喜好触犯上层统治者，而喜好造反的人是没有的。君子专心致力于根本的事务，根本建立了，治国做人的原则也就有了。孝顺父母、顺从兄长，这就是仁的根本啊！"

人们如果能够在家中对父母尽孝，对兄长顺服，那么他在外就可以对国家尽忠。忠是以孝悌为前提，孝悌以忠为目的。儒家认为，在家中实行孝悌，统治者内部就不会发生"犯上作乱"的事情；再把孝悌推广到劳动民众中去，民众也会绝对服从，而不会起来造反，这样就可以维护国家和社会的安定。

入则孝，出则弟。

——《论语·学而》

进家要孝顺父母，出外要顺从兄长，敬重兄长，善事兄长。

按情理说，弟弟比兄长幼小，凡事要听父兄的吩咐和安排；身为兄长，应有负责保护弟弟之义务。汉朝为了防止兄弟争权导致分裂，防止弟弟谋杀兄长，给皇室蒙羞，赋予孝悌以新意，即弟弟要敬重和顺从兄长。

谨庠序之教，申之以孝悌之义，颁白者不负戴于道路矣。

——《孟子·梁惠王上》

认真地兴办学校教育，把孝悌的道理反复讲给百姓听。头发花白的老人不会在路上背着或顶着东西（前行而没人帮忙）了。

孟子不仅主张养民，还主张教民，教育百姓孝敬父母，尊重师长，兄对弟友爱，弟对兄恭敬，认为这样家国才会文明昌盛，白发老人才老有所养，老有所依，颐养天年。教民的核心内容就是孝悌，老百姓懂得孝悌的道理，才能爱民爱国，社会才会团结安定。

兄弟阋（xì）于墙，外御其务（侮）。　　——《诗经·小雅·常棣》

兄弟们虽然在家里争吵，但能一致抵御外人的欺侮。

兄弟之间可以有矛盾，那都是家人之间的内部矛盾，可以调和，尤其是面对外部矛盾时，兄弟要放下小矛盾，一致对外，维护家国利益，家国的利益是至高无上的。2012年9月12日国台办回应两岸共同保钓提议：兄弟阋于墙，外御其侮。国台办发言人范丽青表示两岸同胞是一家人，兄弟阋于墙，外御其侮。维护钓鱼岛及其附属岛屿的主权，维护中华民族整体的利益，是两岸同胞义不容辞的共同责任，两岸各自采取的维护中华民族共同利益的举措，都会得到全体中华儿女的坚决支持。

兄弟虽有小忿，不废懿（yì）亲。　　——《左传·僖公二十四年》

兄弟间即使有些小矛盾，仍然是至亲的亲人。

悌的内涵扩大了，弟要恭顺兄长，即使有了矛盾也应该以兄弟情为重，兄弟间虽然有一些摩擦，但还是一脉相连的亲缘。尽管兄弟之间存在分歧，但仍应以血缘关系为重，同心共御外侮。前总理温家宝在2010年3月15日答记者问提及两岸问题时，曾用这个典故来比喻两岸关系："正因为我们是兄弟，'兄弟虽有小忿，不废懿亲'，问题总是可以解决的。"

仁人之于弟也，不藏怒焉，不宿怨焉，亲爱之而已矣。

——《孟子·万章上》

仁人对弟弟，有所愤怒不藏于心中，有所怨恨不留在胸内，只是亲他爱他罢了。

对亲人的行为的好坏可以当作是否仁人的标准，对兄弟不能怒，不能怨，而且要与他们共享富贵，以德报怨，不记前仇，提倡兄弟友爱。

子夏曰："贤贤易色；事父母，能竭其力；事君，能致其身；与朋友

交，言而有信。虽曰未学，吾必谓之学矣。"　　　　　——《论语·学而》

子夏说："一个人能够看重贤德而不以女色为重；侍奉父母，能够竭尽全力；服侍君主，能够献出自己的生命；同朋友交往，说话诚实恪守信用。这样的人，尽管他自己说没有学习过，我一定说他已经学习过了。"

友爱的基础是诚实守信。兄弟之间要崇尚和睦，朋友之间要注重诚信守约。

或谓孔子曰："子奚不为政?"子曰："《书》云：'孝乎惟孝，友于兄弟，施于有政。'是亦为政，奚其为为政?"　　　　——《论语·为政》

有人问孔子："你为什么不去从政呢?"孔子说："《尚书》说，孝就是孝敬父母，友就是友爱兄弟，把孝悌这个道理施于政治，这本身就是政治，要怎么样才能算是从政呢?"

现在看来，孝悌关系到社会的安定团结，也是重要的政治原则。

入孝出弟，人之小行也；上顺下笃，人之中行也；从道不从君，从义不从父，人之大行也。　　　　　　　　　　　　　——《荀子·子道》

在家孝敬父母，出外敬爱兄长，这是做人的最起码的道德操守；对上顺从，对下厚道，这是做人的中等道德操守；顺从正道而不顺从君主，顺从道义而不顺从父亲，这是做人的最高准则。

敬爱兄长是做人的最起码的道德操守，现代社会提倡家风传承，也是对悌的重视。

诗云："宜兄宜弟。"　　　　　　　　　　　　——《诗经·蓼萧》

《诗经》说："兄弟和睦。"

兄弟和睦了，才能够让一国的人都和睦。从《诗经》中所说的"宜兄宜弟"到后来儒家"悌"之道的修养深造，都是把兄弟关系视为德政治国的根本性问题。

子曰："教民礼顺，莫善于悌。移风易俗，莫善于乐。安上治民，莫善于礼。礼者，敬而已矣。故敬其父，则子悦；敬其兄，则弟悦；敬其君，则臣悦；敬一人，而千万人悦。所敬者寡，而悦者众。此之谓要道也。"
　　　　　　　　　　　　　　　　　　　　　　　　——《孝经》

孔子说："教育人民礼貌和顺，没有比服从自己兄长更好的了。转移风气、改变旧的习惯制度，没有比用音乐教化更好的了。使君主安心，人民驯服，没有比用礼教办事更好的了。所谓的礼，也就是敬爱而已。所以尊敬他人的父亲，其儿子就会喜悦；尊敬他人的兄长，其弟弟就愉快；尊敬他人的君主，其臣下就高兴。敬爱一个人，却能使千万人高兴愉快。所尊敬的对象虽然只是少数，为之喜悦的人却有千千万万。这就是礼敬作为要道的意义之所在啊。"

悌道发扬光大，人民自然就教化好了。

子曰："教以悌，所以敬天下之为人兄者也。"　　——《孝经》

孔子说："教人悌之道，是让天下为兄长的人都能受到尊敬。"

悌不仅仅局限在家中，而是要敬爱全天下所有为人兄长的人。从小到大，由己推人，由家及国，发挥悌的教化作用。《孝经》同样体现了儒家的这种思维模式，是从齐家到治国，再到平天下，这才是一种真正的大爱精神，从爱自己，到爱家人，最后到爱天下，就这样达到自然化成天下的效果。

子曰："君子之事亲孝，故忠可移于君；事兄悌，故顺可移于长；居家理，故治可移于官。是以行成于内，而名立于后世矣。"　　——《孝经》

孔子说："君子侍奉父母亲能尽孝，所以能把对父母的孝心移作对国君的忠心；侍奉兄长能尽敬，所以能把这种尽敬之心移作对前辈或上司的敬顺；在家里能处理好家务，所以会把理家的道理迁移到做官治国之中。因此能够在家里尽孝悌之道、治理好家政的人，其名声也就会显扬于后世。"

孔子认为践行亲孝和友悌的人才能称得上君子，才具备做官治理国家的能力，才能真正具有好的名声，实至名归。

子曰："孝悌之至，通于神明，光于四海，无所不通。《诗》云：'自西自东，自南自北，无思不服。'"　　——《孝经》

孔子说："对父母兄长孝敬顺从达到了极致，即可以通达于神明，光照天下，任何地方都可以感应相通。《诗经·大雅·文王有声》篇中说：'从西到东，从南到北，没有人不肯服从。'"

孝悌的传播对维护社会伦理、社会秩序起了很大作用。

所谓平天下在治其国者，上老老而民兴孝，上长长而民兴弟，上恤孤而民不倍。

　　　　　　　　　　　　　　　　　　　　　　　　　　——《大学》

　　所说平定天下，在于治理好自己的国家，就是国君敬重老人，人民就会崇尚孝之道；国君尊敬长者，人民就会崇尚悌之道；国君怜抚孤儿，人民就不会背弃。

　　言传不如身教。齐家的关键是修身，身修才能教育家人。治国之道除了教化，还需政令畅通，但毕竟应以教化为本。这段话就是强调国君在治国中的表率作用。只要在上者有敬老尊长、怜恤孤苦的行为，则人民自会兴起孝、悌、不背之志。

　　孟子曰："亲亲，仁也；敬长，义也。"　　　　——《孟子·尽心上》

　　孟子说："亲爱父母亲，便是仁；尊敬兄长，便是义。"

　　义就是人之所以为人的美好之处，就是责任和义务，不计报酬地无偿付出，这就是义。孟子认为晚辈尊敬长辈这是理所当然的，是晚辈应该做的，尊敬长辈是晚辈的义务，长辈爱护晚辈也是义不容辞的责任。爱亲敬兄是仁义的根本。

　　孟子曰："人人亲其亲，长其长，而天下平。"

　　　　　　　　　　　　　　　　　　　　　　　　　　——《孟子·离娄上》

　　孟子说："只要人人各自亲爱自己的双亲，各自尊敬自己的长辈，那么，天下自然就可以太平了。"

　　天下太平的基础就是孝悌，可见孝悌在社会和谐稳定方面的重要性。

寡人之于国也
《孟子》

　　梁惠王①曰："寡人②之于国也，尽心焉耳矣③。河内④凶⑤，则移其民于河东⑥，移其粟⑦于河内；河东凶亦然⑧。察邻国之政，无如⑨寡人之用心者。邻国之民不加少⑩，寡人之民不加多，何也？"

　　孟子对曰："王好战⑪，请以战喻⑫。填⑬然鼓之⑭，兵刃既接⑮，弃甲曳兵⑯而走⑰。或⑱百步而后止，或五十步而后止。以⑲五十步笑⑳百步，则何如？"

曰："不可，直㉑不百步耳，是㉒亦走也。"曰："王如知此，则无㉓望民之多于邻国也。

"不违农时㉔，谷㉕不可胜食㉖也；数罟不入洿池㉗，鱼鳖㉘不可胜食也；斧斤㉙以时㉚入山林，材木不可胜用也。谷与鱼鳖不可胜食，材木不可胜用，是使民养生㉛丧死㉜无憾㉝也。养生丧死无憾，王道㉞之始也。

"五亩㉟之宅，树㊱之以桑，五十者可以衣帛㊲矣。鸡豚㊳狗彘之畜㊴，无㊵失其时，七十者可以食肉矣。百亩之田㊷，勿夺㊸其时，数口之家，可以无饥矣；谨㊹庠序㊺之教㊻，申㊼之以孝悌㊽之义㊾，颁白㊿者不负戴51于道路矣。七十者衣帛食肉，黎民52不饥不寒，然而不王53者，未之有54也。

"狗彘食人食55而不知检56，涂57有饿莩58而不知发59，人死，则曰：'非我也，岁60也。'是何异于刺人而杀之，曰'非我也，兵也'？王无罪51岁，斯52天下之民至焉。"

①梁惠王：战国时期魏国的国君，姓魏，名罃。魏国都城在大梁（今河南省开封市西北），所以魏惠王又称梁惠王。

②寡人：寡德之人，是古代国君对自己的谦称。

③焉耳矣：焉、耳、矣都是句末助词，重叠使用，以加重语气。

④河内：今河南境内黄河以北的地方。古人以中原地区为中心，所以黄河以北称河内，黄河以南称河外。

⑤凶：谷物收成不好，荒年。

⑥河东：黄河以东的地方，在今山西西南部。黄河流经山西省境，自北而南，故称山西境内黄河以东的地区为河东。

⑦粟：谷子，脱壳后称为小米，也泛指谷类。

⑧亦然：也是这样。

⑨无如：没有像……。

⑩加少：更少。下文"加多"：更多。加，副词，更、再。

⑪好战：喜欢打仗。战国时期各国诸侯热衷于互相攻打和兼并对方领土。

⑫请以战喻：让我用打仗来做比喻。请，有"请允许我"的意思。

⑬填：拟声词，模拟鼓声。

⑭鼓之：敲起鼓来，发动进攻。古人击鼓进攻，鸣锣退兵。鼓，动词。之，没有实在意义的衬字。

⑮兵刃既接：两军的兵器已经接触，指战斗已经开始。兵，兵器、武器。既，已经。接，接触、交锋。

⑯弃甲曳（yè）兵：抛弃铠甲，拖着兵器。曳，拖着。

⑰走：跑，这里指逃跑。

⑱或：有的人。

⑲以：凭着；借口。

⑳笑：耻笑；讥笑。

㉑直：只是，不过。

㉒是：代词，这里指代上文“五十步而后止”。

㉓无：通“毋”，不要。

㉔不违农时：指农忙时不要征调百姓服役。违，违背、违反，这里指耽误。

㉕谷：粮食的统称。

㉖不可胜食：吃不完。胜，尽。

㉗数（cù）罟（gǔ）不入洿（wū）池：不用细密的渔网捕捞池中的小鱼。这是为了防止破坏鱼的生长和繁殖。数，密。罟，网。

㉘鳖（biē）：甲鱼或团鱼。

㉙斤：与斧相似，比斧小而刃横。

㉚时：时令季节。砍伐树木宜于草木凋落、生长季节过后的秋冬时节进行。

㉛养生：供养活着的人。

㉜丧死：为死了的人办丧事。

㉝憾：遗憾。

㉞王道：以仁义治天下，这是儒家的政治主张。与当时诸侯奉行的以武力统一天下的“霸道”相对。

㉟五亩：先秦时五亩约合现在一亩二分多。

㊱树：种植。

㊲衣帛：穿上丝织品的衣服。衣，用作动词，穿。

㊳豚（tún）：小猪。

㊴彘（zhì）：猪。

㊵畜（xù）：畜养，饲养。

㊶无：通“毋”，不要。

㊷百亩之田：古代实行井田制，一个男劳动力可分得耕田一百亩。

㊸夺：失；违背。

㊹谨：谨慎，这里指认真从事。

㊺庠（xiáng）序：古代的乡学。《礼记·学记》：“古之教者，家有塾，党有庠，术有序，国有学。”家，这里指闾。二十五户人共住一巷称为闾。塾，闾中的学校。党，五百户为党。庠，设在党中的学校。术，同“遂”，一万二千五百家为遂。序，设在遂中的学校。国，京城。学，大学。

㊻教：教化。

㊼申：反复陈述。

㊽孝悌：敬爱父母和兄长。

㊾义：道理。

㊿颁白：“颁”通“斑”，头发花白。

(51)负戴：负，背负着东西。戴，头顶着东西。

㊺黎民：百姓。

㊽王：这里用作动词，为王、称王，也就是使天下百姓归顺。

㊾未之有：未有之。之，指代"七十者衣帛食肉，黎民不饥不寒，然而不王者"。

㊿食人食：前一个"食"，动词，吃。后一个"食"，名词，指食物。

㊻检：检点，制止、约束。

㊼涂：通"途"，道路。

㊽饿莩（piǎo）：饿死的人，莩，通"殍"。

㊾发：指打开粮仓，赈济百姓。

⑩岁：年岁、年成。

⑪罪：归咎、归罪。

⑫斯：则、那么。

白话文解读

梁惠王说："我对于国家，总算尽了心啦。河内遇到饥荒，就把那里的老百姓迁移到河东去，把河东的粮食转移到河内；河东遇到饥荒也是这样做。了解一下邻国的政治，没有像我这样用心的。邻国的百姓不见减少，我的百姓不见增多，这是为什么呢？"

孟子回答说："大王喜欢打仗，让我用战争作比喻吧。咚咚地敲响战鼓，两军开始交战，战败的扔掉盔甲拖着武器逃跑。有的人逃了一百步然后停下来，有的人逃了五十步然后停下来。凭自己只跑了五十步而耻笑别人跑了一百步，那怎么样呢？"

梁惠王说："不行。只不过没有跑上一百步罢了，那也是逃跑啊。"

孟子说："大王如果懂得这个道理，就不要指望自己的百姓比邻国多了。

"不耽误农业生产的季节，粮食就会吃不完。密网不下到池塘里，鱼鳖之类的水产就会吃不完。按一定的季节入山伐木，木材就会用不完。粮食和水产吃不完，木材用不完，这就使百姓对生养死葬没有什么不满了。百姓对生养死葬没有什么不满，这是王道的开端。

"五亩大的住宅场地，种上桑树，五十岁的人就可以穿丝织品了。鸡、猪、狗的畜养，不要耽误它们的繁殖时机，七十岁的人就可以吃肉食了。百亩大的田地，不要耽误它的耕作时节，数口之家就可以不受饥饿了。认真地兴办学校教育，把尊敬父母、敬爱兄长的道理反复讲给百姓听，须发花白的老人就不会背负或头顶重物在路上行走了。七十岁的人能够穿上丝织品、吃上肉食，百姓没有挨饿受冻的，做到了这些而不能统一天下称王的还从未有过。

"猪狗吃人所吃的食物，不知道制止；道路上有饿死的人，不知道开仓赈济。百姓死了，就说：'这不是我的过错，是因为年岁不好。'这种说法与拿刀把人杀死后，说'杀死人的不是我，是兵器'有什么不同？大王不归罪于年成，那么天下的百姓都会来归顺了。"

解析

这篇文章写孟子同梁惠王的谈话。当时各国为了增产粮食和扩充兵员，都迫切需要劳动力，所以梁惠王要同邻国争夺百姓，采取了自以为"尽心"的措施，可是目的并没有达到。孟子抓住这个矛盾，指出梁惠王的"尽心"并不能使百姓归顺，同时提出自己的主张，只有"行王道，施仁政"，才是治国的根本办法。

《寡人之于国也》是《孟子·梁惠王上》中的一章，是表现孟子"仁政"思想的文章之一，论述了如何实行"仁政"，以"王道"统一天下的问题。"养生丧死无憾，王道之始也"，"五十者可以衣帛矣……七十者可以食肉……黎民不饥不寒，然而不王者，未之有也"为文章点睛之笔，突出了本文主旨：只有实行仁政，养民教民，才能得民心；得民心，才能得天下。这种"保民而王"的主张，实际上也是孟子"民本"思想的体现。

幼学琼林·兄弟
程允升

天下无不是的父母，世间最难得者兄弟。

须贻同气之光，毋伤手足之雅。

玉昆金友，美兄弟之俱贤；伯埙仲篪①，谓声气之相应。

兄弟既翕，谓之花萼相辉；兄弟联芳，谓之棠棣竞秀②。

患难相顾，似鹡鸰之在原；手足分离，如雁行之折翼③。

元方季方俱盛德，祖太邱称为难弟难兄；宋郊宋祁俱中元，当时人号为大宋小宋④。

荀氏兄弟，得八龙之佳誉；河东伯仲，有三凤之美名⑤。

东征破斧，周公大义灭亲；遇贼争死，赵孝以身代弟⑥。

煮豆燃萁，谓其相害；斗粟尺布，讥其不容⑦。

兄弟阋墙，谓兄弟之斗狠；天生羽翼，谓兄弟之相亲。

姜家大被以同眠，宋君灼艾而分痛⑧。

田氏分财，忽瘁庭前之荆树；夷齐让国，共采首阳之蕨薇⑨。

虽曰安宁之日，不如友生；其实凡今之人，莫如兄弟。

注释

①埙：一种用陶土烧制的吹奏乐器。篪：古时用竹管制成的乐器。伯埙仲篪：兄长吹埙，兄弟奏

簾，音声相和。形容兄弟和睦相处。《诗经·小雅·何人斯》："伯氏吹埙，仲氏吹篪。"

②翕：和好，一致。花萼、棠棣：比喻兄弟。

③鹡鸰：一种鸟的名字，常用来比喻兄弟。《诗经·小雅·常棣》："鹡鸰在原，兄弟急难。"雁行：像大雁一样并行，引申为有次序地排列，常用来借指兄弟。

④元方季方：东汉陈实有子陈纪字元方、陈谌字季方，两人皆以才德称。元方的儿子长文与季方的儿子孝先各论其父功德，争之不能决，问于陈实。陈实说："元方难为兄，季方难为弟。"意思是两人的才德难分高下。见《世说新语·德行》。宋郊宋祁：北宋人，宋仁宗天圣二年（公元 1024 年），两人同时考中状元，时人称他们为"大宋小宋"。

⑤八龙：东汉的荀淑有八个儿子，他们都很有才能，时人称他们为"荀氏八龙"。三凤：唐朝河东人薛收和堂兄薛元敬、族侄薛德音都很有名，被称为"河东三凤"。

⑥东征破斧：周武王死后，周成王年幼，由周公代摄朝政，武王的弟弟管叔和蔡叔不服，于是勾结外人发动叛乱。周公兴师东征，把斧子和刀都砍坏了，最后大义灭亲，杀掉了叛乱的管叔和蔡叔。遇贼争死：西汉末年，战乱不断，饿殍遍野，人们以人为食。有一伙强盗抓住了赵孝的弟弟赵礼，要把他吃掉。赵孝知道消息后，把自己绑起来去见强盗，要代弟弟去死。强盗被赵孝的行为震惊和感动，于是放了他们。

⑦煮豆燃萁：魏文帝曹丕继位后，嫉妒弟弟曹植的才华，想杀掉他，于是令他在七步之内作出一首诗，不然性命不保。曹植略一思索，作诗曰："煮豆燃豆萁，豆在釜中泣。本是同根生，相煎何太急？"后用煮豆燃萁比喻兄弟间互相残杀。斗粟尺布：汉文帝的弟弟淮南王刘长谋反，事败后被流放到蜀地，绝食而死。百姓作歌曰："一尺布，尚可缝，一斗粟，尚可舂，兄弟二人不相容。"

⑧大被以同眠：后汉姜肱与二弟仲海俱以孝闻。常共卧起，及各娶妻，兄弟相恋，不能别寝。形容兄弟十分友爱。灼艾而分痛：宋太祖之弟赵匡义一次病得厉害，太祖亲为其烧艾火治病。匡义感觉疼痛，太祖取艾自灼，以示分痛。喻兄弟友爱。

⑨田氏分财：隋朝时有田真、田庆、田广兄弟三人在各自妻子的鼓动下商议分家，并计划将堂前的紫荆树也一分为三。次日清晨，紫荆树开始枯萎，兄弟三人见状，深为感动，决定不再分家，从此和睦相处，紫荆树也重新枝繁叶茂。夷齐让国：伯夷、叔齐是商朝孤竹君的两个儿子，孤竹君欲立叔齐为国君，但叔齐认为兄长伯夷比自己贤良，应该传位于伯夷。可是，伯夷自称不如叔齐，也拒绝继位。二人相让不下，于是一起离国，投奔周文王。当时文王已薨，武王正准备伐纣，伯夷、叔齐认为武王伐纣是不义之举，于是不食周粟，采薇首阳山下，最终饿死。

白话文解读

天下没有不是的父母，世间最难得的是兄弟。

必须保持同胞的情谊，互致同气连根的荣光，切莫损伤手足的交往与情分。

玉昆金友比喻兄弟皆具才能贤德；伯埙仲篪形容兄弟间意气相合亲密无间。

兄弟和睦友爱，谓之花萼相辉；兄弟都才华横溢流芳于世，称作棠棣竞秀。

兄弟间患难与共，彼此顾恤喻为鹡鸰在原；手足分离则如同飞雁被折断了翅膀一样。

汉代陈元方、陈季方皆有美盛之德，他的父亲难于分出其上下。宋代宋郊、宋祁都中状元，时人号为大宋小宋。

汉代荀淑育有八子并有才名，赢得八龙的佳誉；唐代薛收与薛德音、薛元敬叔侄三人齐名，有三凤的美名。

周公为了社稷大义东征三年，杀了叛乱的弟弟；汉代赵礼遇贼，赵孝欲代弟而死，兄弟俩为此而争执。

煮豆燃萁比喻骨肉兄弟自相残害；斗粟尺布讥讽兄弟之间互不相容。

兄弟感情生变，互不相容，在墙根下争斗称为兄弟阋墙。兄弟阋墙尚可同御外来的欺侮，天生羽翼则是指兄弟为手足，如上天赐予的羽翼，生来便需互相扶持，共同抵御外来的仇敌。

后汉姜肱天生友爱，做了长枕大被兄弟同眠；宋太祖因弟弟有病灼艾觉痛，便也灼艾以分痛。

隋朝田氏兄弟分家产，屋前紫荆树忽然枯萎；商末伯夷、叔齐互相让位，商朝亡后共同避居首阳山，采薇菜而食。

虽然说安宁的日子，兄弟不如朋友亲密；但世上却没有什么比得上兄弟之间情谊的深重。

解析

文章列举大量典故谈兄弟之间的手足情深、亲密无间、情意深长。兄弟情深能感化恶人，也能感动万物。兄弟之间即使有分歧有矛盾，但还是可以解决的。兄弟之间要互相扶持，共同抵御外来欺侮，在大是大非面前保持一致。

祭十二郎文
韩　愈

年、月、日①，季父②愈闻汝丧之七日，乃能衔哀致诚③，使建中远具时羞之奠④，告汝十二郎之灵：

呜呼！吾少孤⑤，及长，不省所怙⑥，惟兄嫂是依。中年兄殁南方，吾与汝俱幼，从嫂归葬河阳。既又与汝就食江南⑦，零丁孤苦，未尝一日相离也。吾上有三兄⑧，皆不幸早世。承先人⑨后者，在孙惟汝，在子惟吾。两世一身⑩，形单影只。嫂尝抚汝指吾而言曰："韩氏两世，惟此而已！"汝时尤小，当不复记忆；吾时虽能记忆，亦未知其言之悲也。

吾年十九，始来京城。其后四年，而归视汝。又四年，吾往河阳省⑪坟墓，遇汝从嫂丧来葬。又二年，吾佐董丞相于汴州⑫，汝来省吾，止⑬一岁，请归取其孥⑭。明年，丞相薨⑮。吾去汴州，汝不果⑯来。是年，吾佐戎徐州，使取⑰汝者始行，吾又罢去⑱，汝又不果来。吾念汝从于东，东⑲亦客也，不可以久；图久远者，莫如西归，将成家而致汝。呜呼！孰谓⑳汝遽去吾而殁乎！吾与汝俱少年，以为虽暂相别，终当久相与处。故舍汝而旅食京师，以求斗斛㉑之禄。诚知其如此，虽万乘㉒之公相，吾不以一日辍汝而就也㉓。

去年，孟东野往㉔，吾书与汝曰："吾年未四十，而视茫茫，而发苍苍，而齿牙动摇。念诸父与诸兄，皆康强而早世，如吾之衰者，其能久存乎？吾不可去，汝不肯来，恐旦暮死，而汝抱无涯之戚㉕也。"孰谓少者殁而长者存，强者夭而病者全乎？

呜呼！其信然邪？其梦邪？其传之非其真邪？信也，吾兄之盛德而夭其嗣乎？汝之纯明而不克蒙其泽乎㉖？少者强者而夭殁，长者衰者而存全乎？未可以为信也！梦也，传之非其真也，东野之书，耿兰之报，何为而在吾侧也？呜呼！其信然矣！吾兄之盛德而夭其嗣矣，汝之纯明宜业㉗其家者，不克蒙其泽矣。所谓天者诚难测，而神者诚难明矣。所谓理者不可推，而寿者不可知矣。

虽然，吾自今年来，苍苍者或化而为白矣；动摇者或脱而落矣㉘，毛血㉙日益衰，志气㉚日益微，几何不从汝而死也。死而有知，其几何离㉛；其无知，悲不几时，而不悲者无穷期矣。

汝之子始十岁㉜，吾之子始五岁㉝，少而强者不可保，如此孩提㉞者，又可冀其成立邪？呜呼哀哉！呜呼哀哉！

汝去年书云："比得软脚病㉟，往往而剧。"吾曰："是疾也，江南之人，常常有之。"未始以为忧也。呜呼，其竟以此而殒其生乎？抑别有疾而至斯乎？

汝之书，六月十七日也；东野云，汝殁以六月二日；耿兰之报无月日。盖东野之使者不知问家人以月日，如耿兰之报，不知当言月日。东野与吾书，乃问使者，使者妄称以应之乎。其然乎？其不然乎？

今吾使建中祭汝，吊汝之孤与汝之乳母㊱。彼有食可守，以待终丧㊲，则待终丧而取以来㊳；如不能守以终丧，则遂取以来。其余奴婢，并令守汝丧。吾力能改葬㊳，终葬汝于先人之兆㊵，然后惟其所愿㊶。

呜呼！汝病吾不知时，汝殁吾不知日，生不能相养以共居，殁不能抚汝以尽哀㊷，敛㊸不凭其棺，窆㊹不临其穴。吾行负神明，而使汝夭。不孝不慈，而不能与汝相养以生，相守以死。一在天之涯，一在地之角，生而影不与吾形相依，死而魂不与吾梦相接，吾实为之，其又何尤㊺！彼苍者天，曷其有极㊻！自今已往，吾其无意于人世矣！当求数顷之田于伊、颍㊼之上，以待余年。教吾子与汝子，幸其成㊽；长㊾吾女与汝女，待其嫁，如此而已。

呜呼，言有穷而情不可终，汝其知也邪？其不知也邪？呜呼哀哉！尚飨㊿！

①年、月、日：此为拟稿时原样。《文苑英华》作"贞元十九年五月廿六日"；但祭文中说十二郎在"六月十七日"曾写信给韩愈，"五"字当为误。

②季父：父辈中排行最小的叔父。

③衔哀：心中含着悲哀。致诚：表达赤诚的心意。

④建中：人名，当为韩愈家中仆人。时羞：应时的鲜美佳肴。羞，同"馐"。

⑤孤：幼年丧父称"孤"。《新唐书·韩愈传》："愈生三岁而孤，随伯兄会贬官岭表。"

⑥怙（hù）：《诗·小雅·蓼莪》："无父何怙，无母何恃。"后世因此用"怙"代父，用"恃"代母。失父曰失怙，失母曰失恃。

⑦就食江南：唐德宗建中二年（公元781年），北方藩镇李希烈反叛，中原局势动荡。因韩氏在宣州置有田宅别业，故韩愈随嫂迁家避居宣州（今安徽宣城）。韩愈《复志赋》："值中原之有事兮，将就食于江之南。"《祭郑夫人文》："既克返葬，遭时艰难。百口偕行，避地江濆。"均指此。

⑧吾上有三兄：三兄指韩会、韩介，还有一位死时尚幼，未及命名。一说：吾，我们，即韩愈和十二郎。三兄指自己的两个哥哥和十二郎的哥哥韩百川（韩介的长子）。

⑨先人：指已去世的父亲韩仲卿。

⑩两世一身：子辈和孙辈均只剩一个男丁。

⑪省（xǐng）：探望，此引申为凭吊。

⑫董丞相：指董晋。贞元十二年（公元796年），董晋以检校尚书左仆射、同中书门下平章事身份任宣武军节度使，汴、宋、亳、颍等州观察使。时韩愈在董晋幕中任节度推官。汴州：治所在今河南开封市。

⑬止：住。

⑭取其孥（nú）：把家眷接来。孥，妻和子的统称。

⑮薨（hōng）：古时诸侯或二品以上大官死曰薨。贞元十五年（公元799年）二月，董晋死于汴州任所，韩愈随葬西行。去后第四天，汴州即发生兵变。

⑯不果：没能够。指因兵变事。

⑰取：迎接。

⑱罢去：贞元十六年（公元800年）五月，张建封卒，韩愈离开徐州赴洛阳。

⑲东：指故乡河阳之东的汴州和徐州。

⑳孰谓：谁料到。

㉑斗斛（hú）：唐时十斗为一斛。斗斛之禄，指微薄的俸禄。韩愈离开徐州后，于贞元十七年（公元801年）来长安选官，调四门博士，贞元十九年（公元803年），迁监察御史。

㉒万乘（shèng）：指高官厚禄。古代兵车一乘，有马四匹。封国大小以兵赋计算，凡地方千里的大国，称为万乘之国。

㉓辍（chuò）：停止。辍汝，和上句"舍汝"义同。就：就职。

㉔去年：指贞元十八年（公元802年）。孟东野：韩愈的诗友孟郊，时年孟东野出任溧阳（今属江苏）尉，因溧阳距宣州不远，故韩愈托他捎信给宣州的十二郎。

㉕无涯之戚：无穷的悲伤。涯，边。戚，忧伤。

㉖纯明：纯正贤明。不克：不能。蒙：承受。

㉗业：用作动词，继承之意。

㉘动摇者或脱而落矣：时年韩愈有《落齿》诗云："去年落一牙，今年落一齿。俄然落六七，落势殊未已。"

㉙毛血：指体质。

㉚志气：指精神。

㉛其几何离：分离会有多久呢？意谓死后仍可相会。

㉜汝之子：十二郎有二子：长韩湘，次韩滂。韩滂出嗣十二郎的哥哥韩百川为子，见韩愈《韩滂墓志铭》。始十岁：当指长子韩湘。十岁，一本作"一岁"，则当指韩滂，滂生于贞元十八年（公元802年）。

㉝吾之子始五岁：指韩愈长子韩昶，贞元十五年（公元799年）韩愈居符离集时所生，小名曰符。

㉞孩提：本指二三岁的幼儿。此为年纪尚小之意。

㉟比：近来。软脚病：脚气病。

㊱吊：此指慰问。孤：指十二郎的儿子。

㊲终丧：守满三年丧期。《孟子·滕文公上》："三年之丧……自天子达于庶人，三代共之。"

㊳取以来：指把十二郎的儿子和乳母接来。

㊴力能改葬：假设之意。即先暂时就地埋葬。合下句连续可知。

㊵兆：葬域，墓地。

㊶惟其所愿：才算了却心事。

㊷抚汝以尽哀：指抚尸恸哭。

㊸敛：同"殓"。为死者更衣称小殓，尸体入棺材称大殓。

㊹窆（biǎn）：下棺入土。

㊺尤：怨恨谁。

㊻彼苍者天，曷其有极：意谓你青苍的上天啊，我的痛苦哪有尽头啊。语本《诗经·唐风·鸨羽》："悠悠苍天，曷其有极。"

㊼伊、颍（yǐng）：伊水和颍水，均在今河南省境内。此指故乡。

㊽幸其成：韩昶后中穆宗长庆四年（公元824年）进士，韩湘后中长庆三年（公元823年）进士。

㊾长（zhǎng）：用作动词，养育之意。

㊿尚飨：古代祭文结语用词，意为希望死者享用祭品。尚，庶几，表示希望。

白话文解读

某年、某月、某日，叔父韩愈在听说你去世后的第七天，才得以含着哀痛向你表达诚意，并派建中在远方备办了应时的鲜美食品作为祭品，告慰你十二郎的灵位：

唉！我自幼丧父，等到大了，不知道父亲是什么模样，只有依靠兄嫂抚养。哥哥正当中年时就因与犯罪的宰相关系密切而受牵连被贬为韶州刺史，次年死于贬所。我和你都还小，跟随嫂嫂把灵柩送回河阳老家安葬。随后又和你到江南谋生，孤苦伶仃，也未曾一天分开过。我上面本来有三个哥哥，都不幸早死。继承先父遗志的后代，在孙子辈里只有你，在儿子辈里只有我。韩家子孙两代各剩一人，孤孤单单。嫂子曾经抚摸着你的头对我说："韩氏两代，就只有你们两个了！"那时你比我更小，当然记不得了；我当时虽然能够记事，但也还不能体会她话中的悲凉啊！

我十九岁时，初次来到京城参加考试。四年以后，才回去看你。又过了四年，我去河阳凭吊，在祖先的坟墓处碰上你护送嫂嫂的灵柩来安葬。又过了两年，我在汴州辅佐董丞相，你来探望我，留下住了一年，你请求回去接妻子儿女。第二年，董丞相去世，我离开汴州，你没能来成。这一年，我在徐州辅佐军务，派去接你的人刚动身，我就被免职，你又没来成。我想，你跟我在东边的汴州、徐州也是客居，不可能久住；从长远考虑，还不如我回到家乡，等在那里安下家再接你来。唉！谁能料到你竟突然离我而去呢？当初，我和你都年轻，总以为虽然暂时分别，终究会长久在一起的，因此我离开你而旅居长安，以寻求微薄的俸禄。假如真的知道会这样，即使让我做高官厚禄的公卿宰相，我也不愿因此离开你一天而去赴任啊！

去年，孟东野经过你那里时，我写给你的信中说："我年纪还不到四十岁，但视力模糊，头发花白，牙齿松动。想起各位父兄都在健康强壮的盛年早早去世，像我这样衰弱的人，难道还能长活在世上吗？我不能离开（职守），你又不肯来，恐怕我早晚一死，你就会有无穷无尽的忧伤。"谁能料到年轻的却先死了，而年老的反而还活着，强壮的早早死去，而衰弱的反而还活在人间呢？

唉！是真的这样呢，还是在做梦呢？还是这传来的消息不可靠呢？如果是真的，那么为什么我哥哥有（那么）美好的品德反而早早地绝后了呢？你（那么）纯正聪明反而不能承受他的恩泽呢？难道年轻强壮的反而要早早死去，年老衰弱的却应活在世上吗？实在不敢把它当作真的啊！如果是梦，传来的噩耗不是真的，可是东野的来信，耿兰的报丧，却又为什么在我身边呢？啊！大概是真的了！我哥哥有美好的品德竟然早早地失去后代，你纯正聪明，本来是应该继承家业的，现在却不能承受你父亲的恩泽了。这正是所谓苍天确实难以揣测，而神意实在难以知道了。也就是所谓天理不可推求，而寿命的长短无法预知啊！

虽然这样，我从今年以来，花白的头发全要变白了，松动的牙齿也像要脱落了，身体越来越衰弱，精神也越来越差了，过不了多久就要随你去了。如果死后有知，那么我们又能分离多久呢？如果我死后无知，那么我也不能悲痛多少时间了，而（死后）不悲痛的时间却是无穷无尽的。

你的儿子才十岁，我的儿子才五岁，年轻强壮的尚不能保全，像这么大的孩子，又怎么能希望他们成人立业呢？啊，悲痛啊，真是悲痛！

你去年来信说："近来得了软脚病，时常（发作）疼得厉害。"我说："这种病，江南人常常得。"没有当作值得忧虑的事。唉，谁知道竟然会因此而丧了命呢？还是由于别的病而导致这样的不幸呢？

你的信是六月十七日写的。东野说你是六月二日过世的，耿兰报丧时没有说日期。大概是东野的使者不知道向你的家人问明日期，而耿兰报丧竟不知道应该告诉日期。还是东野给我写信时才去问使者，使者胡乱说个日期应付了。是这样呢？还是不是这样呢？

现在我派建中来祭奠你，安慰你的孩子和你的乳母。他们有粮食能够守丧到丧期终了，就等到丧期结束后再把他们接来；如果不能守到丧期终了，我就马上接来。剩下的奴婢，叫他们一起守丧。如果我有能力迁葬，最后一定把你安葬在祖坟旁，这样才算了却我的心愿。

唉！你患病我不知道时间，你去世我不知道日子，活着的时候不能住在一起互相照顾，死的时候没有抚尸痛哭，入殓时没在棺前守灵，下棺入葬时又没有亲临你的墓穴。我的行为辜负了神明，才使你这么早死去，我对上不孝，对下不慈，既不能与你相互照顾着生活，又不能和你一块死去。一个在天涯，一个在地角。你活着的时候不能和我形影相依，死后魂灵也不在我的梦中显现，这都是我造成的灾难，又能抱怨谁呢？天哪，（我的悲痛）哪里有尽头呢？从今以后，我已经没有心思奔忙在世上了！还是回到老家去置办几顷地，度过我的余年。教养我的儿子和你的儿子，希望他们成才；抚养我的女儿和你的女儿，等到她们出嫁，（我的心愿）如此而已。

唉！话有说完的时候，而哀痛之情却不能终止，你知道呢，还是不知道呢？悲哀啊！希望享用祭品吧！

解析

南宋学者赵与时在《宾退录》中写道："读诸葛孔明《出师表》而不堕泪者，其人必不忠。读李令伯《陈情表》而不堕泪者，其人必不孝。读韩退之《祭十二郎文》而不堕泪者，其人必不友。"《祭十二郎文》是一篇千百年来传诵不衰，影响深远的祭文名作，重视骨肉亲情，少年叔侄当弟兄的手足之情，感人至深，吟诵之下，不能不随作者之祭而有眼涩之悲。

韩愈写此文的目的不在于称颂死者，而在于倾诉自己的痛悼之情，寄托自己的哀思。这主要表现在三个方面：一是强调骨肉亲情关系。作者与老成，名为叔侄，实则情同手足，"两世一身，形单影只"。今老成先逝，子女幼小，更显得家族凋零，振兴无望。这在注重门庭家道的古代引起韩愈的切肤之痛是理所当然的。二是突出老成之事实出意外。老成比作者年少而体强，却"强者夭而病者全"；老成得的不过是一种常见的软脚病，作者本来不以为意，毫无精神准备，因而对老成的遽死追悔莫及，意外的打击使他极为悲痛。三是表达作者自身宦海沉浮之苦和对人生无常之感，并以此深化亲情。作者原以为两人都还年轻，便不以暂别为念，求食求禄，奔走仕途，因而别多聚少，而今铸成终身遗憾。作者求索老成的死因和死期，却堕入乍信乍疑、如梦如幻的迷境，深感生命飘忽，倍增哀痛。

泰伯采药

殷①泰伯，周太王长子。弟季历，生子昌②，有圣瑞③，太王有传位④季历以及昌之意。泰伯知父意，即与弟仲雍相约，因父病，以采药为名，逃之荆蛮⑤，被⑥发文身⑦，示不可用。孔子以"至德"表之。

李文耕谓，泰伯之逃，遵朱注以让商为定论。然即其默窥太王爱季及昌之意，率仲弟飘然远去，使王季自然得位，而太王亦无立爱之嫌。其曲全于父子兄弟间者，浑然无迹，非至德其孰能之。

注释

①殷：朝代名。商王盘庚，迁都殷墟，改号曰殷。

②昌：文王之名。

③圣瑞：指赤雀衔丹书，止于昌户之事。

④传位：传诸侯之位。

⑤荆蛮：蛮之在荆州，后为句吴。

⑥被：与"披"通。

⑦文身：画纹于身也。

白话文解读

殷朝末年的时候，有个孝悌兼全的人，姓姬，名字叫泰伯，他是周朝太王的长子。

他的第三个弟弟，名字叫作季历。后来季历生了一个儿子，名叫姬昌，就是后来的文王。文王生下来的时候，先有一只赤色的雀子嘴里衔了丹书停在门户上，表示圣人出世的祥瑞，所以太王有想把周朝国君的位子传给季历，再由季历传位给昌的意思。泰伯知道父亲的意思，就和名字叫仲雍的第二个弟弟约定，假称因为父亲有病，要到山里去采药。借着这个名头，兄弟俩顺便逃到蛮夷的地方，披散了头发，又在身上画了花纹，表示自己这般模样，是不可以再在世上干事的了。孔夫子表扬泰伯，说他已经到了"至德"的地步。

李文耕说："泰伯出逃，按照朱子的注释，只是让位而已。但是他知道父亲太王喜欢三弟季历和姬昌的心意后，就带二弟翩然而去，使三弟季历顺利继位，而父王也没有给后世留下偏爱的嫌疑。他委屈自己成全父亲和弟弟，而没有留下丝毫的痕迹，如果没有至德，谁能够做到这样呢？"

解析

当今信息时代，兄弟姐妹为争财产对簿公堂、撕破脸皮的新闻时有发生，在金钱面前，这些人自私和贪婪的本性暴露无遗，亲情淡薄。泰伯的故事狠狠地打了这些人的脸。有一种爱叫作成全，泰伯爱自己的父亲，爱自己的兄弟，连王位都能让，他成全了父亲的心愿，成全了"友悌"的美名，成全了周朝八百年的盛世，成全了整个社会的风气。泰伯之所以伟大，在于他对父母的孝顺，对兄弟的友爱。为了不让父亲为难，他找借口离开家里。而对兄弟的礼让，不仅让他赢得了孔子"至德"的美誉，还让他赢得了世人几千年的尊重。

赵孝争死

汉赵孝，字常平，与其弟礼相友爱。岁饥，贼据①宜秋山，掠②礼，将食之。孝奔贼所，曰："礼病且瘠③，不堪食，我体肥，愿代之。"礼不允，曰："我为将军所获，死亦命也，汝何辜。"兄弟相抱大哭，贼被感动，并释之。事闻，诏分别迁授④。

赵氏昆仲，以至性孝友，而化及盗贼。夫恶至杀人而食之贼，且当众贼饥饿亟亟⑤

待食之时，尚可令起慈心，则世间安有不能化之人。《大学》云"宜兄宜弟，而后可以教国人"，不其然乎？

注释

①据：驻守也。

②掠：夺取也。

③瘠：瘦也。

④分别迁授：指赵孝迁长安被授予卫尉一职，赵礼被征为御史中丞。

⑤亟：急也。

白话文解读

汉朝时候，有一个人姓赵，单名孝，表字常平，和他的弟弟赵礼很是友爱。有一年，年成荒歉得很，一班强盗占据了宜秋山，把赵礼捉去了，并且要吃他。赵孝就赶紧跑到强盗那里，恳求那班强盗："赵礼是有病的人，并且他的身体又很瘦，是不好吃的。我的身体很胖，我情愿来代替我的弟弟给你们吃，请你们把我的弟弟放了。"强盗还没有开口说话，他那弟弟赵礼不肯答应。他说道："我被将军们捉住了，就是死了，也是我自己命里注定的，哥哥有什么罪呢？"两兄弟抱着大哭了一番。强盗也被他们感动了，就把他们兄弟俩都释放了。这件事传到皇帝那里，皇帝就下了诏书，让他们兄弟两个都做了官。

赵家两兄弟因为天性至诚的孝顺友爱而感化了盗贼。像这样恶毒到要杀人吃的盗贼，而且又是非常饥饿的时候，尚且能令他们生起慈悲心，那么世上还有不能感化的人吗？《大学》说"兄弟和睦了，然后才能够让一国的人和睦"，说的不正是这样的情景吗？

解析

兄弟如手足，当自己的弟弟处于危险境地时，哥哥宁愿代替弟弟去死也要把弟弟救出来。赵氏兄弟能够首先顾及对方的安危，丝毫不顾个人的凶险，足见他们的心中已深深明白，自己的身体与弟兄的身体都是父母身体的一部分，同气连枝，同体相生。当今那些为自己的兄弟姐妹捐肾捐肝捐骨髓的感人事迹，是现代版的"手足之爱"；两岸同胞血浓于水的几千例骨髓捐赠事迹，更是诠释了四海之内皆兄弟的大爱无疆。

许武教弟

汉许武，父卒，二弟晏普幼。武每耕，令弟旁观，夜教读，不率教，即自跪家庙告罪。武举孝廉，以弟名未显，乃析①产为三。自取肥田广宅，劣②者与弟，人皆称弟而鄙③武。及弟均得选举，乃会宗亲，泣言其故，悉推产于弟。

注释 --

①析：分也。

②劣：优之反义词，犹言不佳也。

③鄙：鄙薄也。

④反比例：喻事之相反者。

白话文解读

汉朝时候，有个人姓许名武，他父亲早已过世了，剩下两个弟弟，一个叫许晏，另一个叫许普，年纪都还很小。许武每每在耕田的时候，叫他两个弟弟立在旁边看着，晚上许武自己教他两个弟弟读书。如若弟弟不听他的教训，他就自己去跪在家庙里告罪。后来许武举了孝廉，但是他因为两个弟弟都还没有名望，就把家产分作三份，自己取了最肥美的田地和广大的房屋，所有坏的统统给了弟弟。所以当时社会上的人都称许他的两个弟弟，反而看轻了许武。等到两个弟弟都被举荐为孝廉，他就召集宗族亲戚们开会，哭着说明当时要给他弟弟显扬名声的原因，并且把所有家产都让给了两个弟弟。

解析

古时长兄为父，许武在父亲早逝之后义不容辞地承担起了父亲的责任：第一，养活两个弟弟；第二，教育他们成才。独自养活两个弟弟尚且不易，教育更是难上加难，但许武用跪在家庙请罪的方式教育弟弟，这种自我批评的方式更感人。许武在责任和困难面前选择担当，勇于牺牲。分财产时自己得恶名以显扬两个弟弟的好名声，可谓用心良苦；并在弟弟们有功名后把家产又让与他们，足见爱弟之情深。许武对弟弟的这种扶持精神在今天仍然有积极意义，兄弟姐妹共同扶持谋发展，可实现双赢和多赢。

程颐说："人无忠信，不可立于世。"忠，是坚定心中的道。侠之大者，为国为民。做人行事秉承矢志不移的原则，是人在艰难困苦下战胜困难坚持下去的精神支柱。信，是诚实而知耻。信的基础是诚，不虚伪，不做作，勇于认识并承认错误、承担责任。做到这些，就有了信，就值得被托付。如果你想要在这个世界上得到人们的信赖与支持，就必须以诚待人，以信交友，否则，纵使你有过人的天赋，也寸步难行。

第三章

忠信

第一节　爱　国

篆书　　　　隶书　　　　草书　　　　行书　　　　楷书

忠，读作 zhōng，《说文解字》解释为："敬也。从心中声。陟弓切。"中国古代道德规范之一。原指心态中正、立正纠错。作为道德概念，指为人正直，诚恳厚道，尽心尽力，坚持真理，修正谬误。后也指忠于他人、忠于君主及国家，如"君使臣以礼，臣事君以忠"等。有时特指臣民对君主和国家应尽的道德义务。在现代社会中，做人就要诚实、爱国，不撒谎，不欺骗，不做背叛国家、民族的千古罪人。

利于国者爱之，害于国者恶之。 　　　　　　　　　　——《晏子春秋》

对国家有益的人就该敬爱他，对国家有害的人就该痛恨他。

后来，人们引申这句话的含义，即不专指人，也指事情。就是说对于国家有利的事就要热心地去做，对国家有害的事就要憎恶它、远离它。正反两方面，爱憎分明，感情强烈。

风萧萧兮易水寒，壮士一去兮不复还。 　　　　　　　——《战国策》

秋风萧萧地响，把易水河两岸吹得很冷，壮士去了就再也回不来了！

荆轲为燕太子赴死，义无反顾，便和着苍凉悲壮的筑（一种古弦乐器）的伴奏，随口唱出了这首悲歌。是啊，明知有去无还，却毅然前往，决不回头，壮士风采跃然纸上，慷慨赴国难的凛然正气永垂千古。

亦余心之所善兮，虽九死其犹未悔。　　　　　　——屈原《离骚》

这是我心中所追求的东西，就是多次死亡也不后悔！

为追求民族独立、国家富强，我们应有像屈原那样纵死不悔的忠贞情怀，坚持自己高洁品行而不怕千难万险，为实现目标而奋斗终生。正所谓"鞠躬尽瘁，死而后已"。

国耳忘家，公耳忘私。　　　　　　　　　　——《汉书·贾谊传》

为了国事而忘记家事，为了公事而忘记私事。

在现代社会，大公无私的人有很多，但也有一小撮人为了金钱和权力而迷失了本性和道德。作为新世纪的学生，我们不应该像后者一样迷失自我，而应该坚持自己做人的原则，为了国家和公众利益，应不惜牺牲个人利益。

常思奋不顾身，而殉国家之急。　　　　　　——《汉书·司马迁传》

常常想着在国家危难的时候，自己能够为国家发奋向前，甚至不顾惜自己的生命。

爱国主义是中华民族精神的核心，它贯穿民族精神的各个方面。团结统一、爱好和平、勤劳勇敢、自强不息的精神，相辅相成，无不体现着爱国主义这个主题，无论什么时候，中华民族历史上向来不缺乏这样以天下为己任、牺牲小我、成就大我的仁人志士。这句话强调的是个人对国家的责任、担当和奉献。

匈奴未灭，何以家为？　　　　　　——《史记·卫将军骠骑列传》

匈奴还没有消灭，我要家干什么呢？

霍去病以消灭匈奴、保境安民为己任，将国家的安危、社稷的轻重、军人的荣誉看得比泰山还重，宁愿在大漠风沙中率将士们出生入死、浴血奋战，也不愿在皇帝为他建造的豪华府邸中安享荣华。这一铿锵之言表现了大将军的爱国之情、英雄之气。这句话，穿越两千多年的历史云烟，回响在国人心中。今天我们可以直接引用此句，以彰显自己的决心和气魄。

临难不顾生，身死魂飞扬。　　　　　　——阮籍《壮士何慷慨》

危急关头，奋不顾身，为国捐躯，灵魂高昂。

在危难时刻，国家和人民群众的利益至上，牺牲的却是自己的生命。这是中华民族宝贵的精神财富，也是我们当代军人铸造战斗精神的精神源泉。而今，华夏儿女更应有"舍小家为大家"的情怀，在紧急危难关头，挺身而出，视死如归。

捐躯赴国难，视死忽如归。　　　　　　　　　　—— 曹植《白马篇》

为国家解危难奋勇献身，看待死亡就好像回归故里。

为国献身，即使血洒疆场，也在所不惜。热爱祖国是国人最高尚的情操。在和平国度的我们，至少应该做到"家事国事天下事事事关心"啊！一旦祖国召唤，则慷慨高歌，勇往直前，不计名利，不患得失，为国捐躯，也在所不辞。

鞠躬尽瘁，死而后已。　　　　　　　　　　——诸葛亮《后出师表》

原指诸葛亮兢兢业业辅佐阿斗，亦父亦臣，到死为止。

"鞠躬尽瘁"精神固然可嘉，"死而后已"的品德更值得颂扬。现在年轻一代为了亲爱的祖国，为了天下苍生，即使牺牲自己也应毫不畏惧。

男儿何不带吴钩，收取关山五十州？
　　　　　　　　　　——李贺《南园十三首（其五）》

男儿为什么不佩吴钩（指剑），去收取关山五十州？

自古以来，投笔从戎的故事举不胜举。诗人面对烽火连天、战乱不已的局面，焦急万分，恨不得立即身佩宝刀，奔赴沙场，保家卫国。依此类推，我们今天发奋学习不仅要当好一个"书生"，而且要跳出书本，做好为国为民建功立业的准备。

国耻未雪，何由成名？　　　　　　　　　　——李白《独漉篇》

国家的耻辱（仇）还没有报完，我（指李白）还有什么理由顾及自己的声誉呢？

先有国，后有家，无国哪有家。如果没有了国，就变成了亡国奴，没有地位，没有尊严。

所以说，国家的盛衰，需要全体国民的共同参与，而不只是极少数人的责任。我们要牢记个人的命运和祖国的命运是紧紧相连的。

安得广厦千万间，大庇天下寒士俱欢颜！风雨不动安如山。

——杜甫《茅屋为秋风所破歌》

怎么才能得到千万间宽敞的房屋，为普天下的贫寒之士遮风挡雨，让他们个个都开颜欢笑！房子风雨吹不动，安稳得像山一样。

一个衣衫单薄、年事已高的干瘦老人拄着拐杖，立在屋外，眼巴巴地望着怒吼的秋风吹破自己的茅屋。他对大风破屋的焦灼和怨愤之情，不能不激起读者心灵上的共鸣。杜甫推己及人，想到普天下像他一样没有房屋居住的寒士不知有多少，这是杜甫忧国忧民、关心百姓疾苦、心系天下苍生高尚人格的体现。

商女不知亡国恨，隔江犹唱后庭花。　　　　——杜牧《泊秦淮》

歌女不知什么是亡国之恨，在秦淮河对岸还唱着《后庭花》这样的靡靡之音。

这句话表面上说的是歌女，实际上暗讽当时官僚贵族过着歌舞升平、纸醉金迷的生活。上层统治者不知临近灭亡，还在奢侈腐败。我们应引以为鉴，时时具有忧患意识。

僵卧孤村不自哀，尚思为国戍轮台。

——陆游《十一月四日风雨大作》

我僵硬地躺在孤寂荒凉的乡村，没有为自己的处境而感到悲哀，心中还想着如何替国家守卫边疆。

极度孤寂老迈、年事已高的陆游在一个风雨交加的寒夜，强撑着衰老的身体，蜷缩在冰冷的山村中，不把个人的身体健康和窘迫处境放在心上，想的却是报国杀敌之事，表现出诗人坚定不移的报国之志。

但使龙城飞将在，不教胡马度阴山。　　　　——王昌龄《出塞》

倘若镇守龙城的飞将军李广还活着，就不会让胡人的骑兵跨过阴山。

"龙城飞将"是指汉武帝时镇守卢龙城的名将李广，他英勇善战，多次把匈奴打败。作者用汉代名将李广比喻唐代出征守边的英勇将士，歌颂他们决心奋勇杀敌、不惜为国捐躯的战斗精神。国难思良将，报国需英才，今天的我们，也一定寸土必争，御敌于国门之外。

愿得此身长报国，何须生入玉门关。　　——戴叔伦《塞上曲二首》

作为子民我愿以此身终生报效国家，大丈夫建功立业，何须活着返回家园。

"生入玉门关"说的是汉朝大将班超曾出使西域，立过赫赫战功，终生都在关外。当年老的时候，他上书皇帝说"但愿生入玉门关"，意思就是希望活着回家来看看。后人反其意云：青山处处埋忠骨，何须马革裹尸还。

先天下之忧而忧，后天下之乐而乐。　　——范仲淹《岳阳楼记》

应当在天下人忧愁之前先忧愁，在天下人快乐之后才快乐。

意思就是把国家、民族的利益摆在首位，为祖国的前途命运分愁担忧，为天底下的人民幸福出力，表现出作者远大的政治抱负和伟大的心胸襟怀。新时代仍需彰显这种为国为民的忧乐观，吃苦在前，享乐在后，以天下民生为念。

生当作人杰，死亦为鬼雄。至今思项羽，不肯过江东。

——李清照《夏日绝句》

活着的时候要做人中豪杰，死后也要做鬼中英雄。到如今还怀念项羽，宁死也不愿回江东。

做人就得有骨气，中国人尤其是。哪怕献出生命也不出卖自己的灵魂，宁可站着死，也不跪着生！吴晗说得好："我们决不向任何困难低头，压不扁，折不弯，顶得住，吓不倒！"这，才是中国人的骨气！

待从头收拾旧山河，朝天阙。　　——岳飞《满江红》

待我重新收复旧日山河，再带着捷报向国家报告胜利的消息。

把收复山河的宏愿，把艰苦的征战，以一种乐观主义精神表现出来，既表达要胜利的信心，也说明了对朝廷的忠诚。全诗洋溢着"精忠报国"的思想，这种抗敌救国的英雄行为正是我们学习的榜样。

人生自古谁无死，留取丹心照汗青。　　——文天祥《过零丁洋》

人生自古以来有谁能够长生不死？我要留一片爱国的丹心映照史册。

自古以来，人终不免一死！但死得要有意义，倘若能为国尽忠，死后仍可彪炳千秋，青史留名。诗句表明了作者的民族气节和舍生取义的生死观，直抒胸臆，彰显了愿为国家安宁而慷慨赴死的赤子之心。

无 衣

《诗经·秦风》

岂曰无衣？与子同袍①。王于兴师②，修我戈矛，与子同仇③！

岂曰无衣？与子同泽④。王于兴师，修我矛戟，与子偕作⑤！

岂曰无衣？与子同裳⑥。王于兴师，修我甲兵⑦，与子偕行⑧！

 ···

①袍：长袍，即今之斗篷。

②王：此指秦君。一说指周天子。于：语气助词。兴师：起兵。

③同仇：共同对敌。

④泽：通"襗"，内衣，如今之汗衫。

⑤作：起。

⑥裳：下衣，此指战裙。

⑦甲兵：铠甲与兵器。

⑧行：往。

白话文解读

谁说我们没衣穿？与你同穿那长袍。君王发兵去交战，修整我那戈与矛，杀敌与你同目标。

谁说我们没衣穿？与你同穿那内衣。君王发兵去交战，修整我那矛与戟，出发与你在一起。

谁说我们没衣穿？与你同穿那战裙。君王发兵去交战，修整甲胄与刀兵，杀敌与你共前进。

解析

《无衣》是《诗经》里的一首军中歌谣，它用士兵对话的口吻，号召全体士兵同心协力，共同抵御敌人侵略。写得慷慨激昂，反映了士兵在保卫祖国的战斗中团结友爱、同仇敌忾的爱国热情和一往无前的大无畏精神。

诗歌每章的首二句，都以设问的句式、豪迈的语气，表现出那种奋起从军、慷慨自助的精神。"同袍""同泽""同裳"，生动地表现出大敌当前，战友们克服困难、团结互助的精神。后人以"袍泽""袍泽之谊"作为军中兄弟的代名词，典出于此。每章的三、四句，则写他们一听到君王要发兵的命令，便急忙修整武器，磨砺兵刃，整装待发。那"修我戈矛""矛戟""甲兵"的描述，正反映出他们那种摩拳擦掌、积极奋战的高昂的战斗热情。而每章的末句"同仇""偕作""偕行"等语，则由共同对敌的仇恨，写到共同奋起、同赴战场，表现出一种团结一心、同仇敌忾、誓死保卫疆土的义愤。全诗感情激荡，气势非凡，极像一首战士进行曲。它激昂高歌，表现出慷慨雄壮的爱国主义激情和一往无前的大无畏精神，确实是一篇不可多得的爱国主义诗章。

当祖国处于危难之时，需要我们做出自己应有的贡献时，那我们就该团结一心，同仇敌忾，一往无前。

九歌·国殇①

屈 原

操吴戈兮被犀甲②，车错毂兮短兵接③。
旌蔽日兮敌若云④，矢交坠⑤兮士争先。
凌余阵兮躐余行⑥，左骖殪兮右刃伤⑦。
霾两轮兮絷四马⑧，援玉枹兮击鸣鼓⑨。
天时怼兮威灵怒⑩，严杀尽兮弃原野⑪。
出不入兮往不反⑫，平原忽兮路超远⑬。
带长剑兮挟秦弓⑭，首身离兮心不惩⑮。
诚既勇兮又以武⑯，终刚强兮不可凌⑰。
身既死兮神以灵⑱，魂魄毅兮为鬼雄⑲！

注释

①国殇：指为国捐躯的人。殇，指未成年而死，也指死难的人。戴震《屈原赋注》："男女未冠（男二十岁）笄（女十五岁）而死者，谓之殇；在外而死者，谓之殇。殇之言伤也。国殇，死国事，则所以别于二者之殇也。"

②操吴戈兮被（pī）犀甲：手里拿着吴国的戈，身上披着犀牛皮制作的甲。吴戈，吴国制造的戈，当时吴国的冶铁技术较先进，吴戈因锋利而闻名。被，通"披"，穿着。犀甲，犀牛皮制作的铠甲，特别坚硬。

③车错毂（gǔ）兮短兵接：敌我双方战车交错，彼此短兵相接。毂，车轮的中心部分，有圆孔，可以插轴，这里泛指战车的轮轴。错，交错。短兵，指刀剑一类的短兵器。

④旌蔽日兮敌若云：旌旗遮蔽了日光，敌兵像云一样涌上来。极言敌军之多。

⑤矢交坠：两军相射的箭纷纷坠落在阵地上。

⑥凌：侵犯。躐（liè）：践踏。行：行列。

⑦左骖（cān）殪（yì）兮右刃伤：左边的骖马倒地而死，右边的骖马被兵刃所伤。殪，死。

⑧霾（mái）两轮兮絷（zhí）四马：战车的两个车轮陷进泥土被埋住，四匹马也被绊住了。霾，通“埋”。古代作战，在激战将败时，埋轮缚马，表示坚守不退。

⑨援玉枹（fú）兮击鸣鼓：手持镶嵌着玉的鼓槌，击打着声音响亮的战鼓。先秦作战，主将击鼓督战，以旗鼓指挥进退。枹，鼓槌。鸣鼓，很响亮的鼓。

⑩天时怼（duì）兮威灵怒：天地一片昏暗，连威严的神灵都发起怒来。天怨神怒。天时，上天际会，这里指上天。天时怼，指上天都怨恨。怼，怨恨。威灵，威严的神灵。

⑪严杀尽兮弃原野：在严酷的厮杀中战士们全都死去，他们的尸骨都丢弃在旷野中。严杀，严酷的厮杀。一说严壮，指士兵。尽，皆，全都。

⑫出不入兮往不反：出征以后就不打算生还。反，通“返”。

⑬忽：渺茫，不分明。超远：遥远无尽头。

⑭秦弓：指良弓。战国时，秦地木材质地坚硬，制造的弓射程远。

⑮首身离：身首异处。心不惩：壮心不改，勇气不减。惩，悔恨。

⑯诚：诚然，确实。以：且，连词。武：威武。

⑰终：始终。凌：侵犯。

⑱神以灵：指死而有知，英灵不泯。神，指精神。

⑲鬼雄：战死了，魂魄不死，即使做了鬼，也要成为鬼中的豪杰。

白话文解读

战士手持吴戈身披犀甲，敌我战车交错刀剑相接。

旗帜遮天蔽日敌众如云，飞箭交坠战士奋勇争先。

敌军侵犯我们行列阵地，左骖死去右骖马受刀伤。

兵车两轮深陷绊住四马，主帅举起鼓槌猛击战鼓。

杀得天昏地暗神灵震怒，全军将士捐躯茫茫原野。

将士们啊一去永不回返，走向迷漫平原路途遥远。

佩长剑挟强弓争战沙场，首身分离雄心永远不屈。

真正勇敢顽强而又英武，始终刚强坚毅不可凌辱。

人虽死亡神灵终究不泯，魂魄威武不愧鬼中英雄！

解析

屈原（约公元前340—约公元前278年），战国时期楚国政治家、诗人，出生于楚国丹阳，名平，字原，又自云名正则，号灵均。屈原学识渊博，初辅佐楚怀王，任三闾大夫、左徒，主张对内举贤能，修明法度，对外力主联齐抗秦。因遭贵族排挤，其被流放至沅湘流域，后因楚国政治腐败，首都郢被秦攻破，既无力挽救，又深感政治理想无法实现，遂投汨罗江而死。他写下了《离骚》《天问》《九章》《九歌》等许多不朽诗篇。其诗抒发了炽热的爱国主义思想感情，表达了对楚国的热爱，体现了他对理想的不懈追求和为此九死不悔的精神。

《九歌》是一组祭歌，共 11 篇，是屈原据民间祭神乐歌的再创作。《九歌·国殇》取民间"九歌"之祭奠之意，以哀悼死难的爱国将士，追悼和礼赞为国捐躯的楚国将士的亡灵。乐歌分为两节，先是描写在一场短兵相接的战斗中楚国将士奋死抗敌的壮烈场面，继而颂悼他们为国捐躯的高尚志节。

保家卫国，匹夫本分。为国捐躯，虽死犹荣。楚人云："楚虽三户，亡秦必楚。"可见一斑。

诉衷情①

陆　游

当年万里觅封侯②，匹马戍梁州③。关河梦断何处④？尘暗旧貂裘⑤。
胡⑥未灭，鬓先秋⑦，泪空流。此生谁料，心在天山⑧，身老沧洲⑨。

注释 ┈┈┈

①诉衷情：词牌名。

②万里觅封侯：奔赴万里外的疆场，寻找建功立业的机会。《后汉书·班超传》载：班超少有大志，尝曰，大丈夫应当"立功异域，以取封侯，安能久事笔砚间乎"。

③戍（shù）：守边。梁州：据《宋史·地理志》载，"兴元府，梁州汉中郡，山南西道节度"。治所在南郑。陆游著作中，称其参加四川宣抚使幕府所在地，常杂用以上地名。

④关河：关塞、河流。一说指潼关黄河之所在。此处泛指汉中前线险要的地方。梦断：梦醒。

⑤尘暗旧貂裘：貂皮裘上落满灰尘，颜色为之暗淡。这里借用苏秦典故，说自己不受重用，未能施展抱负。据《战国策·秦策》载，苏秦游说秦王"书十上而不行，黑貂之裘敝，黄金百斤尽，资用乏绝，去秦而归"。

⑥胡：古泛称西北各族为胡，亦指来自彼方之物。南宋词中多指金人。此处指金入侵者。

⑦鬓：鬓发。秋：秋霜，比喻年老鬓白。

⑧天山：在中国西北部，是汉唐时的边疆。这里代指南宋与金国相持的西北前线。

⑨沧洲：靠近水的地方，古时常用来泛指隐士居住之地。谢朓《之宣城出新林浦向板桥》诗有"既欢怀禄情，复协沧洲趣"句。这里是指作者位于镜湖之滨的家乡。

白话文解读

回忆当年鹏程万里为了寻找建功立业的机会，单枪匹马奔赴边境保卫梁州的情景。如今防守边疆要塞的从军生活只能在梦中出现，梦一醒不知身在何处。灰尘已经盖满旧时出征的貂裘。

胡人还未消灭，鬓边已呈秋霜，感伤的眼泪白白地流淌。这一生谁能预料，原想一心一意在天山抗敌，如今却一辈子老死于沧洲。

解析

陆游（公元 1125—公元 1210 年），字务观，号放翁，越州山阴（今浙江绍兴）人。绍兴（宋高宗年号，公元 1131—公元 1162 年）中应礼部试，为秦桧所黜。孝宗即位，赐进士出身，曾任镇江、隆兴通判。公元 1170 年（乾道六年）入蜀，任夔州通判。公元 1172 年（乾道八年）入四川宣抚使王炎幕府。官至宝丈阁待制。晚年退居家乡。工诗、词、文，长于史学。与尤袤、杨万里、范成大并称"南宋四大家"。其诗今存九千余首，清新圆润，气势恢宏，有《剑南诗稿》《渭南文集》《南唐书》《老学庵笔记》《放翁词》《渭南词》等。

本词上片一开头就以"当年万里觅封侯，匹马戍梁州"再现了往日壮志凌云，奔赴抗敌前线的勃勃英姿，声调高亢。而"梦断"一转，形成强烈的情感落差，化慷慨为悲凉。至下片则进一步抒写理想与现实的矛盾，跌入更深沉的浩叹，悲凉化为沉郁。

历史的秋意，时代的风雨，英雄的本色，艰难的现实，共同酿成了这一首悲壮沉郁的名篇。身处故地，未忘国忧，烈士暮年，雄心不已。这种高亢的政治热情、永不衰竭的爱国精神是我们后世学习的榜样。

张骞传
《汉书·张骞李广列传》

张骞，汉中①人也，建元②中为郎。时匈奴降者言匈奴破月氏王③，以其头为饮器，月氏遁④而怨匈奴，无与共击之。汉方欲事灭胡，闻此言，欲通使⑤，道必更匈奴中，乃募能使者⑥。骞以郎应募，使月氏，与堂邑氏奴甘父俱出陇西⑦。径匈奴，匈奴得之，传诣单于⑧。单于曰："月氏在吾北，汉何以得往使？吾欲使越⑨，汉肯听我乎？"留骞十余岁，予妻，有子，然骞持汉节不失⑩。

居匈奴西，骞因与其属亡乡月氏⑪，西走数十日至大宛⑫。大宛闻汉之饶财，欲通不得，见骞，喜，问欲何之⑬。骞曰："为汉使月氏，而为匈奴所闭道⑭，今亡，唯王使人道送我⑮。诚得至，反汉，汉之赂遗王财物不可胜言⑯。"大宛以为然，遣骞，为发译道，抵康居⑰。康居传致⑱大月氏。大月氏王已为胡所杀，立其夫人为王。既臣大夏而君之，地肥饶，少寇⑲，志安乐，又自以远远汉，殊无报胡之心⑳。骞从月氏至大夏，竟不能得月氏要领㉑。

留岁余，还，并南山，欲从羌中归，复为匈奴所得㉒。留岁余，单于死，国内乱，骞与胡妻及堂邑父俱亡归汉。拜骞太中大夫，堂邑父为奉使君㉓。

骞为人强力，宽大信人㉔，蛮夷㉕爱之。堂邑父胡人，善射，穷急射禽兽给食㉖。初，骞行时百余人，去十三岁㉗，唯二人得还。

骞身所至者，大宛、大月氏、大夏、康居，而传闻其旁大国五六㉘，具为天子言其地形，所有，语皆在《西域传》㉙。

骞曰："臣在大夏时，见邛竹杖、蜀布㉚，问安得此，大夏国人曰：'吾贾人往市之身毒国㉛。身毒国在大夏东南可数千里。其俗土著，与大夏同，而卑湿暑热㉜。其民乘象以战。其国临大水㉝焉。'以骞度之，大夏去汉万二千里，居西南。今身毒又居大夏东南数千里，有蜀物，此其去蜀不远矣㉞。今使大夏，从羌中，险，羌人恶之；少北，则为匈奴所得㉟；从蜀，宜径㊱，又无寇。"天子既闻大宛及大夏、安息之属皆大国㊲，多奇物，土著，颇㊳与中国同俗，而兵弱，贵汉财物；其北则大月氏、康居之属，兵强，可以赂遗设利㊴朝也。诚得而以义属之㊵，则广地万里，重九译，致殊俗㊶，威德遍于四海。天子欣欣以骞言为然㊷。乃令因蜀、犍为发间使，四道并出㊸：出于此駹，出莋，出徙、邛，出僰㊹，皆各行一二千里。其北方闭氐、莋，南方闭巂、昆明㊺。昆明之属无君长，善寇盗，辄杀略汉使㊻，终莫得通。然闻其西可千余里，有乘象国，名滇越，而蜀贾间出物者或至焉㊼，于是汉以㊽求大夏道始通滇国。初，汉欲通西南夷，费多，罢之㊾。及骞言可以通大夏，乃复事西南夷㊿。

骞以校尉从大将军击匈奴○51，知水草处，军得以不乏，乃封骞为博望侯○52。是岁元朔六年○53也。后二年，骞为卫尉，与李广俱出右北平击匈奴○54。匈奴围李将军，军失亡多，而骞后期当斩，赎为庶人○55。是岁骠骑将军○56破匈奴西边，杀数万人，至祁连山○57。其秋，浑邪王率众降汉○58，而金城、河西并南山至盐泽○59，空无匈奴。匈奴时有候者到，而希矣○60。后二年，汉击走单于于幕北○61。

天子数○62问骞大夏之属。骞既失侯，因曰："臣居匈奴中，闻乌孙王号昆莫○63。昆莫父难兜靡本与大月氏俱在祁连、敦煌○64间，小国也。大月氏攻杀难兜靡，夺其地，人民亡走○65匈奴。子昆莫新生，傅父布就翎侯抱亡置草中○66。为求食，还，见狼乳之，又乌衔肉翔其旁，以为神，遂持归匈奴，单于爱养之。及壮，以其父民众与昆莫，使将兵，数有功○67。时，月氏已为匈奴所破，西击塞○68王。塞王南走远徙，月氏居其地。昆莫既健，自请单于报父怨○69，遂西攻破大月氏。大月氏复西走，徙大夏地。昆莫略其众，因留居，兵稍强○70。会单于死，不肯复朝事匈奴○71。匈奴遣兵击之，不胜，益以为神而远之。今单于新困于汉○72，而昆莫地空。蛮夷恋故地，又贪汉物，诚以此时厚赂○73乌孙，招以东居故地，汉遣公主为夫人，结昆弟，其势宜听○74，则是断匈奴右臂也。既连乌孙，自其西大夏之属皆可招来而为外臣○75。"天子以为然，拜骞为中郎将，将三百人○76，马各二匹，牛羊以万数，赍金币帛直数千巨万○77，多持节副使，道可便遣之旁国○78。骞既至乌孙，致赐谕指○79，未能得其决。语○80在《西域传》。骞即分遣副使使大宛、康居、月氏、大夏。乌孙发译道送骞，与乌孙使数十人，马数十匹，报谢，因令窥汉㉜，知其广大。

骞还，拜为大行㉝。岁余，骞卒。后岁余，其所遣副使通大夏之属者皆颇㉞与其人俱来，于是西北国始通于汉矣。然骞凿空㉟，诸后使往者皆称博望侯，以为质㊱于外国，外国由是信之。其后，乌孙竟与汉结婚㊲。

注释 ┄┄

①汉中：汉代郡名，郡治在南郑（今陕西汉中市南郑区）。

②建元：汉武帝（刘彻）的第一个年号（公元前140—公元前135年）。

③匈奴：我国古代北方的民族。月氏（zhī）：原住敦煌、祁连山一带，汉文帝时被匈奴老上单于击败西走，到达今阿姆河流域（今塔吉克斯坦和阿富汗境内以北一带）建立王朝，称大月氏。

④遁：悄悄地逃。

⑤通使：互派使者。

⑥募：招募。能使者：能出使的人。

⑦堂邑：复姓，汉人。甘父：胡人。陇西：汉代郡名，今甘肃临洮。

⑧径：动词，取道。传：传车，古代驿站上用来传递公文的车马。诣：送到。单于：匈奴对君主的称呼。

⑨何以：凭什么。往使：往哪里派使者。越：南越，今广东广西等地。

⑩留：扣留。汉节：汉朝给予使臣的一种出使凭证，即竹竿上饰以羽毛。

⑪因：趁机。其属：他的部属。亡：逃亡。乡：同"向"。

⑫大宛：古西域国，在今乌兹别克斯坦境内。

⑬何之：到哪里。之，动词，到。

⑭闭道：封锁道路。

⑮唯：句首语气词，表希望。道：做向导。

⑯反：同"返"。赂遗：赠送别人财物。胜：尽。

⑰发译道：派翻译向导。康居：古代中亚国家，在今哈萨克斯坦和乌兹别克斯坦境内。

⑱传致：用传车送到。

⑲大夏：古西域国名，今阿富汗境内。寇：侵扰。

⑳远远汉：远离汉朝。前一个"远"作状语，后一个"远"指离开。殊无：全无。报：报复。

㉑竟：终于。要领：问题的关键。

㉒并：同"傍"，沿着。南山：昆仑山。羌：古代西部羌族，位于今甘肃省一带。所得：捉住。

㉓拜：授予。太中大夫：官名。奉使君：一种官名。

㉔强力：坚强有毅力。信人：取信于人。

㉕蛮夷：古代对汉以外少数民族的蔑称。

㉖穷急：穷困急迫。给：供给。

㉗初：当初，出使之初。去：离开。

㉘身：亲身。传闻：从旁了解。大国五六：五六个大国。

㉙具：全。所有：指当地的物产。《西域传》：指《汉书·西域传》。

㉚邛：四川省邛崃山。蜀：汉朝郡名，今四川成都一带。

㉛贾：商人，古称“行商坐贾”。市：买。身毒：印度古译名。

㉜可：大约。土著：居住在当地的人。卑湿：地势低矮潮湿。

㉝大水：大河。这里指恒河。

㉞其：语气词。大概，恐怕。去蜀：距离蜀地。

㉟恶：厌恶。少：稍。

㊱宜径：应当是指直而近的路。径：径直，谓道路直而近。

㊲安息：西亚古国，今伊朗和伊拉克一带。属：类。

㊳颇：很。

㊴贵汉财物：以汉的财物为贵。

㊵设利：施利。

㊶得而：能够。以义属之：用义使之归汉。

㊷广地：扩大土地。重九译：多次辗转翻译。致殊俗：使不同习俗的人到来。

㊸欣欣：非常高兴的样子。然：对，是的。

㊹因：从。犍为：汉郡名，郡治在今四川宜宾。间使：秘密使者。并出：同时出发。

㊺駹（máng）：冉駹，汉西南羌族政权。莋：汉西南莋族政权。徙：汉西南徙族政权。邛：汉西南邛族政权。僰（bó）：先秦西南白族建立的政权。

㊻闭：被阻拦。巂（xī）：西南古民族。昆明：西南古民族。

㊼辄：总是。略：抢掠。

㊽“名滇越……或至焉”句：云南古国名。间出物：秘密运出的货物。

㊾以：因为。

㊿初：当初。费多：花钱多。罢：停下。

(51)乃：才。复：又，再。

(52)校尉：武官名，掌屯兵。大将军：最高武官，掌统兵征战。这里指战功赫赫的卫青。

(53)博望侯：张骞的封爵。

(54)元朔六年：公元前123年。元朔，汉武帝的又一年号。

(55)“骞为……匈奴”句：负责宫廷守卫的官，乃九卿之一。李广：汉代名将，善射，人称“飞将军”。右北平：汉代郡名，郡治在今河北省平泉市。

(56)“而骞……庶人”句：没有按期到达。当斩：判处杀头罪。庶人：平民。

(57)骠骑将军：汉代将军名号，次于大将军。这里指汉代名将霍去病，他是汉武帝时期击败匈奴的又一名将。

(58)祁连山：在今甘肃省西部。

(59)其秋：那年秋天。浑邪王：匈奴一支部落的首领。

(60)金城：汉代郡名。河西：指黄河以西。南山：指祁连山。盐泽：即指今天的新疆罗布泊。

(61)候者：斥候，侦察的人。希：稀少。

㉒击走：击败单于，使单于逃走。幕北：漠北，指阴山以北的沙漠。

㉓数：屡次。

㉔失侯：失去侯的爵位。乌孙：古代民族。昆莫：乌孙王的号，王名叫猎骄靡。

㉕敦煌：汉代郡名，郡治在今甘肃敦煌市。

㉖亡走：逃奔。

㉗傅父：负责教育和奉养王子的人。抱亡：抱着昆莫逃亡。

㉘将兵：带兵。数有功：屡次建立功劳。

㉙塞：古民族，原居今新疆伊犁河一带。

㉚健：健壮，即到了壮年。怨：怨恨。

㉛略其众：抢掠大月氏的百姓。因：趁便。稍：渐渐。

㉜会：适逢。朝：朝拜。事：侍奉。

㉝新困于汉：新近被汉所困。

㉞厚赂：大量馈赠财物。

㉟昆弟：兄弟。其势宜听：根据他们的形势，应当听从。

㊱外臣：指没有正式君臣关系，但臣服于汉朝。

㊲中郎将：官职名，位次于将军。将三百人：带领三百人。

㊳赍：携带。直：同"值"。

㊴道可：道路可以通行。遣之旁国：派他们到附近的国家去。

㊵致赐：送上汉武帝赏赐的礼品。谕指：告知汉武帝的旨意。

㊶语：详细内容。

㊷窥汉：窥探汉朝。

㊸大行：大行令，负责外务的最高长官。

㊹颇：表程度的副词。

㊺凿空：凿通。这里指开辟西域之道。

㊻为质：取信。

㊼竟：终于。结婚：结成婚姻关系，指婚姻关系。

白话文解读

张骞是汉中人，建元年间被任命为郎官。那时匈奴投降过来的人说匈奴攻破月氏王，并且用月氏王的头颅做酒器。月氏因此逃避而怨恨匈奴，但苦于没有人和他们一起打击匈奴。汉王朝正想发动消灭匈奴的战争，听说此言，就想派人出使月氏。可匈奴国又是必经之路，于是就招募能够出使的人。张骞以郎官的身份应募出使月氏，与堂邑氏的奴仆甘父一起离开陇西。途经匈奴，被匈奴人截获，用传车送到单于那里。单于说："月氏在我国的北边，汉朝人怎么能往那儿出使呢？我如果想派人出使南越，汉朝肯任凭我们的人经过吗？"于是扣留张骞十多年，给他娶妻，并生了儿子。然而张骞仍持汉节不失使者身份。

因居住在匈奴西部，张骞趁机带领他的部属一起向月氏逃亡。往西跑了几十天，到了大宛。大宛听说汉朝财物丰富，正想和汉朝交往却找不到机会。大宛王见到张骞非常高兴，问他要到哪里去。张骞说："替汉朝出使月氏而被匈奴封锁道路，不让通行，现在逃亡到贵国，希望大王能派人带路，送我们去。假如能够到达月氏，我们返回汉朝后，汉朝送给大王的财物一定多得不可尽言。"大宛王认为可以，就送他们去，并为他们派遣了翻译和向导。送到康居，康居用传车将他们送到大月氏。这时，原来的大月氏王已被匈奴所杀，立了他的夫人为王。大月氏已经使大夏臣服并统治着它。他们那里土地肥沃，物产丰富，没有侵扰，生活悠闲安乐，又自认为距离汉朝遥远而不想亲近汉朝，全然没有向匈奴报仇的意思。张骞从月氏到大夏，始终得不到月氏王明确的表示。

逗留一年多后，只得返程，沿着南山，想从羌人居住的地方回到汉朝，又被匈奴截获。扣留一年多，碰巧单于死了，匈奴国内混乱，张骞便带着他匈奴籍的妻子以及堂邑甘父一起逃跑回到了汉朝。朝廷授予他太中大夫官职，堂邑甘父也当上了奉使君。

张骞这个人性格刚强而有毅力，度量大，对人讲信用，蛮人很喜爱他。堂邑甘父是匈奴人，善于射箭，处境窘迫的时候就射捕禽兽来供给食用。当初，张骞出发时有一百多人，离汉十三年，只有他们二人得以回还。

张骞到过的地方有大宛、大月氏、大夏、康居等国，并且听说过这些国家邻近的五六个大国的情况。他向皇帝一一禀告这些地方的地形和物产。张骞所说的话都记载在《西域传》中。

张骞说："我在大夏时，见到邛崃山出产的竹杖和蜀地出产的布。我问他们是从哪里得到这些东西的，大夏人说：'我们的商人去身毒国买来的。身毒国在大夏东南大约几千里的地方。他们的习俗是定土而居，和大夏一样；但地势低，潮湿暑热，他们的百姓骑着大象作战。他们的国土靠近恒河呢。'以我推测地理方位看，大夏离汉朝一万二千里，在西南边。现在身毒又在大夏东南几千里，有蜀地的东西，这就表明身毒大概离蜀地不远了。现在出使大夏，要经过羌人居住的地方，路不好走，羌人讨厌我们；稍微往北，就会被匈奴抓获；从蜀地去，该会是直路，又没有干扰。"皇帝知道了大宛及大夏、安息等国都是大国，有很多珍奇宝物，又是定土而居，差不多和汉朝的习俗相同，而且兵力弱小，又看重汉朝的财物；他们的北面就是大月氏、康居等国，兵力强大，可以用赠送财物、施之以利的办法让他们来朝拜汉朝。假如能够不用武力而施用恩谊使他们归附汉朝的话，那就可以扩展很多领土，一直到达要经过多次辗转翻译才能听懂话的远方。招来不同习俗的人，可在四海之内遍布威望和恩德。皇帝非常高兴，认为张骞的话很对。于是命令由蜀郡、犍为郡派出秘密使者，从四条路线一同出发：从冉駹，从笮都，从徙和邛都，从僰，各路都走了一二千里。往北路去的使者被氐、笮族人阻拦住了，南去的使者也被巂、昆明等少数民族阻拦住了。昆明的少数民族没有君王，喜欢抢劫偷盗，总是杀害和抢劫汉朝使者，始终没有人能够通过。但听说昆明的西边大约一千多里的地方有一个骑象的国家，名叫滇越，而蜀郡商贾私自贩运货物的人有到过那里，于是汉朝为探求通往大夏的道路才和滇越国有了往来。当初，汉朝想和西南各民族往来，但麻烦很多，就停止了。直到张骞说可以由此通往大夏，才又开始和西南各民族建立联系。

张骞以校尉的身份随从大将军卫青攻打匈奴，他知道水源和有牧草的地方，军队能够因此减少困乏，于是朝廷封张骞为博望侯。这一年是元朔六年。又过了两年，张骞担任卫尉，与李广一起从右北平出发攻打匈奴。匈奴围住了李将军，军队损失逃亡的很多，张骞由于晚于约定的日期到达，被判处斩头。他用爵位赎免死罪，成为普通平民。这一年，骠骑将军攻破匈奴西部，杀敌几万人，一直打到祁连山。这年的秋天，浑邪王率领部下投降了汉朝，因而金城、黄河以西沿着南山直到盐泽一带无人居住，没有匈奴侵扰。匈奴常有侦察人员到这一带来，然而人数很少了。又过了两年，汉朝把单于打跑到漠北去了。

皇帝多次问张骞有关大夏等国的情况。张骞已经失去爵位，就回答说："我居住在匈奴时，听说乌孙王叫昆莫。昆莫的父亲难兜靡本来与大月氏都在祁连和敦煌之间，是个小国。大月氏攻击并杀掉了难兜靡，夺取了他的土地，乌孙百姓逃亡到匈奴。当时他的儿子昆莫刚刚出生，傅父布就翕侯抱着昆莫逃跑，把他藏在草里面。傅父给昆莫去寻找食品，回来时看见狼在给他奶吃，还有乌鸦叼着肉在他旁边飞翔，以为他有神助，于是带着他归附了匈奴。单于很喜爱他，把他收养了下来。等他长大后，单于把他父亲原来的百姓交给了他，叫他带兵，结果屡建功劳。当时，月氏已被匈奴所攻破，月氏便往西攻打塞王，塞王向南逃跑迁徙到很远的地方去了，月氏就占据了塞王原来的地方。昆莫成人后，自己向单于请求报杀父之仇，便出兵西边攻破大月氏。大月氏再往西逃跑，迁徙到大夏的地方。昆莫夺得大月氏的百姓，就留居在大月氏的领土上，兵力渐渐强大起来。这时正碰上单于死了，他不肯再朝拜侍奉于匈奴。匈奴派军队攻打他，没能取胜，更认为他有神助而远远地避开他。现在单于刚被我们所困，而且乌孙故地又是空着的。乌孙这个民族的人留恋故乡，又贪图汉朝的物产，如果在这时以大量的财物赠给乌孙，用他们在东边居住过的老地方来招引他们，汉朝还可派遣公主给昆莫作夫人，与他结为兄弟，根据现在的情势看，乌孙该会听从我们的，那么这就好像截断了匈奴的右臂。联合了乌孙之后，那么在乌孙以西的大夏等国就都可以招引来成为我们境外的臣民。"皇帝认为他的话有道理，授予他中郎将的官职，率领三百人，每人两匹马，牛羊数以万计，带的金银、礼品价值逾千万，还带了许多持节副使，如果道路可以通行，就灵活派遣这些副使到附近的国家去。张骞到乌孙国以后，把汉帝的赏赐送给了乌孙王并传达了汉帝的旨意，但没能得到乌孙王确定的回复。这些话都记载在《西域传》中。张骞及时分遣副使出使大宛、康居、月氏、大夏等国。

乌孙王派遣翻译和向导送张骞回汉朝，同时还派了乌孙使者几十人、马几十匹，来答谢汉帝，他们乘机窥伺汉朝，了解到汉朝地域广大。

张骞回来后，朝廷授予他大行令官职。过了一年多，张骞去世。又过了一年多，他所派遣出使大夏等国的副使几乎都和所出使之国的使者一起来汉。从这时起，西北各国开始与汉朝互相来往。因张骞开辟了通西域的道路，后来许多使者出使国外时也都称作博望侯，以此来取信于外国，外国人也因此信任他们。这以后，乌孙王终究还是与汉朝通婚了。

解析

本文选自《汉书·张骞李广列传》，记载了我国古代杰出的外交家张骞不畏惧艰难险阻，为了祖国的强大和安宁两次出使西域圆满完成任务的情况。

张骞满怀着爱国的赤诚，以坚定不移的使命感，自告奋勇应募出使西域。公元前139年，张骞第一次出使西域，其目的是联合大月氏夹击匈奴。这次往返长达13年之久，这是我国历史上政府派往西域的第一使团，史书上誉为"凿空"，即一次空前的探险。他们出发时共100多人，而回来时只剩张骞和甘父两人了，足见此行之艰巨。公元前119年，汉武帝任张骞为中郎将，张骞第二次出使西域，其目的是联合乌孙孤立匈奴。在6年多时间内，张骞一行在乌孙做了大量富有成效的工作，并派副使去大宛、康居、月氏、大夏等国，他们都圆满完成任务，从此西北各国才与汉王朝往来。

张骞以炽热的爱国情感和崇高的民族气节，两次出使西域，历经艰险，终于沟通了西北边境各少数民族与汉王朝的关系，促进了东西方经济、文化的交流，加强了各民族之间的友好团结，此后中外使者、商人沿着张骞开辟的道路，来往络绎不绝。张骞出使西域的重大贡献，在于成功地开通了"丝绸之路"。"丝绸之路"是古代中国同中亚、西亚和欧洲、非洲各国经济文化交流的友谊之路，对世界文明进程产生了重大影响。

苏武牧羊

汉苏武，持节送匈奴使归，单于欲降之，武引刀自刺，气绝，半日始息。幽置大窖中，武啮雪与旄毛，咽之。旋徙武北海上无人处，使牧羝，羝乳乃得归。武掘野鼠，去草实而食之，居十九年，得还。宣帝赐爵关内侯。

白话文解读

汉朝时候，有个著名的大忠臣，姓苏，单名叫作武。拿了做使臣的节旄，送匈奴国的使臣回国。到了匈奴国，匈奴国的单于要他投降，苏武不肯。苏武就自己拿了刀来自杀，本以为断了气，过了半日，又有了呼吸，活了过来。匈奴的单于把苏武幽囚在大地洞里面，没有给他吃的东西，苏武便吃着雪和节上的毡毛，吞下肚里去充饥。后来单于又把苏武移到北海边上没有人的地方，叫他牧养着雄羊，要等到雄羊产奶，才放他回汉朝。苏武便以野老鼠和草实为食，这样过了十九年，才得以回到汉朝。汉宣帝赐他爵位，叫作关内侯。

解析

苏武牧羊，是著名的历史典故之一。匈奴单于为了逼迫苏武投降，设置了种种磨难。但苏武绝不投降，表现了顽强的毅力和不屈的决心。他拒绝荣华富贵的诱惑，能够时时以国家利益为重，忍辱负重，表现出了一个大丈夫的气节；宁死不屈，维护了国家的尊严。故事告诉我们，在残酷的现实面前，每个人都要忠诚于国家，才能活得有尊严。

岳飞报国

宋岳飞，善以少击众。朱仙镇之役，以五百人，破金兀术众十余万。秦桧与兀术通，矫诏召飞父子下狱。令中丞何铸推鞠，飞裂裳示铸，背涅"精忠报国"四字。铸以白桧，桧改命万俟卨复鞠，竟以"莫须有"三字定案。

白话文解读

宋朝有一个大忠臣，名叫岳飞，他最擅长用少数的士兵去战胜多数的敌军。朱仙镇这一次作战，岳飞只用五百个兵丁就攻破了金国金兀术十几万雄兵。后来有个奸臣秦桧和金兀术私通，假造了诏书，把岳飞父子召回来投到牢狱里。那御史台里举察非法行为的官名叫何铸的，奉命去追究审问他，岳飞把上身衣服裂开了，给何铸看，背上有他母亲刺的"精忠报国"四个字。何铸就把这一番情形对秦桧说了，秦桧又改换命令叫万俟卨去复讯，竟用"莫须有"的罪名定了案，把岳飞父子暗地里弄死了。

解析

岳飞虽离开了我们，但是他的"精忠报国"的爱国主义精神没有离开我们。相反，我们看到了杀害民族英雄岳飞的刽子手秦桧的下场，夫妇二人的铸像至今还跪在杭州岳飞墓前，天天受到万人唾骂，真是弄权一时凄凉万古。有地位的时候，绝对不应该利用这个地位去弄权去享受，而是更应该担负起造福于国家和人民的责任和义务。

李善乳主

汉李善，为李元苍头。元家死殁，惟孤儿续始生数旬，而资财千万，奴婢谋杀续分产。善不能制，乃潜负续逃隐。亲自哺养，乳为生湩。续虽在孩抱，奉之不异长君。续年十岁，善与归本县，修理旧业。后续为河间相。

白话文解读

汉朝的时候，有个姓李名善的人，他是李元家里的老苍头。当时李元家里只剩下一个孤儿叫作李续的，其他人都死光了，而李续生下来却只有几十天。李元遗留下来的资产不菲，所以李家里的男女佣人预备把李续谋杀了，然后瓜分他的财产。李善没有法子可以制服他们，就暗地里背着李续，逃出去隐藏了。一路上，没有乳汁给李续吃，李善就拿自己的乳头，亲自给李续含着，两乳竟生出了乳汁来。这时候，李续虽然还是个在怀抱里的小孩子，但是李善待他和大主人一样。等到李续年满十岁，李善才和他一同回到家乡，修理旧日的产业。后来李续做了河间王的相官。

白话文解读

孔子云"君使臣以礼，臣事君以忠"，君臣之义是水乳交融、相生互通的。李善的美德之所以能流芳千古，在于卑微之时，不但能忍辱负重，尽忠职守；显达之后，仍然对主人感恩戴德。千百年来，他的忠义精神始终鼓舞着我们要见贤思齐，即无论身处任何环境地位，都能够做一个尽职尽责之人。这个感人至深的故事，不仅具有恩义、情义与道义，更为后人留下一个忠义的不朽典范。

纪信代死

汉纪信，事汉王为将军。项羽攻荥阳急，汉王不能脱。信乃自请与汉王易服，乘汉王车，黄屋左纛，出东门以诳楚。汉王乘间出西门而遁，信遂被焚。后立庙于顺庆曰忠佑。诰词云："以忠殉国，代君任患，实开汉业。"

白话文解读

汉朝初年，有一个姓纪单名叫作信的人，服侍汉王刘邦，是一位将军。驻扎在荥阳城里的时候，有个楚霸王姓项名羽的，攻打荥阳城，到了极危急的时候，汉王脱不了身。纪信就自己请求和汉王换了衣服，坐上了汉王的车子，车子里面都是用黄色的缯绸做里子，左边竖起了牦牛尾做的大纛旗，堂堂皇皇出东城门去诳骗楚国。汉王就乘这个机会扮作一个普通人，从西城门逃走了。纪信因此被楚国人用火烧死。后来汉王打下天下，做了皇帝以后，就在顺庆这个地方替纪信造了一座庙，叫作忠佑庙。汉高祖御赐下来的诰词里面说："以忠殉国，代君任患，实开汉业。"

解析

朝代更替，往往是用暴力、用战争的手段来实现的。战争中难免出现伤亡，战争中往往也有很多危难。那么纪信作为刘邦的下属，在危难时刻没有想到自己的安危，没有苟且偷生，而是为刘邦着想，为他人着想。他看的是大局，希望刘邦活着，由刘邦来完成统一的大业，让老百姓过上安宁的日子，这是他的初心。所以他来假扮刘邦，吸引楚兵，让刘邦逃生，自己却被火烧死了。这就符合忠义原则。纪信不为自己着想，而为他人、天下着想，即使丢失性命，他也愿意，所以他是行善的，他是养德的。

龙逢极谏

夏桀，暴虐。灭德作威，矫诬上天，流毒下国，谏者辄死。关龙逢进谏曰："古之人君，爱民节用，享国之日长。今王用财若无穷，杀人若弗胜。人心已去，天命不佑，亡无日矣，盍少悛乎。"不听，龙逢立而不去。桀怒，遂杀之。

白话文解读

夏朝的末代皇帝单名叫作癸。因为他喜欢杀人，所以人家赠他一个谥号，叫作桀。他为人非常暴虐，并且没有道德观，专凭一己的主意作威作福。对着上天说出种种妄言妄语。自己所属的诸侯国里，流毒横行到极点。倘若有人去劝阻他，他必定将劝者拿来处死。那时候有一个大忠臣，叫关龙逢，他进了一番劝谏的话："古来的皇帝，爱惜百姓，节省自己用度，所以能够长久做着国家的君主。现在君王你的用度没有限制，杀人不眨眼，天下的人心已经不向你了，那天命自然也不保佑你，这个国家的灭亡是很容易的事了，你何不稍稍改过一些呢？"桀王不肯听他的，关龙逢就站着不肯出去。桀王大怒，于是把他杀死了。

解析

夏桀为了自己的私欲，花费了很多国家的财力、物力，可谓是穷奢极欲，荒淫无度。龙逢是一个勇于劝谏夏桀回头的人，尽到了一个做臣子的本分。可事与愿违，昏君不明，枉杀忠臣，结果只能自取灭亡。

第二节　诚　信

篆书　　　　　隶书　　　　　草书　　　　　行书　　　　　楷书

信，会意，从人，从言。释义为人的言论应当是诚实的。本义为真心诚意。《说文解字》解释为"信，诚也"。

诚信就是诚实、讲信用。古人云："诚者，天下之道也。"孔子曰："民无信不立。"由此可见，诚信是一个人的立身之本，是古往今来中华民族的传统美德。

在现实生活中，诚信就是待人诚实，说话算数，守时守纪，坚守承诺。诚信的人必定会赢得友谊与尊重，诚信的人也往往容易成功。

原典摘编

言必信，行必果。 　　　　　　　　　　　　　　——《论语·子路》

说话一定要讲信用，做事一定要果断。

人立足社会，必须"言必信，行必果"，那就是不要随随便便承诺，承诺的事就一定要做到，一定要做好，否则请你不要作任何承诺！

人而无信，不知其可也。 　　　　　　　　　　　——《论语·为政》

一个人如果不讲信用，那么（我）不知道（他）该怎么办。

有的人，说了一万句，人家也不会相信他；而有的人，只说一句，人家就相信了。为什么呢？因为前一种人言而无信，后一种人言行一致。一个人如果不讲信用，承诺了的事也不曾兑现，那么这种人当然没有威信了，他既不对自己的言行负责，又谈何对他人负责？这样的人在社会上能干什么？

　　一言既出，驷马难追。　　　　　　　　　　　　——《论语·颜渊》

　　一句话说出口，套上四匹马的马车也难追上。
　　答应了别人的事情，一定要努力去帮其实现，否则就不要轻易承诺。凡是把握不了的事情，还是不要承诺好，那样既累己又误人，也终招怨。

　　民无信不立。　　　　　　　　　　　　　　　　——《论语·颜渊》

　　人不讲信用就没有立足之地。
　　诚信很重要，如果你想要在这个世界上得到人们的信赖与支持，就必须以诚待人，以信交友，否则纵使你有过人的天赋，也会寸步难行。"诚信"是我们民族道德的瑰宝，我们的先贤意识到是否有"信"是衡量一个人、一个企业、一个国家能否立足于世的标杆。民无信不立，业无信不兴，国无信则衰。可惜民族先贤的警训，我们当中的一些人正在淡忘。有人说当今社会诚信的缺失现象世界各国都有，但这不能作为我们可以原谅乃至袒护不诚信行为的理由。也许我们不能指望在短期内完全消除不诚信的行为，但我们可以维护一个大体诚信而正直的社会。我们应该做的就是从自身做起。

　　言必诚信，行必忠正。　　　　　　　　　　　　——《孔子家语》

　　说话时一定要诚实讲信用，做事一定要行为忠诚端正。
　　言行一致并不一定代表诚信品格？假如被迫做出的承诺不是本心所愿，假如一时糊涂的约定不是正义所为，那么还要义无反顾地去践行它吗？假如对坏人做出了违心承诺，假如做坏事顺从了错误约定，这些权宜之计、这番歪理邪说反倒要如约信守吗？当然不是！只有正义才值得信守。所言不一定拘泥信守，所行不一定执迷结果，为人行事的准则，是必须要合乎正义。

　　吾日三省吾身：为人谋而不忠乎？与朋友交而不信乎？传不习乎？
　　　　　　　　　　　　　　　　　　　　　　　　——《论语·学而》

　　我每天都会多次反省自己：帮人出谋划策做到忠诚了吗？与朋友交往合作做到诚信了吗？老师传授的知识做到温习了吗？
　　儒家十分重视个人的道德修养，以求塑造成理想人格。在当代社会我们也应当时刻反省自己，每天睡觉之前，要想想自己在今天为别人做事是否尽心尽力了，有没有对家人或别人撒谎，有没有做一件或一件以上的好事，今天的学习任务是否完成了；或者给自己定一个目标，没有做到时则要给自己一定的惩罚，这样，就能逐渐形成良好的品格和不卑不屈的人格，成为一个成功的人。

　　轻诺必寡信，多易必多难。　　　　　　　　　　　——《老子》

　　轻易许下的诺言必然缺少信用，把事情看得太容易时，真正做起来就一定有很多困难。
　　不要轻易对人承诺，有些事情看似简单，实际复杂，且实践起来尤为艰巨。所以不管是谁找你帮忙，不能总是有求必应，否则你会活得很忙、很累。

　　诚者，天之道也；思诚者，人之道也。　　——《孟子·离娄上》

　　诚信是自然法则，追求诚信是做人的根本要求。
　　作为人道的根本要求，诚渗透在生活中的方方面面。做人要诚实，不讲假话，不欺骗，不作弊，不掩盖错误缺点；与人交往要讲诚信，言必有信，说到做到，不折不扣地履行承诺；对国家、对事业、对工作，要忠诚，尽心竭力，不弄虚作假，不欺上瞒下；对友情、爱情，也要忠诚，要全心全意，不三心二意，不虚情假意。要不折不扣按照道义要求规范自己的思想和言行。无论在人前还是人后，都要做到言行一致，内外一致，没有丝毫的虚假不实。

　　至诚而不动者，未之有也；不诚，未有能动者也。
　　　　　　　　　　　　　　　　　　　　　　——《孟子·离娄上》

　　有了至诚的心意而没有感动别人，是不存在的；不真心诚意而要感动别人也是不可能的。
　　要获得上司的信任，得到朋友的信任，博得父母的欢心，一定要诚心诚意。有了至诚的心意而没有获得上司、朋友的信任和父母的欢心，是不存在的。没有付出真心诚意，要感动别人也是不可能的。

　　君子养心，莫善于诚。　　　　　　　　　　——《荀子·不苟》

　　君子陶冶思想性情，提高自己的道德修养，没有什么比诚心诚意更重要的了。

这句话告诉我们：一个人如果想要成为君子，就必须陶冶和提高自己的思想情操，而最好的方法就是诚心诚意地对待每一个人或每一件事。因为真诚，我们就不会为了继续得到提升，或者为了在岗多干几年，而随心所欲改年龄；因为真诚，我们就不会为得到一个好工作或喜欢一个人，而办假文凭、假学历；因为真诚，我们就不会为了显示自己的业绩而虚报成绩。

言无常信，行无常贞，惟利所在，无所不倾，若是则可谓小人矣。

——《荀子·不苟》

说话不讲信用，做事不讲原则，只要利益在哪里，他就往哪里靠，这样的人算得上是小人。

在市场经济的今天，追求利益，"假"到处横行，官员造假数字，商人造假产品，学校卖假文凭……诚信问题突出。恢复诚信，建立人与人之间的信任关系，已经成为推动市场经济良性发展的关键。

任何经济行为，如果忽视其道德价值，任由各利益主体追求自己利益最大化，而不惜损害他人利益，那就不仅会有质量危机、责任危机、信用危机，更会导致经济生活的全面混乱，祸害整个社会。

小信诚则大信立。

——《韩非子·外储说左上》

做小事情讲信用，能够建立起很大的信用。

不要以为对小孩承诺是小事，不要轻易对小孩承诺。小孩子的心灵是纯洁的，他们还不知道这个世界充满着欺骗。凡是对小孩子承诺了的事，应尽力去实现，否则，他们幼小的心灵会投下欺骗的阴影，这阴影，会伴随他们一生。

巧诈不如拙诚。

——《韩非子·说林》

巧妙的奸诈不如拙朴的诚实。

如果做事情没有长远打算，而想用欺骗的手法达到目标，虽然暂时能赢得一些小利，但时间一久，你周围的人便会怀疑甚至远离你。所以，如果你打算把事业做大做强，还是要以诚信为本，诚心地做事，行为或许比较愚直，但是会赢得大多数人的心。

诚信者，天下之结也。

——《管子》

诚信，是社会人际关系的精神纽带。

失去诚信，是找不到朋友的，更不要说干事、成事了。现实中，存在诸多不讲诚信、造假贩假的现象，如假酒、假烟、假种子、假职称、假新闻、假文凭等，令人防不胜防。这些尽管不是主流，但对社会风气的危害甚大。人们常说"天道酬勤"，其实往深处想是"天道酬诚"。因为讲诚信的人结人缘、得人心，事业会越做越大。反之，不讲诚信、坑蒙拐骗，虽然可能得逞一时，但终将身败名裂。

　　信不足，安有信。　　　　　　　　　　　　　　——《管子》

对人不诚信，就得不到来自别人的诚信 。

有些学生的脑海中根本就没有"诚信"这个概念，他们做出承诺之后转身就忘记了自己说过的话。他们认为"诚信"与自己无关，它只是一个名词，是老师经常挂在嘴边要求学生去学习的一种品德；更有些学生认为谈诚信是大人的事情。这些想法都大错特错了。一个人如果失去了诚信，别人还会相信他吗？你向同学借东西的时候信誓旦旦地说一定会还，但到了还的时候却拖泥带水，同学下次还会再借东西给你吗？你向老师保证会交作业，却一次次地编造各种理由为自己开脱，欺骗老师，当你真的忘记带作业的时候，老师还会相信你吗？你向家长承诺不玩游戏，却总是趁着没人的时候溜到电脑前打得昏天黑地，家长以后还会给予你同样的信任吗？

　　马先驯而后求良，人先信而后求能。　　　　　——《淮南子》

马先看是否驯服而后看是否优良，人应当先看是否讲信用，然后再看他的能力如何。

一个学生，学习刻苦，成绩也很好，但对别人的问题从不解答，也不参加集体活动。这样一个徒有才华而傲慢的人，大家都不喜欢。这样的人能任用，能干成大事吗？所以说用人首先应重视他的品德。

　　不宝金玉，而忠信以为宝。　　　　　　　　　——《礼记》

金银玉帛不能算作宝贝，真正的宝贝应该是忠信。

为了正义与忠信而失去金钱权势，那么所得到的必将会超越金钱权势。比如岳飞，其后人总会骄傲地向人介绍自己是岳飞的后代。而宋朝的秦桧与清朝的和珅也有后代，您见过有人满脸幸福地说自己的祖先是秦桧与和珅的吗？

有其言，无其行，君子之耻也。　　　　　　　　　——《礼记》

说过这样的话，只是说说却不去做，是君子都会为这样的行为感到羞耻。

诚信是立身之本，诚信是我们每个人身上必不可少的一部分。只说不做，没人喜欢。谁要是不讲诚信，就没办法过上快乐的日子。谁要是想做君子，就必须讲诚实，守信用！

人之所助者，信也。　　　　　　　　　　　——《周易》

对人最有帮助的是诚实守信。

一个言行一致的人，一个经常帮助别人，使别人工作、生活顺利的人，大家也都会愿意帮助他，为他出力。他自己的工作生活自然也会顺利，更不会遇到无端的麻烦。有些人认为网络是虚拟的，相互之间没有信任，都是相互忽悠。其实，网络也好，现实也罢，都应该坚持诚实守信为本。

丈夫一言许人，千金不易。　　　　　　　——《资治通鉴》

大丈夫答应别人一句话，即使许以千金也不会改变。

金子，是可以凭智慧与努力去争取的，也是可以越聚越多的，并且还是可以靠诚信赢得的。而一个人的信用，却是自己一点一点地树立起来的。因此答应给别人的东西，哪怕再珍贵，有多不舍，都要算数。

中庸（节选一）

自诚明①，谓之性；自明诚，谓之教。诚则②明矣，明则诚矣。

注释

①自：从，由。明：明白。

②则：即，就。

白话文解读

由真诚而自然明白道理，这叫作天性；由明白道理后做到真诚，这叫作人为的教育。做到真诚自然也就会明白道理，明白道理也就会做到真诚。

解析

《中庸》是儒家经典，相传为子思所作。子思，鲁国人，姓孔，名伋，孔子之孙，春秋战国之际儒家学派的主要代表人物之一。

《中庸》是中国传统文化的重要组成部分，是儒家阐述"中庸之道"并提出人性修养的教育理论著作。它和《大学》《论语》《孟子》并称为"四书"。宋、元以后，《中庸》成为学校官定的教科书和科举考试的必读书，对古代教育产生了极大的影响，在中国历史上的各个时期都有其独特的学术特点、学术成就和社会地位。

自我教育贯穿于人一生之中，人一刻也离不开自我教育。"天命之谓性，率性之谓道，修道之谓教。"言简意赅地揭示了中庸之道这一主题思想的核心是自我教育，教育人们自觉地进行自我修养、自我监督、自我教育、自我完善，把自己培养成为具有理想人格，达到至善、至仁、至诚、至道、至德、至圣、合内外之道的理想人物，共创"致中和，天地位焉，万物育焉"的"太平和合"境界。

节选部分告诉我们：无论是天性还是后天人为的教育，只要做到了真诚，二者也就合一了。革命不分先后，明道向善不问先天后天。从另一个角度看，这里也表达了天人合一的思想。至诚可参天地。

中庸（节选二）

唯天下至诚，为能尽其性①；能尽其性，则能尽人之性；能尽人之性，则能尽物之性；能尽物之性，则可以赞天地之化育②；可以赞天地之化育，则可以与天地参矣③。

注释

----

①尽其性：充分体现本性。

②赞：帮助。化育：化生和养育。

③天地参：与天、地并列为三。参，并列。

白话文解读

只有极端真诚的人才能充分体现他的善良本性；能充分体现他的本性，就能充分激活众人的善良本性；能充分激活众人的善良本性，就能充分发挥万物的本性；能充分发挥万物的本性，就可以帮助天地培育生命；能帮助天地培育生命，就可以与天、地并列为三了。

解析

真诚者只有首先对自己真诚，然后才能对全人类真诚。真诚可使自己立于与天、地并列为三的不朽地位。它的功用居然有如此之大，那我们又何乐而不为呢？

侠客行①

李 白

赵客缦胡缨②，吴钩霜雪明③。

银鞍照白马，飒沓如流星④。

十步杀一人，千里不留行⑤。

事了拂衣去，深藏身与名。

闲过信陵饮⑥，脱剑膝前横。

将炙啖朱亥，持觞劝侯嬴⑦。

三杯吐然诺，五岳倒为轻⑧。

眼花耳热后，意气素霓生⑨。

救赵挥金锤，邯郸先震惊⑩。

千秋二壮士，烜赫大梁城。

纵死侠骨香，不惭世上英。

谁能书阁下，白首太玄经⑪。

注释

①行：这里不是行走的意思，而是歌行体的行。侠客行，等于说"侠客的歌"。

②赵客：燕赵之地的侠客。自古燕赵多慷慨悲歌之士。《庄子·说剑》："昔赵文王好剑，剑士夹门而客三千余人。"缦：没有花纹。胡缨：古时将北方少数民族统称为胡。缨，系冠帽的带子。缦胡缨，即少数民族做工粗糙的没有花纹的带子。这句写侠客的冠带。

③吴钩：宝刀名。霜雪明：谓宝刀的锋刃像霜雪一样明亮。

④飒沓：迅疾的样子，形容马跑得快。

⑤"十步"两句源自《庄子·说剑》："臣之剑十步一人，千里不留行。"这里是说侠客剑术高明，而且勇敢。

⑥信陵：信陵君，战国四公子之一，为人礼贤下士，门下食客三千余人。

⑦朱亥、侯嬴：都是信陵君的门客。朱亥本是一屠夫，侯嬴原是魏国都城大梁东门的门官，两人都受到信陵君的礼遇，都为信陵君所用。炙：烤肉。啖：吃。啖朱亥，让朱亥来吃。

⑧"三杯"两句的意思是，几杯酒下肚（古诗文中，三、九常是虚指）就作出了承诺，并且把承诺看得比五岳还重。

⑨素霓：白虹。古人认为，凡要出现不寻常的大事，就会有不寻常的天象出现，如"白虹贯日"。这句意思是，侠客重然诺、轻死生的精神感动了上天。也可以理解为，侠客这样一承诺，天下就要发生大事。这样与下文扣得更紧。

⑩"救赵"两句说的是朱亥锤击晋鄙的故事。信陵君是魏国大臣，魏、赵结成联盟共同对付秦国，这就是"合纵以抗秦"。信陵君是积极主张合纵的。邯郸，赵国国都。秦军围邯郸，赵向魏求救。魏王派晋鄙率军救赵，后因秦王恐吓，又令晋鄙按兵不动。这样，魏赵联盟势必瓦解。信陵君准备亲率家家丁与秦军一拼，去向侯嬴辞行（实际是试探侯嬴），侯嬴不语。信陵君行至半路又回来见侯嬴。侯嬴笑着说："我知道您会回来的。"于是为信陵君设计，串通魏王宠姬，盗得虎符，去到晋鄙军中，假托魏王令代晋鄙领军。晋鄙生疑，朱亥掏出40斤重的铁锤，击毙晋鄙。信陵君遂率魏军进击秦军，解了邯郸之围。

⑪太玄经：扬雄曾在皇帝藏书的天禄阁任校刊工作，《太玄经》是扬雄写的一部著作。

白话文解读

燕赵的侠士，头上系着侠士的武缨，腰上佩吴越闪亮的弯刀。

骑着白色骏马，像流星一样在大街上驰骋。

他们武艺盖世，十步可斩杀一人，千里之行，无人可挡。

他们为人行侠仗义，事成之后，拂拂衣服就走了，连个姓名也不肯留下。

想当年，朱亥、侯嬴与信陵君结交，与之脱剑横膝，交谈畅饮。

三杯热酒下肚，便慷慨承诺，并且把承诺看得比五岳还重。

醉酒之后，雄心不已，热血沸腾，胸中之意气，可贯长虹。

朱亥为信陵君救赵，挥起了金锤。此一壮举，使赵都邯郸上下都为之震惊。

二壮士的豪举，千秋之后仍然在大梁城传为美谈。

他们纵然死了，但侠客的气节依然流芳千古，不愧为盖世之英豪。做人就要做像他们这样的侠士，传名百代，为人称颂。

谁能像扬雄那样，白首著书《太玄经》，把侠客的功绩记下来流传后世呢？

解析

《侠客行》是李白创作的一首描写和歌颂侠客的古体五言诗。诗作抒发了诗人对侠客的倾慕，对拯危济难、救世立功生活的向往。

"千里不留行""深藏身与名"二句高度概括了侠客排忧解难、不图名利、尚义气、重承诺的高尚人格。诗作接着引入战国时"窃符救赵夺晋鄙军"的侯嬴、朱亥"二壮士"重承诺、尚义气的侠客行为来歌颂侠客，同时也委婉地表达了自己的抱负：侠客得以结识明主，明主借助侠客的勇武谋略去成就一番事业，侠客也就功成名就了。"纵死侠骨香，不惭世上英。"即使侠客的行动没有达到目的，但侠客的骨气依然流芳后世。诗作最后表明了诗人的志向。

诚实、守信、重承诺是中华民族的传统美德。诗作中"三杯吐然诺，五岳倒为轻"，诗人以五岳为轻来形容侠客然诺之重，说侠客把承诺看得比五岳还重。我国古代儒家文化有一个最基本理念：诚信是天地之道与为人之本。只有用自己的真诚才能赢得他人的信任，而由于他人的信任，又可赢得他人的真诚。"崇尚诚信"便是社会可持续发展和长治久安的重要保证。诗作中这种重承诺的行为直至今天仍是可取的。

子虚赋①

司马相如

楚使子虚使于齐，王悉发车骑，与使者出田②。田罢，子虚过妊乌有先生③，亡是公在焉。坐定，乌有先生问曰："今日田乐乎?"子虚曰："乐。""获多乎?"曰："少。""然则何乐?"对曰："仆乐齐王之欲夸仆以车骑之众，而仆对以云梦之事也。"曰："可得闻乎?"

子虚曰："可。王车驾千乘，选徒万骑，田于海滨。列卒满泽，罘网弥山④，掩兔辚鹿⑤，射麋脚麟⑥。骛于盐浦⑦，割鲜染轮⑧。射中获多，矜而自功。顾谓仆曰：'楚亦有平原广泽游猎之地，饶乐若此者乎? 楚王之猎，孰与寡人乎?'仆下车对曰：'臣，楚国之鄙人也，幸得宿卫十有余年，时从出游，游于后园，览于有无，然犹未能遍睹也，又焉足以言其外泽者乎?'齐王曰：'虽然，略以子之所闻见而言之。'

"仆对曰：'唯唯⑨。臣闻楚有七泽，尝见其一，未睹其余也。臣之所见，盖特⑩其小小耳者，名曰云梦。云梦者，方九百里，其中有山焉。其山则盘纡弗郁⑪，隆崇律崒⑫；岑崟参差⑬，日月蔽亏⑭；交错纠纷，上干青云；罢池陂陀⑮，下属江河。其土则丹青赭垩⑯，雌黄白坿⑰，锡碧金银，众色炫耀⑱，照烂龙鳞⑲。其石则赤玉玫瑰，琳瑉琨吾⑳，瑊玏玄厉㉑，碝石碔砆㉒。其东则有蕙圃㉓：衡兰芷若，芎䓖昌蒲㉔，江蓠蘪芜㉕，诸柘巴苴㉖。其南则有平原广泽：登降陁靡㉗，案衍坛曼㉘。缘以大江，限以巫山㉙。其高燥则生葳菥苞荔㉚，薜莎青薠㉛。其卑湿则生藏莨蒹葭㉜，东蔷雕胡㉝，莲藕觚卢㉞、菴闾轩于。众物居之，不可胜图㉟。其西则有涌泉清池，激水推移。外发芙蓉菱华㊱，内隐巨石白沙㊲；其中则有神龟蛟鼍㊳，瑇瑁鳖鼋㊴。其北则有阴林：其树楩楠豫章㊶，桂椒木兰，檗离朱杨㊷，楂梨楟栗㊸，橘柚芬芳㊹；其上则有鹓雏孔鸾㊺，腾远射干㊻；其下则有白虎玄豹，蟃蜒貙犴㊼。

'于是乃使剸诸之伦㊽，手格此兽。楚王乃驾驯驳之驷，乘雕玉之舆，靡鱼须之桡旃㊾，曳明月之珠旗。建干将之雄戟㊿，左乌号之雕弓[51]，右夏服之劲箭[52]。阳子骖乘[53]，纤阿为御[54]，案节未舒[55]，即陵狡兽。蹴蛩蛩[56]，辚距虚[57]，轶野马，轊騊駼[58]，乘遗风，射游骐⑨。倏眒倩浰㊿，雷动焱至，星流霆击。弓不虚发，中必决眦，洞胸达腋，绝乎心系。获若雨兽，揜草蔽地㉑。于是楚王乃弭节徘徊㉒，翱翔容与，览乎阴林，观壮士之暴怒，与猛兽之恐惧。徼郤受诎㉓，殚睹众物之变态。

'于是郑女曼姬，被阿緆㉔，揄纻缟㉕，杂纤罗，垂雾縠㊱。襞积褰绉㊲，纡徐委曲，郁桡溪谷㊳。衯衯裶裶㊴，扬袘戌削㊶，蜚纤垂髾㊷。扶与猗靡，噏呷萃蔡㊸。下摩兰蕙，上拂羽盖。错翡翠之威蕤，缪绕玉绥㊹。眇眇忽忽，若神仙之仿佛。

'于是乃相与獠于蕙圃㊺，媻珊勃窣，上乎金堤㊻。揜翡翠，射鵔鸃㊼。微矰出，纤缴施㊽。弋白鹄，连驾鹅⑧。双鸧下，玄鹤加⑧。怠而后发，游于清池。浮文鹢，扬旌枻⑧。张翠帷，建羽盖。罔⑧玳瑁，钓紫贝。摐金鼓，吹鸣籁⑧。榜人歌，声流喝⑧。水虫骇，波鸿沸⑧。涌泉起，奔扬会⑧。礧石相击⑧，硠硠礚礚⑧，若雷霆之声，闻乎数百里之外。将息獠者，击灵鼓⑧，起烽燧。车按行，骑就队。纚乎淫淫⑨，般乎裔裔。

'于是楚王乃登云阳之台，怕⑨乎无为，憺乎自持。勺药之和具，而后御之。不若大王终日驰骋，曾不下舆，脟割轮焠⑫，自以为娱。臣窃观之，齐殆不如。'于是齐王默然无以应仆也。"

乌有先生曰："是何言之过也！足下不远千里，来贶齐国，王悉发境内之士，而备车骑之众，与使者出田，乃欲勠力致获，以娱左右，何名为夸哉！问楚地之有无者，愿闻大国之风烈，先生之余论也。今足下不称楚王之德厚，而盛推云梦以为高，奢言淫乐，而显侈靡，窃为足下不取也。必若所言，固非楚国之美也。无而言之，是害足下之信也。章君恶，伤私义，二者无一可，而先生行之，必且轻于齐而累于楚矣。且齐东陼巨海，南有琅邪，观乎成山⑬，射乎之罘⑭，浮勃澥⑮，游孟诸。邪与肃慎为邻，右以汤谷为界；秋田乎青丘⑯，彷徨乎海外。吞若云梦者八九于其胸中曾不蒂芥。若乃俶傥瑰伟⑰，异方殊类，珍怪鸟兽，万端鳞崒，充牣其中⑱，不可胜记。禹不能名，离不能计⑲。然在诸侯之位，不敢言游戏之乐，苑囿之大；先生又见客，是以王辞不复，何为无以应哉？"

①子虚：与后文中的乌有先生都是赋中虚构的人物。《子虚赋》不同传本文字出入较大，这里是依李善注《文选》卷七。

②悉：全，皆。田：通"畋"，打猎。

③过：拜访。妃：通"讬"，夸耀。

④罘（fú）：捕兔的网。罔：捕鱼的网。弥（mí）：满。

⑤掩：覆盖、罩住。轔：用车轮辗压。

⑥麋：麋鹿。脚：本指动物的小腿，此用作动词，"捉住小腿"之意。麟，雄鹿，非指古人作为祥瑞之物的麟。

⑦骛：纵横驰骋。盐浦：海边盐滩。

⑧鲜：指鸟兽的生肉。染轮：血染车轮。此句言猎获之物甚多。

⑨唯唯：应答的声音。

⑩特：只。

⑪盘纡：迂回曲折。弟郁：山势曲折的样子。

⑫隆崇：高耸之状。崒崒（lù zú）：山势高峻险要的样子。

⑬岑崟（yín）：《方言》释为"峻貌"，即山势高峻的样子。参差：形容山岭高低不齐的样子。

⑭蔽：全遮住。亏：半缺。

⑮罢（pí）池陂陀：山坡倾斜的样子。

⑯丹：朱砂。青：石青，可制染料。赭（zhě）：赤土。垩（è）：白土。

⑰雌黄：一种矿物名，即石黄，可制橙黄色染料。白坿：石灰。

⑱众色：指各种矿石闪现出的不同光彩。炫耀：光彩夺目的样子。

⑲照：照耀。烂：灿烂。这句说各种矿石光彩照耀，有如龙鳞般的灿烂辉煌。

⑳琳珉：一种比玉稍次的石。琨吾：同"琨珸"，即"琨"，《说文》："琨，石之美者。"

㉑瑊玏（jiān lè）：一种次于玉的石头。玄厉：一种黑色的石头，可以磨刀。

㉒碝（ruǎn）石：一种次于玉的石头，"白者如冰，半有赤色。"（见《文选》李善注）碔砆：一种次于玉的美石，质地赤色而有白色斑纹。

㉓蕙圃：蕙草之园。蕙与兰皆为香草，外貌相似。蕙，比兰高，叶狭长，一茎可开花数朵。兰，一茎一花。

㉔芎䓖：今通常叫作"川芎"，香草名，其根可以入药，有活血等作用。昌蒲：即"菖蒲"，水草名，根可入药，气香。

㉕江蓠（lí）：水生香草名。蘼（mí）芜：水生香草名，《文选》李善注引张揖曰："似蛇床而香。"按：蛇床，其子入药，名蛇床子，可壮阳。

㉖诸柘：即甘蔗。巴苴（jū）：即芭蕉。

㉗登降：此言地势高低不平，或登上或降下。陁靡：山坡倾斜绵延的样子。

㉘案衍：地势低洼。坛曼：地势平坦。

㉙限：界限。巫山：指云梦泽中的阳台山，在今湖北境内，非指今四川巫山。

㉚高燥：高而干燥之地。葴：马蓝，草名。菥：一种像燕麦的草。苞：草名。按：即《左传》讲到的楚国的特产苞茅，可酿酒、编席织鞋等。荔：草名，其根可制刷。

㉛薛：蒿的一种。莎（suō）：一种蒿类植物名。青薠：一种形似莎而比莎大的植物。

㉜卑：低。葴莨（zāng láng）：即狗尾巴草，也称狼尾草。

㉝东蔷：草名，状如蓬草，结实如葵子，可以吃。雕胡：即菰米，俗称茭白。

㉞瓠（gū）卢：《文选》李善注引张晏说，即葫芦。

㉟菴（ān）闾：蒿类植物名，子可入药。轩于：即莸（yóu）草，一种生于水中或湿地里的草。

㊱图：计算。

㊲外：指池水表面之上。发：开放。芙蓉：即荷花。菱华：即菱花，开小白花。

㊳内：指池水下面。隐：藏。

㊴中：指池水中。蛟：古代传说中能引发洪水的一种龙。鼍（tuó）：即今之扬子鳄，俗名猪

婆龙。

㊵瑇瑁：玳瑁，龟类动物，其有花纹的甲壳可做装饰品。鼋：大鳖。

㊶楩（pián）：树名，即黄楩木。楠：树名，即楠木，树质甚佳。豫章：树名，即樟木。

㊷檗（bò）：即黄檗树。其高数丈，其皮外白里黄，入药清热燥湿。离：通“樆（lí）”，即山梨树。朱杨：生于水边的树名，即赤茎柳。

㊸楂（zhā）梨：即山楂。樗（yǐng）栗：樗枣，似柿而小。

㊹橘柚：芸香科植物，俗称橘子、柚子。

㊺鹓雏（yuān chú）：凤凰。孔：孔雀。鸾：鸾鸟，传说中似凤凰的鸟名。

㊻腾远：疑为“腾猿”之误字，猿善腾跃。射（yè）干：似狐而小的动物，能上

㊼蟃蜒：应作“獌狿”，一种似狸的大兽。貙犴（qū hān）：一种似狸而比狸大的猛兽。

㊽剸诸：即专诸，春秋时代吴国的勇士，曾替吴公子光刺杀吴王僚。此指像剸诸一样的勇士。伦：类。

㊾靡：通“麾”，挥动。鱼须：海中大鱼之须，用来做旗子的穗饰。桡旃（ráo zhān）：有曲柄的旗。

㊿建：举起。干将：本为春秋时代吴国的著名制剑工匠，此指利刃。雄戟：有刃的戟。

(51)乌号：古代良弓名，相传为黄帝所用。雕弓：雕刻花纹的弓。

(52)夏服：通“夏箙（fú）”，盛箭的袋子。相传善射的夏后羿有良弓繁弱，还有良箭，装在箭袋之中，此箭袋即称夏服。

(53)阳子：即孙阳，字伯乐，秦穆公之臣，以善相马著称。骖乘：陪乘的人。古时乘车，驾车者居中，尊者居左，右边一人陪乘，以防意外，称骖乘。

(54)纤阿（ē）：传说中为月神驾车的仙女，后人泛称善驾车者为纤阿。

(55)案节：马走得缓慢而有节奏。此言马未急行。未舒：指马尚未尽情奔驰。

(56)蹴：践踏。蛩蛩（qióng）：传说中的怪兽，其状如马，善奔驰。

(57)辚：用车轮辗压。距虚：一种善于奔走的野兽名，其状如驴。

(58)轶：超过。轊（wèi）：车轴顶端。这里是“以其撞击”之意。騊駼（táo tú）：北方野马名；一说即野马。

(59)“乘遗风”二句：遗风：千里马名。骐：野兽名，似马。

(60)倏眒（shū shēn）：迅速的样子。疾速。倩浰（lì）：迅疾的样子。

(61)“获若”二句：雨（yù）：下雨。这里指把猎物丢下来时像落雨一样，夸耀数量多。揜（yǎn）：掩盖。

(62)弭节：停鞭缓行。

(63)徼（jiǎo）：拦截。郄（jù剧）：极度疲倦。诎：穷尽，指精疲力竭。

(64)被：通“披”。此指穿衣。阿：轻细的丝织品。緆（xì）：细布。

(65)揄：牵拽。纻：麻布。缟：白绸布。

(66)雾縠（hú）：轻柔的细纱。

(67)襞（bì）积：形容女子腰间裙褶重重叠叠。褰（qiān）绉：褶皱。

(68)郁桡：深曲的样子。

⑥⑨袶（fēn）袶裶（fēi）裶：衣服长长的样子。

⑦⓪扬：抬起。袣（yì）：裙子下端边缘。戌削：形容裙缘整齐的样子。

⑦①蜚：通"飞"。纤：妇女上衣上的飘带。髾（shāo）：本指妇女燕尾形的发髻，此指衣服的燕尾形的下端。

⑦②扶与猗靡：形容衣服合身，体态婀娜的样子。

⑦③噏呷（xī xiā）、萃蔡：皆为象声词，指人走路时衣服摩擦所发出的响声。

⑦④缪绕：缭绕。玉绥：用玉装饰的帽带。

⑦⑤獠：夜间打猎。

⑦⑥媻姍：同"蹒跚"，走路缓慢的样子。勃窣（bó sū）：缓缓前行的样子。金堤：堤名。

⑦⑦骏鸃（jùnyí）：锦鸡，野鸡一类。

⑦⑧孅：同"纤"。缴（zhuó）：系在射鸟的箭上的绳线。施：射出。

⑦⑨弋（yì）：用带丝线的箭射飞禽。白鹄：白天鹅。连：牵连。此指用带丝线的箭射中驾鹅。驾（jiā）鹅：野鹅。

⑧⓪鸧（cāng）：鸟名，即鸧鸹（guā），形似雁，黑色。玄鹤：黑鹤。加：箭加其身，即"射中"之意。

⑧①浮：漂浮。文：花纹。鹢（yì）：水鸟名，此指船头绘有鹢的图案的画船。扬：举起。旌：旗。楫（yì）：船桨。

⑧②罔：通"网"，用网捕取。

⑧③枞（chuāng）：撞击。金鼓：形如铜锣的古乐器，即钲。籁：管乐器，即排箫。

⑧④榜人：划船的人。按："榜人"即"舫人"，《说文》："舫人，习水者。"流喝：声音悲凉嘶哑。

⑧⑤水虫：指水中的鱼虾之类。鸿：洪大。沸：指波涛翻滚。

⑧⑥奔扬：指波涛。会：汇合。

⑧⑦礧（léi）：通"磊"。

⑧⑧硠（láng）硠、礚（kē）礚：皆为水石相撞击的声音。

⑧⑨灵鼓：神鼓。

⑨⓪繉（xǐ）：接续不断的样子。淫淫：渐进的样子。指队伍缓缓前行。

⑨①怕：通"泊"，安静无为的样子。按：《文选》李善注引《说文》："怕，无为也。"说明《子虚赋》用的是怕的本义。

⑨②胹：本身读 liè，通"脔"，把肉切成小块。焠（cuì）：用火烤。按：轮焠，转着烤。

⑨③琅邪：地名，即琅琊。成山：山名，在今山东荣成东北。

⑨④之罘：也作"芝罘"，在今山东烟台市。

⑨⑤浮：行船。勃澥：也作"渤澥"，即今之渤海。

⑨⑥青丘：国名，相传在大海之东三百里。

⑨⑦俶傥：通"倜傥"，卓越非凡。瑰伟：奇伟，卓异。

⑨⑧鳞崒：像鱼鳞般聚集在一起。崒：同"萃"，会聚。牣：满。充牣：充满。

⑨⑨卨（xiè）：古"契（xiè）"字，应是指商代的始祖契，传说做过舜臣，所处时代正好在禹之后。

白话文解读

　　楚王派子虚出使齐国，齐王调遣境内所有的士卒，准备了众多的车马，与使者一同出外打猎。打猎完毕，子虚前去拜访乌有先生，并向他夸耀此事，恰巧亡是公也在场。大家落座后，乌有先生向子虚问道："今天打猎快乐吗？"子虚说："快乐。""猎物很多吧？"子虚回答道："很少。""既然如此，那么乐从何来？"子虚回答说："我高兴的是齐王本想向我夸耀他的车马众多，而我却用楚王在云梦泽打猎的盛况来回答他。"乌有先生说道："可以说出来听听吗？"

　　子虚说："可以。齐王指挥千辆兵车，选拔上万名骑手，到东海之滨打猎。士卒排满草泽，捕兽的罗网布满山岗，兽网罩住野兔，车轮辗死大鹿，射中麋鹿，抓住麟的小腿。车骑驰骋在海边的盐滩，宰杀禽兽的鲜血染红车轮。射中禽兽，猎获物很多，齐王便骄傲地夸耀自己的功劳。他回头看着我问道：'楚国也有供游玩打猎的平原广泽，可以使人这样富于乐趣吗？楚王游猎与我相比，谁更壮观？'我下车回答说：'小臣我只不过是楚国一个见识鄙陋的人，但侥幸在楚宫中担任了十余年的侍卫，常随楚王出猎，猎场就在王宫的后苑，可以顺便观赏周围的景色，但还不能遍览全部盛况，又哪有足够的条件谈论远离王都的大泽盛景呢？'齐王说：'虽然如此，还是请大略地谈谈你的所见所闻吧！'

　　"我回答说：'是，是。臣听说楚国有七个大泽，我曾经见过一个，其余的没见过。我所看到的这个，只是七个大泽中最小的一个，名叫云梦。云梦方圆九百里，其中有山。山势盘旋，迂回曲折，高耸险要，山峰峭拔，参差不齐；日月或被完全遮蔽，或者遮掩一半；群山错落，重叠无序，直上青云；山坡倾斜连绵，下连江河。那土壤里有朱砂、石青、赤土、白垩、雌黄、石灰、锡矿、碧玉、黄金、白银，种种色彩，光辉夺目，像龙鳞般灿烂闪耀。那里的石料有赤色的玉石、玫瑰宝石、琳珉、琨珸、瑊玏、磨刀的黑石、半白半赤的石头、红地白纹的石头。东面有蕙草的花圃，其中生长着杜衡、兰草、白芷、杜若、芎䓖、菖蒲、江蓠、蘪芜、甘蔗、芭蕉。南面有平原大泽，地势高低不平，倾斜绵延，低洼的土地，广阔平坦，沿着大江延伸，直到巫山为界。那高峻干燥的地方，生长着马蓝、形似燕麦的草，还有苞草、荔草、艾蒿、莎草及青薠。那低湿之地，生长着狗尾巴草、芦苇、东蔷、菰米、莲藕、葫芦、菴闾、菥草。众多植物在这里生长，数不胜数。西面则有奔涌的泉水、清澈的水池，水波激荡，后浪冲击前浪，滚滚向前。水面上开放着荷花与菱花，水面下隐藏着巨石和白沙；水中有神龟、蛟蛇、猪婆龙、玳瑁、鳖和鼋。北面则有浓荫蔽日的森林：黄梗树、楠木、樟木、桂树、花椒树、木兰、黄檗树、山梨树、赤茎柳、山楂树、黑枣树、橘树、柚子树，芳香远溢。那些树上有赤猿、猕猴、鹓雏、孔雀、鸾鸟、善跳的猴子和射干。

树下则有白虎、黑豹、豼犴、獌狿。

"于是就派专诸之类的勇士，空手击杀这些野兽。楚王就驾起被驯服的杂毛之马，乘坐着美玉雕饰的车，挥动着用鱼须作穗的曲柄旒旗，摇动缀着明月珍珠的旗帜。高举锋利的三刃戟，左手拿着雕有花纹的乌号名弓，右手拿着夏箙中的强劲之箭。伯乐做骖乘，纤阿当御者。车马缓慢行驶，尚未尽情驰骋时，就已踏倒了强健的猛兽。车轮践踏蛩蛩，辗压距虚，突击野马，轴头撞击騊駼，乘着千里马，箭射游荡之骐。楚王的车骑迅疾异常，有如惊雷滚动，好似狂飙袭来，像流星飞坠，若雷霆撞击。弓不虚发，箭箭都射裂禽兽的眼眶，或贯穿胸膛，直达腋下，使连着心脏的血管断裂。猎获的野兽，像雨点飞降般纷纷而落，覆盖了野草，遮蔽了大地。于是，楚王就停鞭徘徊，自由自在地缓步而行，浏览于茂密的森林，目之所及的是壮士的暴怒和野兽的恐惧。拦截那疲倦的野兽，捕捉那精疲力竭的野兽，遍观群兽各种不同的姿态。

'于是，郑国漂亮的姑娘，肤色细嫩的美女，披着细缯细布制成的上衣，穿着麻布和白绢制作的裙子，装点着纤细的绮罗，身上垂挂着轻雾般的柔纱。裙幅褶皱重叠，纹理细密，线条婉曲多姿，好似深幽的溪谷。美女们穿着修长的衣服，裙幅飘扬，裙缘整齐美观；衣上的飘带，随风飞舞，燕尾形的衣端垂挂身间。体态婀娜多姿，走路时衣裙翻飞，发出窸窸窣窣的响声。飘动的衣裙饰带，摩挲着下边的兰花蕙草，拂拭着上面的羽饰车盖。头发上参差点缀着羽毛状的翡翠饰物，颈下缠绕着用玉装饰的帽带。隐约缥缈，恍恍惚惚，就像神仙般若有若无。

'于是楚王就和众多美女一起在蕙圃夜猎，从容而缓慢地走上坚固的水堤。用网捕取翡翠鸟，用箭射取锦鸡。射出带丝线的短小之箭，发射系着细丝绳的箭。射落了白天鹅，击中了野鹅。中箭的鸧鸹双双从天而落，黑鹤身上被箭射穿。打猎疲倦之后，拨动游船，泛舟清池之中。划着画有鹢鸟的龙船，扬起桂木的船桨。张挂起画有翡翠鸟的帷幔，竖起羽毛装饰的伞盖。用网捞取玳瑁，钓取紫贝。敲打金鼓，吹起排箫。船夫唱起歌来，声调悲楚嘶哑，悦耳动听。鱼鳖为此惊骇，洪波因而沸腾。泉水涌起，与浪涛汇聚。众石相互撞击，发出硠硠磕磕的响声，就像雷霆轰鸣，声传几百里之外。夜猎将停，敲起灵鼓，点起火把。战车按行列行走，骑兵归队而行。队伍接续不断，整整齐齐，缓慢前进。

'于是，楚王就登上阳云之台，显示出泰然自若安然无事的神态，保持着安静闲适的心境。待用芍药调和的食物备齐之后，献给楚王品尝。不像大王终日奔驰，不离车身，甚至切割肉块，也在轮间烤炙而吃，而自以为乐。我以为齐国恐怕不如楚国吧。'于是，齐王默默无言，无话回答我。"

乌有先生说："这话为什么说得如此过分呢？您不远千里前来赐惠齐国，齐王调遣境内的全部士卒，准备了众多的车马，同您外出打猎，是想同心协力猎获禽兽，使您感到快乐，怎能称作夸耀呢？询问楚国有无游猎的平原广泽，是希望听听楚国的政治教化与光辉的功业，以及先生的美言高论。现在先生不称颂楚王丰厚的德政，却畅谈云梦泽以为高论，大谈淫游纵乐之事，而且炫耀奢侈靡费，我私下以为您不应当这样做。如果真像您所说的那样，那本来算不上是楚国的美好之事。楚国若是有这些事，您把它说出来，这就是张扬国君的丑恶；如果楚国没有这些事，您却说有，这就有损您的声誉。张扬国君的丑恶，损害自己的信誉，这两件事没有一样是可做的，而您却做了。这必将被齐国所轻视，而楚国的声誉也会受到牵累。况且齐国东临大海，南有琅琊山，在成山观赏美景，在芝罘山狩猎，在渤海泛舟，在孟诸泽中游猎。东北与肃慎为邻，左边以汤谷为界限；秋天在青丘打猎，自由漫步在海外。像云梦这样的大泽，纵然吞下八九个，胸中也丝毫没有梗塞之感。至于那超凡卓异之物，各地特产，珍奇怪异的鸟兽，万物聚集，好像鱼鳞荟萃，充满其中，不可胜记，就是大禹也辨不清它们的名字，契也不能计算出它们的数目。但是，齐王处在诸侯的地位，不敢陈说游猎和嬉戏的欢乐，苑囿的广大；先生又是被以贵宾之礼接待的客人，所以齐王没有回答您任何言辞，怎能说他无言以对呢？"

解析

司马相如，字长卿，成都人，西汉辞赋家。

在诸侯分立的时代，诸侯交际中确实存在各式各样的明争暗斗，使臣在与出使国君臣彬彬有礼的交往中存在着对荣誉、利益的维护。使于四方，不辱君命，这是古代使臣普遍遵循的基本原则。

《子虚赋》告诉我们：国与国之间的交往，必须以诚信为基础。作为出使别国的使臣，做人要诚实，不欺骗，更不能为了虚荣心而说谎乱夸，否则人会因缺乏诚信、人品操守有亏而被别人轻视，国家也会因缺乏诚信而丧失其威信。

陈太丘与友期

陈太丘与友期行，期日中。过中不至，太丘舍去，去后乃至。元方时年七岁，门外戏。客问元方："尊君在不？"答曰："待君久不至，已去。"友人便怒："非人哉！与人期行，相委而去。"元方曰："君与家君期日中。日中不至，则是无信；对子骂父，则是无礼。"友人惭，下车引之，元方入门不顾。

白话文解读

陈太丘跟一位朋友约好同行，约定的时间是中午，正午过了（太丘的朋友）没来，陈太丘便不再等候，离开了。（陈太丘）走后，（友人）才来。陈太丘的长子陈元方当时才七岁，正在门外玩耍。客人问元方："你父亲在吗？"元方答道："等了您很久您都没来，他便离开了。"朋友便生气地骂道："不是人啊！和别人约好一起走，却把对方丢下自己走了。"元方答道："您跟我父亲约好正午来。正午时您还没到，就是不守诚信；对着人家的儿子骂他的父亲，就是没有礼貌。"朋友感到惭愧，便下车想拉元方的手，元方进入家门，不再回头看父亲的朋友一眼。

解析

这是刘义庆《世说新语》中的一篇，通过一个很有教育意义的故事来讲"信"和"礼"的重要性。陈太丘与友人相约，友人失信，没按时来，陈太丘就走了。友人对此不但不自责，反而辱骂陈太丘无信、"非人"。面对父亲朋友的指责，元方首先提出什么是"无信"。"君与家君期日中。日中不至"，是谁无信呢？话说在了点子上，父亲朋友无言以对。其次，当着儿子骂他的父亲，这又是失礼。简短两句话，使友人感到惭愧。文章不仅赞扬小元方明礼又善言，也肯定了友人知错能改的正确态度。

从故事中我们明白：办事要讲诚信，为人要方正，否则会丧失朋友，失去友谊。

崔枢还珠

崔枢应进士，客居汴半岁，与海贾（gǔ）同止。其人得疾，既笃，谓崔曰："荷君见顾，不以外夷见忽。今疾势不起，番人重土殡，脱殁（mò），君能终始之否？"崔许之。曰："某有一珠，价万缗（mín），得之能蹈火赴水，实至宝也，敢以奉君。"崔受之，曰："吾一进士，巡州邑以自给，奈何忽畜异宝？"伺无人，置于枢中，瘗（yì）于阡陌。

后一年，崔游丐亳州，闻番人有自南来寻故夫，并勘珠所在，陈于公府，且言珠必崔秀才所有也。乃于亳来追捕，崔曰："傥窀穸（zhūn xī）不为盗所发，珠必无他。"遂剖棺得其珠。汴帅王彦谟奇其节，欲命为幕，崔不肯。明年登第，竟主文柄，有清名。

白话文解读

有个叫崔枢的人去汴梁考进士，同南方一个商人住在一起达半年之久，两人成了好朋友。后来，这位商人得了重病，他对崔枢说："承蒙你照顾，没有把我当外人看待。我的病看来是治不好了，我们家重土葬，如果我死了，你能始终如一照顾我吗？"崔枢答应了他的请求。商人又说："我有一颗珠宝，价值万贯，得到它能蹈火赴水，确实是极珍贵的珠宝，愿奉送给你。"崔枢接受了。他说："我一旦考上进士，所需自有官府供给，怎么能够私藏异宝呢？"商人死后，崔枢在土葬他时就把珠宝也一同放入棺材，葬进坟墓中去了。

一年后，崔枢到亳州四处谋生，听说南方商人的妻子从南方千里迢迢来寻找亡夫，并追查珠宝下落。商人的妻子将崔枢告到官府，说珠宝一定是崔秀才私吞了。官府派人逮捕了崔枢。崔枢说："如果墓没有被盗的话，珠宝一定还在棺材里。"于是，官府派人挖墓开棺，果然珠宝还在棺材里。汴帅王彦认为崔枢的可贵品质确实不凡，想留他做幕僚，他不肯。第二年，崔枢考中进士，后来一直做到主考官，享有清廉的名声。

解析

崔枢，唐顺宗时曾任中书舍人，他做官时以品学兼优而著称。

在这则小故事中，崔枢差点受了牢狱之灾。当初他答应朋友，他觉得自己尽心帮助朋友是应该的，他没有想要朋友的馈赠。朋友的馈赠让崔枢觉得受之有愧，这就是他的不平常之处。他之所以觉得受之有愧，是想到自己的本分，并能安分。

不少人被财物绊倒，考究起来原因很多，但根本的就是在接受财物时没有思忖一下自己的本分和安分。有些人虽思忖到了，却认为我帮了你的忙，帮你赚钱，帮你升迁，所受应该，甚至伸手索取。这些人并没有真正思忖到自己的本分：自己何德何能，如此神通广大地能"帮助"别人发财升官？不就是自己身居官位，手中有权吗？在钱财面前忘了本分，不安于本分，迟早会出事。

我们说获取财富必须合乎做人的道理：非己物，戒贪心，一丝不取；是他利，弃私欲，一点不沾。

曾子杀彘

曾子之妻之市，其子随之而泣。其母曰："女还，顾反为女杀彘。"妻适市来，曾子欲捕彘（zhì）杀之。妻止之曰："特与婴儿戏耳。"曾子曰："婴儿非与戏也。婴儿非有知也，待父母而学者也，听父母之教。今子欺之，是教子欺也。母欺子，子而不信其母，非所以成教也。"遂烹彘也。

白话文解读

曾子的妻子到集市上去，她的孩子跟随着她在她后面哭。她对儿子说："你先回去，等我回来后杀猪给你吃。"妻子从集市上回来，曾子就想抓只猪准备杀了它。妻子阻止他说："我只不过是跟儿子开了个玩笑罢了。"曾子说："你不可以与儿子开玩笑。儿子什么都不懂，他学习父母，听从父母的教导。现在你欺骗了他，这就是在教育他欺骗人。母亲欺骗儿子，儿子于是不相信他的母亲，这不是正确教育孩子的方法啊。"于是曾子就煮猪肉给孩子吃了。

解析

《曾子杀彘》这一故事生动地告诉人们：家长对孩子不能信口开河，要言必信。只有言传身教，才能使孩子诚实无欺，否则父母将失信于孩子。成人的言行对孩子影响很大，不可不检点。不能以欺骗作为手段，做任何事都要做到"言必信，行必果"，这样才能获得他人信任。父母师长的言行举止，可能会影响到孩子的将来，所以要给孩子树立一个良好的榜样。

曾子用自己的行动教育孩子要言而有信，诚实待人，这种教育方法是可取的，我们也应学习曾子的这种教育方式。

范式守信

范式字巨卿，山阳金乡人也，一名氾，少游太学，与汝南张劭（shào）为友。劭字元伯。二人并告归乡里。式谓元伯曰："后二年当还，将过拜尊亲，见孺子焉。"乃共克期日。后期方至，元伯具以白母，请设馔（zhuàn）以候之。母曰："二年之别，千里结言，尔何相信之审邪？"对曰："巨卿信士，必不乖违。"母曰："若然，当为尔酝酒。"至其日，巨卿果到，升堂拜饮，尽欢而别。

白话文解读

范式字巨卿，山阳金乡人，又叫汜，少年时在太学游学，与汝南的张劭成为好友。张劭字元伯。二人一起告假回乡里。范式对元伯说："我之后两年应当回太学读书，将拜访你的父母，见一见你的孩子。"于是共同约定见面日期。后来约定的日期将要到，元伯把这件事详细地告诉给母亲，请母亲安排饭食来等候范式。母亲说："离别了两年，千里之外定下的日期，你凭什么相信他的诚意呢？"元伯说："巨卿是守信的人，一定不会违约的。"母亲说："如果这样，我应该为你酿酒。"到了约定日子，巨卿果然到了，登上大厅拜访喝酒，十分尽兴地告别。

解析

范式守信的故事告诉我们：重诺言，守信用，是做人的美德。在平时的学习过程中，我们答应帮助同学讲解难题，无论自己的时间多么有限，也一定要说到做到，我们只有守信用，才能赢得同学的信任。

商鞅立木取信

令既具，未布，恐民之不信，乃立三丈之木于国都市南，募民有能徙置北门者予十金。民怪之，莫敢徙。复曰："能徙者予五十金。"有一人徙之，辄予五十金。以明不欺，卒下令。

令行期年，秦民之国都言新令之不便者以千数。于是太子犯法。卫鞅曰："法之不行，自上犯之。"太子，君嗣也，不可施刑，刑其傅公子虔，黥其师公孙贾。明日，秦人皆趋令。行之十年，秦国道不拾遗，山无盗贼，民勇于公战，怯于私斗，乡邑大治。秦民初言令不便者，有来言令便。卫鞅曰："此皆乱法之民也。"尽迁之于边。其后民莫敢议也。

白话文解读

商鞅变法的条令已经完备，还没有公布，商鞅担心人民不相信自己，于是就在首都的集市南门竖立了一根三丈高的木头，招募能把它搬到北门的人，许诺做到的人就给他十金。百姓感到很奇怪，因此没有一个人敢去搬动木头。商鞅又说："能搬的人给他五十金。"有一个人搬动了那木头，商鞅就给了他五十金。商鞅用这个方法来表明自己不欺骗民众，终于公布了法令。

变法令颁布一年，秦国百姓前往国都控诉新法使民不便的数以千计。这时太子也触犯了法律，商鞅说："新法不能顺利施行，就在于上层人士带头违犯。太子是国君的继承人，不能施以刑罚，可将他的其中一个老师公子虔处刑，将另一个老师公孙贾脸上刺字，以示惩戒。"第二天，秦国人听说此事，都遵从法令行事。新法施行十年，秦国出现路不拾遗、山无盗贼的太平景象，百姓勇于为国作战，不敢再行私斗，乡野城镇都得到治理。这时，那些当初说新法不便的人中，有些又来说新法好，商鞅说："这些人都是乱法的刁民。"于是把他们全部驱逐到边疆去住。此后老百姓不敢再议论法令的是非。

解析

商鞅立木取信是战国时期发生在秦国的一个故事，当时商鞅变法推出新法令后，生怕民众不信任，于是放了一根木头在城墙南门，贴出告示：如有人将这根木头搬到北门，就赏十金，众人皆不信。直到将赏金提升至五十金，才有一壮士将木头搬到了北门，商鞅如约赏给他五十金。商鞅借城门立木一事建立了政策权威，并取信于民。百姓信任，新法也得以实施。

这个故事告诉我们，要治理好一个国家，做人、做事一定要讲诚信，说过的话一定要兑现。只有别人相信你，你的事业才会成功。

第四章

礼义

不知礼，无以立。礼之体，敬为主。礼之用，和为贵。人之所异于禽兽者，以礼故也。知礼达礼是一个人立身处世的根基。而谦谦君子，"明礼"还需"守义"，孟子曰："生，亦我所欲也；义，亦我所欲也。二者不可得兼，舍生而取义者也。"是故见得思义，见利思义；义然后取，人不厌其取。君子以义为上。

第一节　礼　节

小篆　　　　隶书　　　　草书　　　　行书　　　　楷书

礼，读作 lǐ。《说文解字》释义为"履也。所以事神致福也"，意思为"举行礼仪，祭神求福"。

礼，在中国古代是社会的典章制度和道德规范，它是社会政治制度的体现，是维护上层建筑以及人与人交往中与之相适应的礼节仪式；它是古代奴隶主贵族和封建帝王一切行为的标准和要求。孔子主张"道之以德，齐之以礼"的德治，打破了"礼不下庶人"的限制，孟子把仁、义、礼、智作为基本的道德规范，荀子则在《礼论》中论证了"礼"的起源和社会作用，认为"礼"使社会上每个人在贵贱、长幼、贫富等等级制中都有恰当的地位。

礼仪，在现代社会也是人类为维系社会正常生活而要求人们共同遵守的最起码的道德规范，它使人们在长期共同生活和相互交往中逐渐形成良好规则，并且以风俗、习惯和传统等方式固定下来。对一个人来说，礼仪是一个人的思想道德水平、文化修养、交际能力的外在表现；对一个社会来说，礼仪是一个国家社会文明、道德风尚和生活习惯的反映。

礼仪的内容涵盖社会生活的各个方面。注意礼仪，我们应在"敬人、自律、适度、真诚"的原则上与人交往，告别不文明的言行。生活中，我们应该"以礼导行，争做文明守礼的引领者；身体力行，争做志愿服务的践行者；以己为范，争当文明礼仪的传播者"。

礼者，人道之极也。　　　　　　　　　　　　　——《荀子·礼论》

礼，是做人的头等大事。

在中国文化中，"礼"是博大精深的政治治民体系。无论是美好的治国治民的理念，还是和谐人际交往的原则，都是通过礼来体现的，也是通过礼来贯彻的，所以说，"礼"是做人的头等大事。如果不按"礼"办事，社会就会瓦解，陷入混乱，人们将无法生活。因此，荀子把"隆礼"作为自己的理论落脚点，同时也是他的学说的核心。

安上治民，莫善于礼。礼者，敬而已矣！　　　　　　　——《孝经》

安定国家，治理百姓，没有比用礼更好的方法。所谓礼，就是尊敬罢了！

这句话告诉我们"礼"的本质是"敬"。虽只是一个"敬"字，但是所带来的影响和效果是巨大的。因为有"敬"便能有"悦"。家庭、社会、国家都会因敬爱与喜悦而和谐，这就达到了"安上治民"的效果。

道之以德，齐之以礼。　　　　　　　　　　　　——《论语·为政》

用道德来引导百姓，用礼制去同化他们。

这句话告诉我们，提高国民文明素质，对端正社会风气、提高社会文明程度、维护国家形象和促进社会和谐健康发展都具有重大现实意义。

不学礼，无以立。　　　　　　　　　　　　　——《论语·季氏》

不学礼，就不懂得立身。

"不学礼，无以立。"只有简单的六个字，却含义深刻。孔子说："做人要有礼貌，没有礼貌，怎么来做人啊！"夫子的确是夫子，两千五百年前的老师就这样教书育人，很是让人敬佩。礼仪是作为一个健全人所必须具备的素质，一个人如果连这一点也不能做好，即使外表衣冠楚楚，也是个有缺陷的人。

礼，经国家，定社稷，序民人，利后嗣者也。　　　　　——《左传》

礼法礼制，可以治理国家，安定社会，使人民生活有序，对子孙后代有利。

在古代，礼是治理国家的根本规则，礼是调整社会关系的等级制度，礼是维护社会秩序的行为规范。这样的"礼"，相当于现代意义上的"法"。

> 夫礼，天之经也，地之义也，民之行也。　　　　　——《左传》

礼就是天之经，地之义，也就是老天规定的原则，大地运行的正理，是百姓行动的依据。

> 人无礼则不生，事无礼则不成，国家无礼则不宁。
> 　　　　　　　　　　　　　　　　　　　——《荀子·大略》

做人没有礼节就不能生活，做事没有礼节就不能成功，治国没有礼节，国家就不得安宁。

所以说，一个不懂礼节的人，在社会上是难以立足的；一个国家如果不懂礼节，大家都随心所欲，那么这个国家就会乱套，就会出现鸡犬不宁的局面。

> 人有礼则安，无礼则危。　　　　　　　　　　——《礼记》

人有礼仪规范就会和谐，没有礼仪规范就会有危害。

在生活或工作中，若不想遭人嫉妒乃至怨恨，最好的做法便是"凡事以礼为先"。也许你不经意的一种行为，如随地吐痰、出言不逊、耀武扬威……别人都会对你产生反感，你在别人心目中的形象就会大打折扣。德国有一句谚语："脱帽在手，世界任你走。"有礼节不一定总能为你带来好运，但没有礼节却往往会使你与幸运擦肩而过。要想在纷繁复杂的现代社会中走得更远、更好，就要时刻注意保持礼节。

> 礼义廉耻，国之四维，四维不张，国乃灭亡。　　　——《管子》

礼义廉耻，是维持国家安定团结的四个基本要素，如果这四个要素没有很好贯彻执行，则国家很容易灭亡。

何谓四维？一曰礼，二曰义，三曰廉，四曰耻。礼不逾节，义不自进，廉不蔽恶，耻不从枉。简单地说，礼义是一个社会的根本制度，懂廉耻是一个人的根本原则。

> 衣食以厚民生，礼义以养其心。　　　　　　　——《鲁斋遗书》

衣食是用来让老百姓生活幸福的，而礼义是用来培养人的性情的。

当今社会，物质充足，衣食无忧，我们更应该用礼义来陶冶情操，丰富我们的精神生活，让我们的生命更加充盈。

　　子曰："非礼勿视，非礼勿听，非礼勿言，非礼勿动。"

——《论语·颜渊》

孔子说："不合礼的不看，不合礼的不听，不合礼的不说，不合礼的不做。"

谨于言，慎于行，否则，盲目做事，反而会失去工作的准确性，最终欲速而不达，无法承担起自己的职责。因此，谨慎从事，是达成良好效果的根本。

　　子曰："恭而无礼则劳，慎而无礼则葸，勇而无礼则乱，直而无礼则绞。"

——《论语·泰伯》

孔子说："只是恭敬而不以礼来指导，就会徒劳无功；只是谨慎而不以礼来指导，就会畏缩拘谨；只是勇猛而不以礼来指导，就会闯祸；只是率直而不以礼来指导，就会说话尖刻。"

这就是"中礼"之意。诚敬而不"中礼"，叫土野；恭顺而不"中礼"，叫老好人；勇敢而不"中礼"，叫莽撞。连讲几个"中礼"，就讲到中庸之道了。中礼就是中规中矩，恰到好处，不要过头，不要不够。有个成语叫"过犹不及"也是这个意思，说话也好，办事情也罢，既不要过头，又不要不够，一定要适中。

　　有子曰："礼之用，和为贵。"　　　　　　　　——《论语·学而》

有子说："礼的应用，以和谐为贵。"

古代君王的治国方法，先贤流传下来的道理，最可贵的地方就在于依礼行事。礼的作用是为了达到和的效果，并不是单纯为礼而礼。现在有些人与他相处时，表面看很有礼貌，其实并没有多少发自内心的尊重，所以，我们要改变这种做法，应当真诚地去对待别人。

　　子曰："君子敬而无失，与人恭而有礼，四海之内皆兄弟也。"

——《论语·颜渊》

孔子说："君子做事情谨慎认真，不出差错；和人交往态度恭谨而合乎礼节，那么普天之下到处都是兄弟。"

与人相交，时时有一分诚敬的心在，就不容易得罪别人，不会对别人有所失礼。对人非常恭敬，不怠慢，那么人家与我们相处就如沐春风。心中存有一份至诚的恭敬心，自然会四海之内皆兄弟也。

礼以行义，信以守礼，刑以正邪。　　　　　　　　　　——《左传》

礼仪用来推行道义，信用用来维护礼仪，刑律用来匡正邪恶。

我们建立的礼仪和制度，是为了保证义理的实行；我们倡导的忠信，是为了保证对礼仪和制度的遵守；我们确立的法律，是为了制止和纠正邪恶的势力。

《曲礼》曰："毋不敬，俨若思，安定辞。安民哉！"　　——《礼记》

《曲礼》一书上说："凡事都不要不恭敬，态度要端庄持重而有所思忖，言辞要审慎而确定。这样才能够使人信服。"

现在有些人，思想散漫，言谈举止轻浮，做事情缺乏恭敬之心，对此，我们应持反对态度，应当加强礼节方面的修养。

若夫坐如尸，立如齐。礼从宜，使从俗。　　　　　　——《礼记》

如果进入成年，坐着就要像祭礼中代为受祭的人一样端正，站着就要像参加祭祀一样肃穆恭敬。礼节要合乎时宜，如同作为使者要入乡随俗一样。

这句话的意思与"站如松，坐如钟"如出一辙，坐端立正，不歪不斜，这是一个成年人应有的姿态和精神面貌。要恭恭敬敬，有礼有节，有君子之风度。

侍坐于先生，先生问焉，终则对。请业则起，请益则起。父召无诺，先生召无诺，唯而起。侍坐于所尊敬，毋余席。　　　　　——《礼记》

当陪尊长坐在一起时，若尊长有问题提问，问完话后就应该回答。若向师长请教，应该站起来；若请教的问题没有完全弄清楚，需要进一步解释，也应该站起来提问。父母长辈呼喊时，应尽快站起来应答。当与尊者坐在一起时，应该尽可能坐近一些而不是躲到远处，以显得不尊敬尊长。

同理，在上课、听讲座、开会时，选择离尊长特别远的位置坐下，也是不尊敬对方的表现。

博闻强识而让，敦善行而不怠，谓之君子。君子不尽人之欢，不竭人
之忠，以全交也。　　　　　　　　　　　　　　　　　——《礼记》

有广博的见识、超强的记忆力却很谦让，做善事很勤勉却不倦怠，这就是君子。作为君子，不会要求别人尽力喜欢，不会要求别人竭力爱戴，从而可保持永久的交情。

做一个高尚的人，不仅要学问高深，而且要品德高尚，这样的人，才能受到人们的尊重。在强调君子必须具备德才学识修养的同时，我们不妨从反面试想一下，如果一个缺乏学问道德修养的人妄自尊大，没有礼貌，不懂礼仪，言行没有约束，他还能被社会接纳吗？不能，肯定无法在社会上立身处世。所以君子只有博学识广，以礼制欲，循礼面行，才能称之为君子。

仓廪实而知礼节，衣食足而知荣辱。　　　　　　——《管子·牧民》

（百姓的）粮仓充足，才会知道礼仪；只有丰衣足食，才会知晓荣誉和耻辱的区别。

如果能吃饱穿暖，那么就会考虑到什么该做什么不该做。管理社会的目的在于发展社会，物质文明要建设，精神文明也要建设。

木　瓜
《诗经·卫风》

投①我以木瓜，报之以琼琚②。匪③报也，永以为好也。
投我以木桃，报之以琼瑶④。匪报也，永以为好也。
投我以木李，报之以琼玖⑤。匪报也，永以为好也。

①投：投送，赠予。
②琼琚：珍美的佩玉。
③匪：通“非”，不是。
④琼瑶：美玉。

⑤琼玖：浅黑色的玉。

白话文解读

你将木瓜投赠我，我拿琼琚作回报。不是为了答谢你，珍重情意永相好。

你将木桃投赠我，我拿琼瑶作回报。不是为了答谢你，珍重情意永相好。

你将木李投赠我，我拿琼玖作回报。不是为了答谢你，珍重情意永相好。

解析

《诗经·大雅·抑》有"投我以桃，报之以李"之句，后世"投桃报李"便成了成语，比喻相互赠答，礼尚往来。比较起来，《卫风·木瓜》这一篇虽然也有从"投之以木瓜（桃、李），报之以琼琚（瑶、玖）"生发出的成语"投木报琼"（如《全唐诗话》就有"投木报琼，义将安在"的记载），但"投木报琼"的使用频率根本没法与"投桃报李"相提并论。倘若据此便认为《抑》的传诵程度也比《木瓜》要高，那就大错特错了，我们稍微做一下调查，便会知道这首《木瓜》是现今传诵度很高的《诗经》名篇之一。

与"投桃报李"不同，《卫风·木瓜》中回报的东西，价值要比受赠的东西大得多，这体现了人类的高尚情感（既包括爱情，也包括友情）。这种情感重的是心心相印，是精神上的契合，因而，回赠的东西及其价值的高低，在此实际上也只具有象征性的意义，表现的是对他人、对自己情意的珍视，所以说"匪报也"。"投我以木瓜（桃、李），报之以琼琚（瑶、玖）"，其深层语义当是：汝投我之物虽为木瓜（桃、李），而汝之情实贵逾琼琚（瑶、玖）；我以琼琚（瑶、玖）相报，亦难尽我心中对汝之感激。实际上，作者胸襟之高朗开阔，已无衡量厚薄轻重之心横亘其间，其想要表达的就是：珍重、理解他人的情意便是最高尚的情意。从这一点上说，后来汉代张衡《四愁诗》"美人赠我金错刀，何以报之英琼瑶"，尽管说的是"投金报玉"，其意义实也与"投木报琼"无异。

杜蒉扬觯

《礼记·檀弓》

知悼子①卒，未葬。平公②饮酒，师旷、李调侍③，鼓钟④。杜蒉自外来，闻钟声，曰："安在？"曰："在寝。"杜蒉入寝⑤，历阶而升，酌⑥曰："旷，饮斯。"又酌曰："调，饮斯。"又酌，堂上北面坐饮之⑦。降，趋而出⑧。

平公呼而进之，曰："蒉，曩者⑨尔心或开予，是以不与尔言。尔饮旷，何也？"曰："子卯不乐⑩。知悼子在堂⑪，斯其为子卯也大矣⑫！旷也，太师⑬也，不以诏，是以饮之也。"“尔饮调，何也？”曰：“调也，君之亵臣⑭也，为一饮一食，亡君之疾⑮。是以饮之也。"“尔饮，何也？”曰：“蒉也，宰夫⑯也，非刀匕⑰是共，又敢与知防⑱，是以饮之也。”平公曰：“寡人亦有过焉。酌而饮寡人。”杜蒉洗而扬觯⑲。

公谓侍者曰：“如我死，则必无废是爵⑳也。”至于今，既毕献，斯扬觯，谓之“杜举”。

注释 --

①知（zhì）悼子：即知罃，知庄公的儿子。春秋时晋国大夫，悼是他的谥号。

②平公：晋平公，名彪。

③师旷：晋国的乐官。李调：晋平公的近臣。侍：作陪。

④鼓钟：敲钟。钟，乐器名。

⑤杜蒉：《左传》作"屠蒯"，晋国的宰夫。蒉，读作 kuì；蒯，读作 kuǎi。寝：寝宫。古时天子寝宫的叫燕寝，诸侯的叫路寝。

⑥酌：斟酒。

⑦堂上北面坐饮之：古时人君的位置朝南，臣子见君时则面向北。杜蒉北面而坐，以面向国君行臣礼。坐，即跪。因为古时席地而坐，坐时两膝跪在席上，屁股坐在脚后跟上，屁股稍稍离开脚后跟，就成为跪了，所以跪也叫坐。但坐不可以叫跪。

⑧降：下台阶。趋：快走。

⑨曩者：刚才。

⑩子卯不乐：夏桀以乙卯日死，商纣以甲子日亡，古人把它叫作疾日，所以做国君的不举乐。

⑪在堂：指知悼子的灵柩还放在家里没有下葬。

⑫斯其为子卯也大矣：古时卿大夫人刚死时不举乐，人刚下葬时不吃肉。悼子是亲近的大臣，死了还没有下葬，人君的哀痛，应当甚于桀纣的疾日，所以说大于子卯。

⑬太师：乐官之长。

⑭亵臣：轻慢的近臣。

⑮疾：疾日，犹言恶日、忌日。

⑯宰夫：主管国君膳食的小官。

⑰匕：古代指饭勺。

⑱与：参与。知：察觉。防：防止。"敢与知防"，是说杜蒉不过是一个宰夫，还敢参与劝说君王要善于察觉和防止违礼之事，这是越级行为。

⑲扬：举起。觯（zhì）：古时饮酒用的器皿。

⑳爵：酒器。

白话文解读

知悼子死，还没有下葬。平公饮酒（作乐），师旷、李调陪伴侍奉，敲击编钟（演奏乐曲）。杜蒉从外面来，听到编钟声，问仆人："（平公）在哪？"（仆人）说："在寝宫。"杜蒉前往寝宫，拾级而上。斟酒道："师旷，干了这杯。"又斟酒道："李调，干了这杯。"又斟酒，面向朝堂的北面坐下干了酒。走下台阶，跑着出去。

平公喊他进来，说："蒉，刚才我心想你可能要开导我，因此不跟你说话。你罚师旷喝酒，是为什么啊？"（杜蒉）说："子日和卯日不演奏乐曲。（据说夏朝的桀王逃亡到山西安邑县时于乙卯日死亡；商朝的纣王在甲子日自焚死亡。后代君王引以为戒，以子卯日为'疾日'，不演奏乐曲。）知悼子还在堂上（停灵），这事与子卯日相比大多了！师旷，是太师啊。（他）不告诉您道理，因此罚他喝酒啊。""你罚李调喝酒，（又是）为什么呢？"（杜蒉）说："李调，是君主身边的近臣。为了喝的吃的（竟）忘记了君主的忌讳，因此罚他喝酒啊。""你自己（罚自己）喝酒，（又是）为什么呢？"（杜蒉）说："我杜蒉，膳食官而已，不去管刀勺的事务，却敢参与（对君主）讲道理防范错误的事，因此罚自己喝酒。"平公说："我也有过错啊。斟酒来罚我。"杜蒉洗干净手，然后高高举起酒杯。

平公对侍从说："如果我死了，千万不要丢弃这酒杯啊。"

直到今天，（人们）敬完酒后，都要高举酒杯，叫作"杜举"。

解析

《杜蒉扬觯》讲的是晋国大夫知悼子死了，晋平公却饮酒作乐。杜蒉认为这样做是违礼的。但他只是一名屠夫，地位卑微，不便犯颜直斥平公的不是，于是他采用间接批评他人的方式对平公进行讽谏。晋平公醒悟，接受了杜蒉的劝谏。

文章三布疑阵，又以三次对答渐渐解疑，而未道破，旁敲侧击，句句是在说旁人，句句却是针对晋平公，促使平公自悔，顿地开悟，成就一段传世佳话。

清人林云铭点评杜蒉之举：似戏场上锣鼓俱停，演出一出哑口关目，只见东望西走，叉手曲腰，半晌不知何事。及平公唤回杜蒉，听其说出行罚受罚之故，亦自认罚，且嘱永著为戒，又似戏场上一时锣鼓大作，生旦相向……令人半晌积闷，当下叫绝。

少　仪（节选）
《礼记》

闻始见君子者①，辞曰："某固愿闻名于将命者②。"不得阶主③。敌者，曰："某固愿见④。"罕见，曰："闻名。"亟见，曰："朝夕。"瞽⑤曰："闻名⑥。"适有丧者曰："比。"童子曰"听事"。适公卿之丧，则曰："听役于司徒。"

①闻：闻的主语是本篇作者。君子：指卿大夫和品德高尚的人。

②某：求见者之名。闻名：通达姓名。将命者：出入传话的人，犹今日之传达。

③阶主：谓直接指斥主人。

④某固愿见："愿见"的宾语是主人，此处省略。

⑤瞽：瞽指盲人。

⑥闻名：因是盲人，所以只说"闻名"不说"见"。

白话文解读

听说古人相见之礼，如果是第一次拜访君子，就要说："某某很希望把贱名报告给您的传达（以求见）。"而不可指名道姓地求见主人。如果是拜访与自己地位相等的人，就说："某某特地前来拜会。"平时难得见面的，就说："某某很希望将贱名通报给您的传达（以求见）。"常常见面的，就说："某某常常麻烦您的传达通报。"盲人求见，其所致辞与平时难得见面者相同。到有丧事的人家去求见，应说："特来与您的传达一起效劳。"未成年的孩子则说："特来听候使唤。"到有丧事的公卿之家去求见，应说："特来听候府上总管的差遣。"

尊长于己逾等①，不敢问其年。燕见，不将命②。遇于道，见，则面，不请所之③。丧俟事④，不特吊。侍坐弗使，不执琴瑟。不画地，手无容，不翣也。寝，则坐而将命⑤。侍射，则约矢⑥。侍投，则拥矢⑦。胜则洗而以请⑧。客亦如之。不角⑨。不擢马⑩。

①逾等：谓爵位或辈分高于自己。

②燕见：在主人闲暇时去拜见。燕，通"宴"，闲也。

③"遇于道"三句：有尽量避免麻烦尊长之意。

④事：指朝夕哭时，也就是指既殡之后。

⑤寝，则坐而将命：孔颖达说："长者寝卧，立则恐临尊者。"

⑥约矢：把要射的四支箭一下子都拿在手里。射箭比赛的常规是两人一组，叫作一耦，分称上射、下射。每人要射四支箭，共八支，都插在承箭之器上。一般情况下，两人在取箭时要互相谦让，你取一支，我取一支，轮流取完。现在是卑幼者与尊长为一耦，卑幼者因此不敢采取轮流取箭的做法，而是让尊长先取四支，自己再把余下的四支一下拿到手里。

⑦拥矢：把要投的四支箭一下子都拿在手上。投壶时，宾、主要各投四矢，共八矢。此八矢置于地，宾、主轮番取之以投。若卑者侍投，不敢将矢置于地，要用手抱住。

⑧胜则洗而以请：洗，谓洗杯（爵）斟酒。请，谓敬酒。按照射礼与投壶的比赛规则，负的一方应自己取罚酒之爵而饮。

⑨不角：不使用专用罚杯，而使用一般献酬时所用的爵。

⑩不擢马：不撤去尊长的得胜筹码。按照投壶规则，每取胜一次，得一马（胜算），先得三马者为胜方。如果一方得二马，另一方得一马，则得二马者可撤去另一方之一马而并入己方之二马，凑成三马之数。这叫擢马，也叫"一马从二马"。有尊长参与时则不用此规则。

白话文解读

对于爵位或辈分高于自己的尊长，不应该询问他们的年龄。在尊长闲暇时前去拜见，可以不用传达通报。在路上遇到尊长，如果被尊长看见了，就上前问好，没有被看到就算了。在路上遇到尊长，不要问他到哪里去。去尊长家里吊丧，要等到朝夕哭时，不要独自随便闯进去吊丧。在与尊长交谈时，如果尊长没有发话，就不要拿起琴瑟弹奏，不要在地上画来画去，不要玩弄手指，不要摇动扇子。尊长如果是躺着，卑幼者就应跪着为他传话。在陪侍尊长射箭时，要让尊长先取箭，然后自己再一次性取过四箭。在陪侍尊长投壶时，要把自己要投的四支箭都拿在手里，不可放到地上。在射箭和投壶时，如果是卑幼者获胜，不可像通常那样让尊长吃罚酒，而要洗好杯子，斟好酒，端到他席前请他喝。如果是主人和客人比赛而客人输了，主人也要以这样的礼数对待客人。请尊长吃罚酒，不可使用吃罚酒的专用杯子。投壶时尽管卑幼者占据优势，但也不能按照擢马规则办事。

毋拔来，毋报往[1]。毋渎神，毋循枉，毋测未至。士依于德，游于艺。工依于法，游于说[2]。毋訾[3]衣服成器，毋身质言语。

言语之美，穆穆皇皇。朝廷之美，济济[4]翔翔。祭祀之美，齐齐皇皇[5]。车马之美，匪匪翼翼[6]。鸾和之美，肃肃雍雍[7]。

①"毋拔来"二句：朱熹说："言人见有个好事，火急欢喜要做，这样人不耐久，少间心懒意阑，则速去之矣。"译文从此意。拔、报，皆疾速之义。报，通"赴"。

②说：指理论、道理。

③訾（zǐ）：诋毁，指责。

④济济：端重貌。

⑤皇皇：读为"往往"，谓孝子祭祀，心有所系往。

⑥匪匪：读为"排排"。马行走不止貌。翼翼：整齐貌。

⑦"鸾和"二句：都是车铃。鸾在车衡处，和在车轼处。肃：整饬。雍：和谐。

白话文解读

做任何事情都不能只凭一时冲动，否则也就只有三分钟的热度。不可亵渎神明，不可重蹈覆辙，不可妄测未来。作为士，应当以道德为依归，沉潜于六艺之中。作为工匠，应当以规矩为依归，钻研有关理论。不要诋毁别人的衣服和制成的器皿。对于可疑的传闻只可姑且听之，不可妄加评论。

言语之美，在于语气平和，言简意深；朝廷之美，在于端庄整齐，举动合礼；祭祀之美，在于谨慎诚恳，心系鬼神；车马之美，在于行进整齐；鸾和之美，在于铃声的清脆和谐。

　　宾客主恭，祭祀主敬，丧事主哀，会同主诩①。军旅思险，隐情以虞。

注释 --
　　①会同：古代诸侯朝见天子曰会，诸侯自相聚曰同。诩（xǔ）：夸张。

白话文解读

　　接待宾客，要强调的是外貌之恭。举行祭祀，要强调的是内心之敬。办理丧事，要强调的是内心悲哀。国际交往，要强调的是扬我国威，了解敌方意图。行军作战，要留心险阻之处，不泄露自己的秘密。

　　其未有烛而有后至者，则以在者告。道瞽亦然。凡饮酒，为献主①者，执烛抱燋②，客作而辞，然后以授人。执烛不让，不辞，不歌③。洗盥执食饮者，勿气。有问焉，则辟咡④而对。

注释 --
　　①献主：谓主人。如果主人和宾客尊卑悬殊，主人就命宰夫代为主人以献宾，故曰献主。
　　②燋（jiāo）：尚未点燃之烛（火把）。
　　③"执烛不让"三句：因为已是夜分，礼数较白天简省。
　　④辟咡：交谈时侧着头，以免口气冲着对方，以表示尊重。咡（èr），口旁，口耳之间。

白话文解读

　　如果天色已晚，尚未掌灯，这时又有人来参加集会，主人就要把已经在座的人介绍给后来者。作为盲人的向导时也是这样。饮酒时，主人看到天色已晚，就应该一手执着点燃的火把，一手抱着尚未点燃的火把，以表示自己的热情好客。客人看到这种情况要站起来表示谢意。然后主人把已点燃、未点燃的火把都交给自己的下人。夜晚的宴会，宾主之礼就不十分讲究了：不必过多谦让，不必更相辞谢，不必交替歌诗。为长者倒水洗脚、洗手和拿取吃的喝的，不要让口中之气直冲长者和食品。长者如果有所垂问，幼者要侧着头回答，以免口气冲及长者。

　　国家靡敝，则车不雕几①，甲不组縢②，食器不刻镂，君子不履丝屦，马不常秣。

注释 --
　　①雕几：刻画漆饰成凹凸花纹。
　　②组：一种有花纹的用丝织成的阔带子。縢（téng）：封缄，这里指缘饰。

白话文解读

国家财政紧张时，车子就不要雕刻花纹，铠甲也不用组带缘饰，食器也不用刻镂，有身份的人也不要穿丝鞋，马也不经常喂以谷物。

解析

孔颖达认为《少仪》是"一篇杂明细小威仪"之作。朱熹则说："此篇言少者事长之节，注疏以为细小威仪，非也。"孙希旦则折中地评论道："此篇固多少者事长之事，而亦有不专为少时者，但其礼皆于少时学之。名篇之义，朱子之说为确，而郑、孔所谓'细小威仪'者，其义，亦未尝不兼之焉。"

这篇文章着重解说了古代国君出访、陪侍长辈或尊者、妇女行吉礼以及日常生活等方方面面的礼仪，大到祭祀礼节、进谏注意事项，小到端茶敬酒、打扫卫生，事无巨细，样样俱全。接待宾客，要强调外貌之恭；举行祭祀，要强调内心之敬；办理丧事，要强调内心悲哀；国际交往，要强调扬我国威；平时生活起居要有礼有节。尤其是与别人交流时要注意礼节，不同场合注意说话的分寸。由此可见，古人都非常讲究礼貌。

"依法治国"固然是我国的国策之一，但放眼我们四周，一些游客在旅游景点随意乱写乱画，一些旅客上下公交车、地铁不排队，一些麻木不仁的人对倒地老人、对需要援助的对象视而不见、避而远之……这些现象告诉我们，在依法治国的同时，还应该"以德治国"。法律是一个国家人人所必须遵守的大规则，道德礼仪则是每个人心中的小规则。一个人只有懂礼貌，才能赢得别人的尊重。一个社会只有人人都懂礼貌，这个社会才会更加和谐。

曾子避席

仲尼居，曾子侍。子曰："先王有至德要道，以顺天下，民用和睦，上下无怨。汝知之乎？"曾子避席曰："参不敏，何足以知之？"

白话文解读

曾子是孔子的弟子，有一次他在孔子身边侍坐，孔子就问他："以前的圣贤之王有至高无上的德行、精要奥妙的理论用来教导天下之人，人们就能和睦相处，君王和臣下之间也没有不满，你知道它们是什么吗？"曾子听了，明白老师孔子是要指点他最深刻的道理，于是立刻从坐着的席子上站起来，走到席子外面，恭恭敬敬地说道："我不够聪明，哪里能知道？还请老师把这些道理教给我。"

解析

"曾子避席"出自《孝经》，是一个非常著名的故事。在这里，"避席"是一种非常礼貌的行为。当曾子听到老师要向他传授知识时，他站起身来，走到席子外向老师请教，是为了表示对老师的尊重。曾子懂礼貌的故事被后人传诵，很多人都向他学习。

程门立雪

杨时字中立，南剑将乐人。幼颖异，能属文，稍长，潜心经史。熙宁九年，中进士第。时河南程颢与弟颐讲孔、孟绝学于熙、丰之际，河、洛之士翕然师之。时调官不赴，以师礼见颢于颍昌，相得甚欢。其归也，颢目送之曰："吾道南矣。"四年而颢死，时闻之，设位哭寝门，而以书赴告同学者。至是，又见程颐于洛，时盖年四十矣。一日见颐，颐偶瞑坐，时与游酢侍立不去，颐既觉，则门外雪深一尺矣。……德望日重，四方之士不远千里从之游，号曰龟山先生。

杨时，字中立，剑南将乐人。小时候非常聪颖，善于写文章。年纪稍大一点后，专心研究经史书籍。宋熙宁九年进士及第。当时，河南人程颢和弟弟程颐在熙宁、元丰年间讲授孔子和孟子的学术精要（即理学），河南洛阳这些地方的学者都去拜他们为师，杨时被调去做官他都没有赴任，而是在颍昌以拜师礼节拜程颢为师，师生相处得很好。杨时回家的时候，程颢目送他说："我的学说将向南方传播了。"又过了四年，程颢去世，杨时听说以后，在卧室设了程颢的灵位哭祭，又用书信讣告其他同学。程颢过世以后，杨时又到洛阳拜见程颐，这时杨时大概四十岁。一天杨时拜见程颐，程颐正在打瞌睡，杨时与同学游酢恭敬地站在一旁没有离开，等到程颐睡醒来时，门外的雪已经一尺多深。……杨时的德行和威望一日比一日高，四方之人士不远千里与之相交游，其号为"龟山先生"。

解析

"程门立雪"由此而来，成为千古佳话，流传至今。

这个故事出自《宋史·杨时传》。它告诉我们，一个人只有保持虚心的态度去对待学习，才能不断进步。在虚心的同时，还要懂礼貌。在学习中，遇到不懂的问题，我们应该去请教他人。人只有虚心才会不断进步，只有懂礼貌，才会得到他人的肯定。

张良拜师

张良少游邳邑，遇老人堕履桥下，谓良曰："孺子，下为我取履。"良欲不从，悯其老，乃为之取。老人以足受之，曰："孺子可教。后五日平明，与我期于此。"良依期往，老人先在。怒曰："与长者期，后何也?"复约五日，良往，老人又先在。怒，再约五日。良半夜而往，老人乃喜，授良书，曰："读此可为帝者师。异日过济北谷城，见黄石即我也。"旦视之，乃《太公兵法》。良喜，习读不辍。良佐高祖破秦，既定天下，封留侯。

白话文解读

张良常常出游外地，访贤求师。有一天，他散步走到一座桥旁边，看见桥头上坐着一位胡子全白的老人。

老人一条腿搭在另一条腿上，脚尖勾着鞋不停地晃动。张良觉得好笑，就多看了他几眼。老人见张良在关注自己，忽然一抬脚，把鞋甩到桥下面去了。老人对张良说："喂！你去把我的鞋捡上来!"张良听了，心里很不高兴，可再一看，老人胡子、头发都白了，又挺可怜他，就强忍住性子，把鞋捡了上来，送到老人跟前。谁知那老人又把脚往前一伸说："你给我穿上。"张良还是忍住性子，便蹲下来，替老人穿上了鞋。老人笑了笑，慢慢地站起来，什么也没说，大摇大摆地走了。张良望着老人背影，觉得很奇怪。他刚转身要走，老人又回来了，对他说："你这个小家伙不错，我愿意教你学点儿本事。五天以后的早晨，你在这儿等我。"张良连忙答应了。第五天早晨，他刚上桥，就见老人已经站在桥上了。老人生气地说："你怎么让我老头子等你呀？这样可不行。要想学，再等五天吧！"又过了五天，张良一听鸡叫，就起身往桥上去，可老人又先到了。张良只好认错。老人瞪了他一眼说："你要真想学，过五天再来。"说罢，拂袖而去。盼到第四天，到了晚上，张良连觉也没睡，半夜就到桥上等着。过了一会儿，老人一步一步地走过来了。张良迎上前去，见了礼。

老人高兴地说："年轻人要学本事，就得这样啊！"老人从怀中取出一卷兵书，递给张良说："你好好读这部书，将来准能成就大事业。"张良接过书，道了谢，还想再问些什么，但老人转过身，头也不回地快步走远了。从此，张良专心致志地钻研这部兵书，最终成了一位有名的军事家。

解析

张良尊敬老人，虚心求教，态度诚恳，坚持不懈，最终赢得了高人的青睐，成功拜师。所以说，是否懂礼，是否心诚，是老人选择弟子的首要条件。衡量一个人是否是可塑之才，懂"礼"是先决条件。

千里送鹅毛

将鹅贡唐朝，山高路远遥。沔阳湖失去，倒地哭号啕。上复圣天子，可饶缅伯高。礼轻情意重，千里送鹅毛。

白话文解读

我奉使从纥带一只天鹅进献皇上，可谁料它在沔阳湖飞走了。飞走前我于情急中拽下了几根雪白的鹅毛，我为此难过万分。今天我上朝回复天子，恳请天子饶恕我缅伯高。千里跋涉只为送一根鹅毛，礼物虽轻，但情深义重。

解析

缅伯高是一个对君主绝对忠诚并怀有高度责任心和使命感的人。他坚忍不拔，克艰度险，最终不辱使命，出色地完成上级交办的任务。读完这个故事，我们不禁佩服缅伯高的机智与才华，更赞赏开明、重视情义的唐太宗。在古代社会，身为皇帝，能够意识到情义无价，不以奇珍异宝为衡量臣民忠诚的唯一标准，难能可贵！

孔融让梨

孔融，字文举，鲁国人，孔子二十世孙也。高祖父尚，钜鹿太守。父宙，泰山都尉。融别传曰：融四岁，与兄食梨，辄引小者。人问其故。答曰："小儿，法当取小者。"

白话文解读

孔融，字文举，东汉时期山东曲阜人，是孔子的第二十世孙，他的祖父孔尚，是钜鹿太守。他的父亲孔宙做过泰山都尉。《孔融别传》记载：孔融四岁时，一天，他和他的兄弟们一起吃梨，孔融挑了一个最小的，其余的按长幼顺序分给兄弟。大人问他这么做的原因，他说："我年纪小，应该吃小的梨。"

解析

这个故事告诉人们，凡事应该懂得谦让，这些都是年幼时就应该知道的道德常识。古人对道德非常重视。道德常识是启蒙教育的基本内容，融于日常生活、学习的方方面面。

第二节　道　义

篆书　　　　隶书　　　　草书　　　　行书　　　　楷书

"义"是"仪"的本字。《说文解字》释义：义，我军威武的出征仪式。《辞海》曰："义"——事之宜，正义，指思想行为符合一定的标准；又谓利人、情谊、恩谊；表示某一社会的伦理规范。"义"，原指扬善惩恶的天意，后引申为公认的道德、真理。

《墨子·非命上》指出，国君应实行"义政"，所作所为要符合"道义"，这样国家才能安定。《道德经·道经》第十四章指出，持守"道"，才能治理好万事万物，才能统御好家国天下。孟子曰："身不行道，不行于妻子；使人不以道，不能行于妻子。"意思是自己不按道行动，道在他妻子儿女身上也实行不了；不按道去使唤人，那就连妻子儿女也使唤不了。

古人讲求道义，现代社会同样需要道义。现代军事战略专家戴旭提出，一个合格的军人应该具有五种境界：知识、智慧、责任、意志和道义。道义之交是纯洁的。利益之交有时虽然给人以小恩惠，但其目的总是以利为主。

道德是一定社会用善恶基本范畴调整人与人之间关系的原则和规范的总和，以及个体在这一基础上所形成的观念意识和行为品质等；正义即公正的、有利于人民的道理。作为社会中的每一个人，都应该担负道义的责任。

原典摘编

　　有子曰："信近于义，言可复也；恭近于礼，远耻辱也；因不失其亲，亦可宗也。"

——《论语·学而》

　　有子说："讲信用要合乎于义，（符合义的）话才能实行；恭敬要合乎于礼，这样才能远离耻辱；所依靠的都是可靠的人，也就值得尊敬了。"

义是中国人特有的一种感情，既包括亲情，也包括君臣上下之情，更是一种发自内心、出于正义感的感情。我和你素不相识，可能只是一顿饭的交情，但我答应了你一件事，那我就必须做到。这不是忠，也不是孝，只是一种感情。为了某种正义，为了完成某些人无法完成的心愿，为了保护弱小者的权益，我们即便是素不相识，我也可以去做，也可去死。这种感情，就是"义"。所谓的民族大义、君臣大义都是从这里来的。义是"仁"的一种延伸，是"勇"的具体体现。为正义、为仁爱、为受苦受难的人，我们可以抛头颅、洒热血，只为了一个"义"字。义之所在，理所当然。中华民族之所以能绵延几千年，全靠的是忠义之士不顾身家性命，用自己的生命换来国家今天的繁荣昌盛。所以，义士，在中国是非常受人尊敬的，他们具有美好的品德，具有视死如归的勇气，一诺千金，侠肝义胆。所以，儒者之信，就接近于义士之信，是一种道德上的承诺，答应了，就必须做到。

　　子曰："非其鬼而祭之，谄也。见义不为，无勇也。"

——《论语·为政》

　　孔子说："不是你应该祭的鬼神，你却去祭它，这就是谄媚。见到应该挺身而出的事情，却袖手旁观，就是怯懦。"

历史上有些人见义不为，对许多事情，明明知道应该做，多半推说没有办法而不敢做。有些人做人也是这样，"看得破，忍不过。想得到，做不来"。譬如抽香烟，明明知道这个嗜好的一切害处，知道不应该抽，这是"看得破"。但口袋里总是放一包香烟——"忍不过"。对于许多事，理论上都明白，做起来却犯难，这就是"想得到，做不来"。对个人的前途这样，对天下事也是这样，这是一个重大问题，要想办法解决。为政就是一种牺牲，要智、仁、勇齐备，看到该做的就去做。尽忠义，要见义勇为。这句话加在《为政》篇的最后，这是为政的基本精神——要有见义而为的大勇；要有人溺己溺、人饥己饥的胸怀。

子曰："君子喻于义，小人喻于利。"　　　　　——《论语·里仁》

孔子说："君子明白大义，小人只知道小利。"

君子遵循天理，心中喜欢道义，做学问又钻研道义，所以待人处事都以仁义为标准，合乎仁义的事情就做，不合乎的坚决不做，即使偶然做事好像是在追求利益，也不过是为了成全仁义而做的权宜之事。君子的用心，只在义上，其他都不放在心上。小人随顺自己的欲望，心中有图利的想法，也有谋求不当利益的技巧，所以待人处事都以利益作为标准，有利益的事就做，没有利益绝对不做，利于自己的才做，利于别人的不做。虽然有时候也做出行侠仗义的样子，也不过是借此来获得更大的利益而已。所以小人的用心，只在利上，其他都不放在心上。君子自成君子，若君子为政，天下则平和安定；小人自甘堕落为小人，小人当道，则天下必然大乱，不可不提防。

子曰："饭疏食，饮水，曲肱而枕之，乐亦在其中矣。不义而富且贵，于我如浮云。"　　　　　——《论语·述而》

孔子说："吃粗粮，喝凉水，弯着胳膊当枕头，乐趣也就在这中间了。用不正当的手段得来的富贵，对于我来讲就像是天上的浮云一样。"

只追求吃穿享受的一个直接后果就是很容易导致不义的行为。为了满足自己的私欲，必然要与他人争夺有限的物质资源，必然要想方设法大行不义之事。但是通过不义的行为而获得的富贵是很不稳定的。你怎么得到的，最终也会怎么失去。

子曰："群居终日，言不及义，好行小慧，难矣哉！"　　　　　——《论语·卫灵公》

孔子说："整天聚在一块，说的都达不到义的标准，专好卖弄小聪明，这种人真难教导啊！"

群居交谈，应以义理为内涵，言谈都要涉及道义，实践大智慧。人类群居，切磋以善道，渐渐便会养成敦厚质朴的习性，道德修养亦会一日新过一日，慢慢会达到至诚、至善的境地。然而，言不及义，好行小慧，则会养成投机取巧、行险侥幸的习性，道德修养也就日趋薄弱，也便很难有所成就了。

> 子曰："君子义以为质，礼以行之，孙以出之，信以成之。君子哉！"
>
> ——《论语·卫灵公》

孔子说："君子以义作为根本，用礼加以推行，用谦逊的语言来表达，用忠诚的态度来完成。这就是君子啊！"

如果以守法随俗为根本，再加之合于礼数的行为，行止有节；同时用发自内心的真诚态度去对待别人，做事情有信用重承诺，这就是标准的正人君子。

> "敢问夫子恶乎长？"曰："我知言，我善养吾浩然之气。""敢问何谓浩然之气？"曰："难言也。其为气也，至大至刚，以直养而无害，则塞于天地之间。其为气也，配义与道；无是，馁也。"
>
> ——《孟子·公孙丑上》

"大胆请问，先生您的长处是什么？"孟子说："我擅长研究别人的言辞，并擅长培养自己的浩然之气。"公孙丑问："大胆请问您，什么叫作浩然之气呢？"孟子说："这很难说清楚。它作为一种气，是极为伟大极为刚强的，如果用正确的方法去培养而不是去伤害它，那么它将充满于天地宇宙之间。同时，它作为一种气，需要和正义、道德相配合；否则的话，它就没有力量。"

孟子认为，君子的人格精神和人格力量，只能来源于自身的正气，也就是"浩然之气"，它要靠自身的正直去培养。只能把它与"义""道"结合起来，在长期的修养中获得，而不能一蹴而就。它是一种至极而正直之气，唯正直才能刚大，而能识微知著，合于神明，通达于天地，所以很难说清楚它。要培养这种气，就要培养自身的道德与正义，不要做不好的事来损害它，这样久而久之，则可使其滋蔓充满于天地之间，布施德教没有穷尽。

> 孟子曰："君仁，莫不仁；君义，莫不义。" ——《孟子·离娄下》

孟子说："君主讲求仁爱，人民没有不仁爱的；君主讲求道义，人民没有不道义的。"

这就是讲"上行下效"的问题。上梁正，下梁就不会歪；上梁不正，下梁跟着也会歪，这是一个很简单的道理。所以，作为领导人，也要像教师一样，应为人师表，谨言慎行，给下面的人做一个好的榜样、表率。

孟子曰："非礼之礼，非义之义，大人弗为。"

——《孟子·离娄下》

孟子说："不合礼仪的礼，不合道义的义，品德高尚的君子是不肯做的。"

人的行为方式，受社会行为规范的约束。也就是说，人类的一切行为方式，首先要符合社会行为规范，才谈得上是最佳行为方式。

孟子曰："人之所以异于禽兽者几希，庶民去之，君子存之。舜明于庶物，察于人伦，由仁义行，非行仁义也。"
——《孟子·离娄下》

孟子说："人类不同于禽兽的地方是很少的（仅仅在于人懂道理），可是一般人还抛弃这些区别，只有高尚的君子能保留它。舜能够明了各种事物的道理，体察各种人物的心情，是因为他按照仁义去做，而不是把仁义作为工具来使用。"

人类之所以区别于禽兽，是因为人类有情感，明晓事理，讲究仁义。但当今有些人为了一己私利，不择手段，沦为金钱的奴隶，丧失了人的本性，其与禽兽并无两样。

正其义不谋其利，明其道不计其功。　　——《汉书·董仲舒传》

做任何事情都是为了匡扶正义而不是只为了个人利益，都是为了明辨真理而不是只为了一己功名。

有些人为了自己的利益我们无可非议，可是为了自己的利益而不顾他人之利益，那就要受到社会的批判。

在当今社会，我们不能只是为了满足自己的欲望而不择手段，而应该时刻警惕自己的行为是否违背社会道德。

爱子，教之以义方，弗纳于邪。　　——《左传·隐公三年》

爱孩子，就应该用道义去教导他，不要让他走上邪路。

这是春秋时期卫国大夫石碏劝谏卫庄公的话，但卫庄公不听劝谏，他的儿子州吁终于招致杀身之祸。溺爱，会使子女走上邪路。

子曰："君子之于天下也，无适也，无莫也，义之与比。"

——《论语·里仁》

孔子说："君子面对天下的人和事时，没有厚薄亲疏，只是按照义去做。"
有高尚人格的君子为人公正、友善，处世严肃灵活，不会厚此薄彼。

子谓子产有君子之道四焉："其行己也恭，其事上也敬，其养民也惠，其使民也义。"

——《论语·公冶长》

孔子评论子产时说他有君子的四种道德："他自己行为庄重，他侍奉君主恭敬，他养护百姓有恩惠，他管理百姓有法度。"
以上四德既是君子之道，也是为政之道：既不低声下气，低眉顺眼，也不妄自尊大，盲目自信。归根结底是做人做事的学问！

樊迟问知，子曰："务民之义，敬鬼神而远之，可谓知矣。"问仁，曰："仁者先难而后获，可谓仁矣。"

——《论语·雍也》

樊迟问孔子怎样才算是智，孔子说："专心致力于（提倡）老百姓应该遵从的道德，尊敬鬼神但要远离它，就可以说是智了。"樊迟又问怎样才算仁，孔子说："仁人对难做的事，做在人前面，对获利的事，他得在人后，这可以说是仁了。"
孔子对鬼神持存疑态度，认为"义"的根据不在神而在于人民的生活，"智"就是抓人民的道德教化。而"仁"就是吃苦在前，享受在后。

子曰："德之不修，学之不讲，闻义不能徙，不善不能改，是吾忧也。"

——《论语·述而》

孔子说："（许多人）对品德不去修养，学问不去讲求，听到义不能去做，有了不善的事不能改正，这些都是我所忧虑的事情。"
一个民族，一个国家，不怕亡国，最怕是把自己文化的根挖断了，就会陷于万劫不复。我们看古今中外的历史，一旦国家文化消亡了，即使形态存在，但已动摇了根本，难以翻身，这是一定的规律。

子张问崇德辨惑。子曰："主忠信，徙义，崇德也。爱之欲其生，恶之欲其死，既欲其生，又欲其死，是惑也。'诚不以富，亦祇以异。'"

——《论语·颜渊》

子张问怎样提高道德修养水平和辨别是非的能力。孔子说："以忠信为主，使自己的思想合于义，这就可以提高道德修养水平。爱一个人，就希望他活下去，厌恶起来就恨不得他立刻死去，既要他活，又要他死，这就是迷惑。（正如《诗》所说的：）'这样对自己实在是及有益处，也是能使人感到奇怪罢了。'"

孔子教育子张如何崇德、辨惑。孔子认为要提高道德修养水平，要以忠信为主课。"忠"是指待人忠诚，对工作尽职尽责，尽心尽力。"信"指为人诚实无欺，言行一致。但忠信必须以义为准绳。不合义的"忠"是愚忠，不合义的"信"是小人之信。

"崇德"与"辨惑"有因果关系，只有"崇德"，才能"辨惑"。否则，一切从私利出发，对我有利则爱，对我不利则恨；此时利我则爱，彼时不利我则恨，不管其优劣，不分其是非，一切好恶爱恨全以私利为准则，这不是最大的迷惑吗？

子张问："士何如斯可谓之达矣？"子曰："何哉，尔所谓达者？"子张对曰："在邦必闻，在家必闻。"子曰："是闻也，非达也。夫达也者，质直而好义，察言而观色，虑以下人。在邦必达，在家必达。夫闻也者，色取仁而行违，居之不疑。在邦必闻，在家必闻。"　　——《论语·颜渊》

子张问："士怎样才可以叫作通达？"孔子说："你说的通达是什么意思？"子张答道："在诸侯的国家里必定有名望，在大夫的封地里也必定有名声。"孔子说："这只是虚假的名声，不是通达。所谓达，那是要品质正直，遵从礼义，善于揣摩别人的话语，观察别人的脸色，经常想着谦恭待人。这样的人，就可以在诸侯的国家和大夫的封地里通达。至于有虚假名声的人，只是外表装出仁的样子，而行动上却正是违背了仁，自己还以仁人自居不惭愧。但他无论在诸侯的国家里或在大夫的封地里都必定会有坏名声。"

"质直而好义，察言而观色，虑以下人。""质直而好义"是达的前提和内在要求，"察言而观色，虑以下人"是达的外现，两者理应相辅相成。内心要充实、健全，为人处世，应当与人为善。

"色取仁而行违，居之不疑。"口头上仁义道德，做起事来寡廉鲜耻，这种人却毫不怀疑自己的仁义道德！这种人也能成名，只不过不知是好名还是恶名。

"闻"图名图表，往往被人识破，臭名远扬；"达"求真求实，往往让人敬佩，铭记心中。就普通人而言，"闻而不达"或"达而不闻"都不是最佳的选项，最佳选项应该是"闻达兼修"，即货真价实。

> 子路曰："君子尚勇乎？"子曰："君子义以为上。君子有勇而无义为乱，小人有勇而无义为盗。"
>
> ——《论语·阳货》

子路说："君子崇尚勇敢吗？"孔子答道："君子以义作为最高尚的品德。君子有勇无义就会作乱，小人有勇无义就会偷盗。"

勇而无义，祸之由此起！无论任何人，心中无义，徒增事端。

鲁仲连义不帝秦
《战国策·赵策》

秦围赵之邯郸。魏安釐王使将军晋鄙救赵，畏秦，止于荡阴不进。

魏王使客将军辛垣衍间入邯郸，因平原君谓赵王曰："秦所以急围赵者，前与齐闵王争强为帝，已而复归帝，以齐故；今齐闵王已益弱，方今唯秦雄天下，此非必贪邯郸，其意欲求为帝。赵诚发使尊秦昭王为帝，秦必喜，罢兵去。"平原君犹豫未有所决。

此时鲁仲连适游赵，会秦围赵，闻魏将欲令赵尊秦为帝，乃见平原君曰："事将奈何矣？"平原君曰："胜也何敢言事！百万之众折于外，今又内围邯郸而不去。魏王使客将军辛垣衍令赵帝秦，今其人在是，胜也何敢言事？"鲁连曰："始吾以君为天下之贤公子也，吾乃今然后知君非天下之贤公子也。梁客辛垣衍安在？吾请为君责而归之！"平原君曰："胜请为召而见之于先生。"

平原君遂见辛垣衍曰："东国有鲁连先生，其人在此，胜请为绍介，而见之于先生。"辛垣衍曰："吾闻鲁连先生，齐国之高士也。衍，人臣也，使事有职，吾不愿见鲁连先生也。"平原君曰："胜已泄之矣。"辛垣衍许诺。

鲁连见辛垣衍而无言。辛垣衍曰："吾视居此围城之中者，皆有求于平原君者也。今吾视先生之玉貌，非有求于平原君者，曷①为久居此围城中而不去也？"鲁连曰："世以鲍焦无从容而死者，皆非也。今众人不知，则为一身。彼秦者，弃礼义而上首功之国也，权使其士，虏使其民，彼则肆然而为帝，过而遂正于天下，则连有赴东海而死矣，吾不忍为之民也！所为见将军者，欲以助赵也。"辛垣衍曰："先生助之奈何？"鲁连曰："吾将使梁及燕助之，齐楚则固助之矣。"辛垣衍曰："燕则吾请以从矣；若乃梁，则吾梁人也，先生恶能使梁助之耶②？"鲁连曰："梁未睹秦称帝之害故也；使梁睹秦称帝之害，则必助赵矣。"辛垣衍曰："秦称帝之害将奈何？"鲁仲连曰："昔齐威王尝为仁义矣，率天下诸侯而朝周。周贫且微，诸侯莫朝，而齐独朝之。居岁余，周烈王崩，诸侯皆吊，齐后往。周怒，赴于齐曰：'天崩地坼，天子下席，东藩之臣田婴齐后至，则斫之！'威王勃然怒曰：'叱嗟！而母，婢也！③'卒为天下笑。故生则朝周，死则叱之，诚不忍其求也。彼天子固然，其无足怪。"

辛垣衍曰："先生独未见夫仆乎？十人而从一人者，宁力不胜、智不若耶？畏之也。"鲁仲连曰："然梁之比于秦，若仆邪？"辛垣衍曰："然。"鲁仲连曰："然则吾将使秦王烹醢④梁王！"辛垣衍怏然不悦，曰："嘻！亦太甚矣，先生之言也！先生又恶能使秦王烹醢梁王？"鲁仲连曰："固也！待吾言之。昔者，鬼侯、鄂侯、文王，纣之三公也。鬼侯有子而好，故入之于纣，纣以为恶，醢鬼侯；鄂侯争之急，辨之疾，故脯鄂侯；文王闻之，喟然而叹，故拘之于牖里之库百日，而欲令之死。曷为与人俱称帝王，卒就脯醢之地也？"

"齐闵王将之鲁，夷维子执策而从，谓鲁人曰：'子将何以待吾君？'鲁人曰：'吾将以十太牢待子之君。'夷维子曰：'子安取礼而来待吾君？彼吾君者，天子也。天子巡狩，诸侯辟舍，纳筦键，摄衽抱几，视膳于堂下，天子已食，而听退朝也。'鲁人投其钥，不果纳，不得入于鲁。将之薛，假涂于邹。当是时，邹君死，闵王欲入吊。夷维子谓邹之孤曰：'天子吊，主人必将倍殡柩，设北面于南方，然后天子南面吊也。'邹之群臣曰：'必若此，吾将伏剑而死。'故不敢入于邹。邹、鲁之臣，生则不得事养，死则不得饭含⑤，然且欲行天子之礼于邹、鲁之臣，不果纳。今秦万乘之国，梁亦万乘之国，交有称王之名。睹其一战而胜，欲从而帝之，是使三晋⑥之大臣，不如邹、鲁之仆妾也。

"且秦无已而帝，则且变易诸侯之大臣，彼将夺其所谓不肖，而予其所谓贤，夺其所憎，而与其所爱；彼又将使其子女谗妾⑦，为诸侯妃姬，处梁之宫，梁王安得晏然而已乎？而将军又何以得故宠乎？"

于是，辛垣衍起，再拜谢曰："始以先生为庸人，吾乃今日而知先生为天下之士也！吾请去，不敢复言帝秦！"秦将闻之，为却⑧军五十里。适会魏公子无忌夺晋鄙军以救赵击秦，秦军引而去。

于是平原君欲封鲁仲连。鲁仲连辞让者三，终不肯受。平原君乃置酒，酒酣，起，前，以千金为鲁连寿⑨。鲁连笑曰："所贵于天下之士者，为人排患、释难、解纷乱而无所取也。即有所取者，是商贾之人也。仲连不忍为也。"遂辞平原君而去，终身不复见。

注释 ---

①曷：什么。

②若乃：至于。恶：怎么。

③叱嗟：怒斥声。而：你的。

④醢（hǎi）：剁成肉酱。

⑤饭含：人死后，把饭放死人口中称"饭"，把珠玉放死人口中称"含"。

⑥三晋：晋国原是春秋强国，后被韩、赵、魏三家瓜分，后因此称韩、赵、魏为三晋。

⑦谗妾：嫉贤妒能的妇人。

⑧却：撤退。

⑨为鲁连寿：祝鲁仲连长寿。

白话文解读

赵孝成王时，秦王派白起在长平前后击溃赵国四十万军队，于是，秦国的军队向东挺进，围困了邯郸。赵王很害怕，各国的救兵也没有谁敢攻击秦军。魏安釐王派出将军晋鄙营救赵国，因为畏惧秦军，驻扎在汤阴不敢前进。

魏王派客籍将军辛垣衍从隐蔽的小路进入邯郸，通过平原君的关系见赵王后游说赵王："秦军之所以急于围攻赵国，是因为以前和齐闵王争强称帝，不久又取消了帝号；如今齐国更加削弱，当今只有秦国称雄天下，这次围城并不是贪图邯郸，他的意图是要重新称帝。赵国果真能派遣使臣尊奉秦昭王为帝，秦王一定很高兴，就会撤兵离去。"平原君犹豫不能决断。

这时，鲁仲连客游赵国，正赶上秦军围攻邯郸，听说魏国想要让赵国尊奉秦昭王称帝，就去进见平原君说："这件事怎么办？"平原君说："我哪里还敢谈论这样的大事！前不久，在外损失了四十万大军，而今，秦军打进来围困邯郸，又不能使之退兵。魏王派客籍将军辛垣衍让赵国尊奉秦昭王称帝，眼下，那个人还在这儿，我哪里还敢谈论这样的大事？"鲁仲连说："以前我认为您是天下贤明的公子，今天我才知道您并不是。魏国的客人辛垣衍在哪儿？我替您去责问他并且让他回去。"平原君说："我愿为您介绍，让他跟先生相见。"

于是平原君见辛垣衍说："齐国有位鲁仲连先生，如今他就在这儿，我愿替您介绍，跟将军认识认识。"辛垣衍说："我听说过鲁仲连先生，（他）是齐国志行高尚的人。我是魏王的臣子，奉命出使身负职责，我不愿见鲁仲连先生。"平原君说："我已经把您在这儿的消息透露了。"辛垣衍只好应允了。

鲁仲连见到辛垣衍却一言不发。辛垣衍说："我看留在这座围城中的，都是有求于平原君的人；而今，我看先生的尊容，不像是有求于平原君的人，为什么还长久地留在这围城之中而不离去呢?"鲁仲连说:"世人认为鲍焦没有博大的胸怀而死去,这种看法都错了。一般人不了解他耻居浊世的心意,认为他是为个人打算。而秦国是个抛弃礼仪而只崇尚战功的国家,用权诈之术对待士卒,像对待奴隶一样役使百姓。如果让它恣意称帝,进而统治天下,那么,我只有跳进东海去死,我不忍心做它的顺民!我所以来见将军,是打算帮助赵国啊。"辛垣衍说:"先生怎么帮助赵国呢?"鲁仲连说:"我要请魏国和燕国帮助它,齐、楚两国本来就帮助赵国了。"辛垣衍说:"燕国嘛,我相信会听从您的;至于魏国,我就是魏国人,先生怎么能让魏国帮助赵国呢?"鲁仲连说:"魏国是因为没看清秦国称帝的祸患,才没帮助赵国。假如魏国看清秦国称帝的祸患后,就一定会帮助赵国。"辛垣衍说:"秦国称帝后会有什么祸患呢?"鲁仲连说:"从前,齐威王奉行仁义,率领天下诸侯而朝拜周天子。当时,周天子贫困又弱小,诸侯们没有谁去朝拜,唯有齐国去朝拜。过了一年多,周烈王逝世,齐王奔丧去迟了,新继位的周显王很生气,派人到齐国报丧说:'天子逝世,如同天崩地裂般的大事,新继位的天子也得离开宫殿居丧守孝,睡在草席上。东方属国之臣田婴齐居然敢迟到,当斩。'齐威王听了,勃然大怒,骂道:'呸!您母亲原先还是个婢女呢!'最终被天下传为笑柄。齐威王之所以在周天子活着的时候去朝见,死了就破口大骂新天子,实在是忍受不了新天子的苛求啊。那些做天子的本来就是这个样子,也没什么值得奇怪的。"

辛垣衍说:"先生难道没见过奴仆吗?十个奴仆侍奉一个主人,难道是力气赶不上、才智比不上他吗?是害怕他啊。"鲁仲连说:"唉!魏王和秦王相比,魏王像仆人吗?"辛垣衍说:"是。"鲁仲连说:"那么,我就让秦王烹煮魏王剁成肉酱?"辛垣衍很不高兴,不服气地说:"哼哼,先生的话,也太过分了!先生又怎么能让秦王烹了魏王剁成肉酱呢?"鲁仲连说:"当然能够,我说给您听。从前,九侯、鄂侯、文王是殷纣的三个诸侯。九侯有个女儿长得娇美,把她献给殷纣。殷纣认为她长得丑陋,把九侯剁成肉酱。鄂侯刚直诤谏,激烈辩白,纣王又把鄂侯杀死做成肉干。文王听到这件事,只是长长地叹息。殷纣又把他囚禁在牖里监牢内一百天,想要他死。为什么和人家同样称王,最终落到被剁成肉酱、做成肉干的地步呢?齐闵王前往鲁国,夷维子替他赶着车子做随员。他对鲁国官员们说:'你们准备怎样接待我们国君?'鲁国官员们说:'我们打算用十太牢的礼仪接待您的国君。'夷维子说:'你们这是按照哪来的礼仪接待我们国君?我那国君,是天子啊。天子到各国巡察,诸侯理应迁出正宫,移居别处,交出钥匙,撩起衣襟,安排几桌,站在堂下伺候天子用膳,天子吃完后,才可以退回朝堂听政理事。'鲁国官员听了,就关闭城门并上锁,不让齐闵王入境。齐闵王不能进入鲁国,打算借道邹国前往薛地。正当这时,邹国国君逝世,齐闵王想入境吊丧,夷维子对邹国的嗣君说:'天子吊丧,丧主一定要把灵柩转换方向,在南面安放朝北的灵位,然后天子面向南吊丧。'邹国大臣们说:'一定要这样,我们宁愿用剑自杀。'所以齐闵王不敢进入邹国。邹、鲁两国的臣子，国君生前不能够好好地侍奉，国君死后又不能周备地助成丧仪，然而想要在邹、鲁行天子之礼，邹、鲁的臣子们终于拒绝齐闵王入境。如今，秦国是拥有万辆战车的国家，魏国也是拥有万辆战车的国家。都是万乘大国，又各有称王的名分，只看它打了一次胜仗，就要顺从地拥护它称帝，这就使得三晋的大臣比不上邹、鲁的奴仆、卑妾了。如果秦国贪心不足，终于称帝，那么，就会更换诸侯的大臣。他将要罢免他认为不肖的，换上他认为贤能的人，罢免他憎恶的，换上他所喜爱的人。还要让他的儿女和搬弄是非的姬妾嫁给诸侯做妃姬，住在魏国的宫廷里，魏王怎么能够安安心心地生活呢？而将军您又怎么能够得到原先的宠信呢？"

于是，辛垣衍站起来，向鲁仲连连拜两次谢罪说："当初（我）认为先生是个普通的人，我今天才知道先生是天下杰出的高士。我将离开赵国，再不敢谈秦王称帝的事了。"秦军主将听到这个消息，为此把军队后撤了五十里。恰好魏公子无忌夺得了晋鄙的军权率领军队来援救赵国，攻击秦军，秦军也就撤离邯郸回去了。

于是平原君要封赏鲁仲连，鲁仲连再三辞让，最终也不肯接受。平原君就设宴招待他，喝到酒酣耳热时，平原君起身向前，献上千金酬谢鲁仲连。鲁仲连笑着说："杰出之士之所以被天下人崇尚，是因为他们能替人排除祸患、消释灾难、解决纠纷而不取报酬。如果收取酬劳，那就成了生意人的行为，我鲁仲连是不忍心那样做的。"于是辞别平原君走了，终生不再相见。

解析

鲁仲连为人排难解纷且辞千金不取的气概，素来为人所称颂。谢灵运在作品中几次提到鲁仲连，如"仲连却秦军"（《述祖德》）、"鲁连谢千金"（《入东道路诗》）等。李白一生也对鲁仲连推崇备至，赞颂鲁的诗句比比皆是。如"鲁连逃千金，珪组岂可酬"（《赠崔郎中宗之》）、"谈笑三军却，交游士贵疏"（《奔亡道中五首·其三》）、"鲁连卖谈笑，岂是顾千金"（《留别王司马嵩》）等。他还在《古风·其十》中表现出对鲁仲连人格的高度敬仰："齐有倜傥生，鲁连特高妙。明月出海底，一朝开光曜。却秦振英声，后世仰末照。意轻千金赠，顾向平原笑。吾亦澹荡人，拂衣可同调。"不管是谢灵运还是李白，都是才高八斗、不甘人后之辈，他们能够折服于鲁仲连，尤可见鲁仲连义薄云天、无私无畏的品格。

<h2 style="text-align:center">子路结缨而死</h2>

季子①将入，遇子羔②将出，曰："门已闭矣。"季子曰："吾姑至焉。"子羔曰："弗及，不践其难③！"季子曰："食焉，不辟其难。"子羔遂出，子路入。及门，公孙敢

门焉，曰："无入为也。"季子曰："是公孙也，求利焉，而逃其难。由不然，利其禄，必救其患。"有使者出，乃入，曰："大子焉用孔悝？虽杀之，必或继之。"且曰："大子无勇，若燔④台，半，必舍孔叔。"大子闻之，惧，下石乞、盂黡⑤敌子路，以戈击之，断缨⑥。子路曰："君子死，冠不免。"结缨而死。孔子闻卫乱，曰："柴也其来，由也死矣。"

注释

①季子：孔子弟子仲由，字子路，又字季路。是时，子路为卫国大夫孔悝之邑宰，卫国被赶跑的故太子蒯聩是当时的卫君——卫出公的父亲，他潜回卫国，劫持孔悝，欲自立。卫出公逃跑。子路听说后，赶回孔家营救孔悝。

②子羔：孔子弟子高柴，字子羔。

③不践其难：即勿践其难，不要参与到孔氏的祸乱中去。

④燔：焚烧。

⑤黡：黑痣。此处作人名。

⑥缨：系在颔下以固定帽子的带子。

白话文解读

子路要进去，遇见子羔出去，子羔说："大门已经关上了。"子路说："我先到那里去再说。"子羔说："来不及了，（你）不要参与到这场祸乱中去！"子路说："吃人家的俸禄，不能躲避人家的祸乱。"于是子羔出去，子路进去。到孔家的大门口，公孙敢把守在那儿，公孙敢说："（你）不要进去。"子路说："这是公孙敢啊，追求利益，因而逃避孔氏的祸乱。我不一样，我把孔家给我的俸禄看作利益，我一定要救助他。"有使者出门来，子路这才趁机进入门内。子路对蒯聩说："太子哪能利用得上孔悝呢？即使您杀掉他，也一定会有人代替他。"子路又说："太子没有勇气，如果在台下放起火来，烧到一半，太子必然会放掉孔悝。"蒯聩听到子路的话，担心害怕，让石乞和盂黡二人下台去抵挡他，二人用戈击杀子路，并砍断了他系帽子的带子。子路说："君子就算死了，帽子也不能掉。"他把帽带系好，然后死去。孔子听到卫国发生了祸乱，说："子羔会回来，子路会死掉。"

解析

曾子并非大夫，但却接受季孙氏所赠大夫之箦，这是违礼之举。卫出公以子拒父，子路却仕于卫国，这是不智之举。然而曾子易箦，全礼而终；子路结缨，尽礼而亡。二人临终不苟，终无亏于名节。后世学者对此或者竭力维护，或者百般指责，倒是朱熹说得平和："易箦结缨，未须论优劣，但看古人谨于礼法，不以死生之变易其所守，便使人有行一不义、杀一不辜而得天下不为之心。此是紧要处。""不以死生之变易其所守"，这实在是最值得推崇与敬佩的地方，有所守方能有所不为，有所不为才见出超越现实利害之真道德与独立之真精神，死生之际，不苟如此，其他可以毋论矣。

鱼我所欲也
《孟子·告子上》

鱼，我所欲也；熊掌，亦我所欲也。二者不可得兼，舍鱼而取熊掌者也。生，亦我所欲也；义，亦我所欲也。二者不可得兼，舍生而取义者也。生亦我所欲，所欲有甚于生者，故不为苟得①也；死亦我所恶，所恶有甚于死者，故患有所不辟也。如使人之所欲莫甚于生，则凡可以得生者何不用也②？使人之所恶莫甚于死者，则凡可以辟患者何不为③也？由是则生而有不用也④，由是则可以避患而有不为也。是故所欲有甚于生者，所恶有甚于死者。非独贤者有是心也，人皆有之，贤者能勿丧耳。

一箪食，一豆⑤羹，得之则生，弗得则死。呼尔而与之⑥，行道之人弗受；蹴尔而与之⑦，乞人不屑也。万钟则不辩礼义而受之⑧，万钟于我何加焉⑨！为⑩宫室之美，妻妾之奉，所识穷乏者得我欤⑪？乡为身死而不受⑫，今为宫室之美为之；乡为身死而不受，今为妻妾之奉为之；乡为身死而不受，今为所识穷乏者得我而为之：是亦不可以已乎？此之谓失其本心⑬。

注释--

①苟得：苟且取得。这里是"苟且偷生"的意思；或者是只为求利益，不择手段。

②何不用也：什么手段不可用呢？

③不为：不愿意这样做。

④由是则生而有不用也：通过某种方法就可以得以生存，但是有人却不用它。由是：按照这种方法。是：指示代词，指某种办法。

⑤豆：古代盛饭用的器具。一种食器，高足，上呈圆盘形。有木制、陶制等，用来盛肉或其他食品。

⑥呼尔而与之：意思是没有礼貌地吆喝着给人吃。尔：语气助词。《礼记·檀弓》记载，有一年齐国大饥荒，黔敖在路上施舍粥。有一个饥饿的人用衣袖遮面而来，黔敖吆喝着让他吃粥。他说，我就是不肯吃嗟来之食才落到这般地步的。这人始终拒绝侮辱性的施舍，后来饿死了。呼：吆喝、轻蔑地，对人不尊重。而：连词，表修饰。

⑦蹴（cù）：用脚踢。与：给。

⑧万钟则不辩礼义而受之：如果不辨别它是否合乎礼与义就接受丰厚的俸禄。则，连词，这里表假设。"辩"通"辨"，辨别。

⑨万钟：这里指优厚的俸禄。钟，古代的一种量器，六斛四斗为一钟。何加：有什么益处。加，增加。

⑩为：为了。下文"乡为""今为"的"为"都念"wèi"。

⑪所识穷乏者得我欤：所认识的穷困贫苦的人感激我吗？得我：得于我，感激我的恩惠。得：通"德"，恩惠，这里是感激的意思。与：通"欤"，语气助词，相当于"吗"。

⑫乡为身死而不受：从前（为了礼义）宁愿死也不接受（施舍）。乡：通"向"（旧写作"向"），原先，从前，先前。

⑬本心：天性，天良。本来的思想，即指"义"。

白话文解读

鱼，是我所想要的东西；熊掌，也是我所想要的东西。这两种东西不能同时得到，（我）会舍弃鱼而选取熊掌。生命也是我所想要的东西；道义也是我所想要的东西。这两样东西不能同时得到，（我）会舍弃生命而选取道义。生命也是我所想要的，但还有比生命更想要的东西，所以（我）不做苟且偷生的事情。死亡是我所厌恶的，但还有比死亡更厌恶的事，所以有祸患（我）不躲避。如果人们没有比生命更想要的东西，那么凡是可以保全生命的方法有什么不可以用的呢？如果人们没有比死亡更厌恶的事情，那么凡是可以躲避祸患的手段有什么不可以做的呢？按照这种方法可以生存却不采用，按照这种方法可以躲避祸患却不去做，是因为有比生命更想要的东西（那就是义），有比死亡更厌恶的东西（那就是不义）。不仅仅是贤人有这种思想，每个人都有这种思想，只不过贤人能够保持这种道德不丢失罢了。

一碗饭，一碗汤，得到它就可以活下去，失去它就会死。（如果）没有礼貌地吆喝着给人（吃），就是过路的饥饿的人都不会接受；用脚踢着给人家，即使是乞丐也因轻视而不肯接受。高位的俸禄如果不分辨是否合乎道义就接受了，那么这种高位厚禄对我有什么益处！是为了宫室的华美，为了妻妾的侍奉，为了所认识的穷人感激我吗？从前为了（道义）宁死也不肯接受（施舍），现在为了宫室的华美而接受了；从前为了（道义）宁死也不肯接受（施舍），现在为了妻妾的侍奉而接受了；从前为了（道义）宁死也不肯接受（施舍），如今却为了所熟识的穷人感激自己而接受了它：这种行为不可以停止吗？（如果不停止的话，）这就是所说的丧失了人本来的思想，即羞恶之心。

解析

《鱼我所欲也》一文用面对鱼和熊掌之间的抉择，比喻面对生命和大义之间的选择，孟子会毅然"舍生而取义者也"。这当中的"义"和文章最后的"此之谓失其本心"的"本心"都是指人的"羞恶之心"。因为人只有拥有"羞恶之心"，才能分清哪些是道德底线可以承受的事，哪些是道德范围所不接纳的事，哪些是"所欲有甚于生"的事，这样才能不被"宫室之美""妻妾之奉"和"所识穷乏者得我"所诱惑，而像"不食嗟来之食"的人一样，内心有一种凛然的"义"。

本文提出在"生"和"义"不能兼顾的情况下，应该舍生取义的观点，并且进一步指出这是每个人都有的"本心",那些在"义"上有私心的人不过是丧失了他们的"本心"罢了。

屈原怀石自沉

屈原至于江滨,被发行吟泽畔。颜色憔悴,形容枯槁。渔父见而问之曰:"子非三闾大夫欤?何故而至此?"屈原曰:"举世混浊而我独清,众人皆醉而我独醒,是以见放。"渔父曰:"夫圣人者,不凝滞于物,而能与世推移。举世混浊,何不随其流而扬其波?众人皆醉,何不哺其糟而啜其醨?何故怀瑾握瑜,而自令见放为?"屈原曰:吾闻之,新沐者必弹冠,新浴者必振衣。人又谁能以身之察察,受物之汶汶者乎?宁赴常流而葬乎江鱼腹中耳。又安能以皓皓之白,而蒙世之温蠖乎?"乃作《怀沙》之赋。于是怀石,遂自投汨罗江以死。

白话文解读

屈原到了江边,披散头发,在水泽边一面走,一面吟咏着。脸色憔悴,身体干瘦。渔夫看见他,便问道:"您不是三闾大夫吗?为什么来到这儿?"屈原说:"整个世界都是混浊的,只有我一人清白;众人都沉醉,只有我一人清醒。因此被放逐。"渔夫说:"圣人,不受外界事物的束缚,而能够随着世俗变化。整个世界都混浊,为什么不随大流而且随波逐流呢?众人都沉醉,为什么不吃点酒糟,喝点薄酒?为什么要怀抱美玉一般的品质,却使自己被放逐呢?"屈原说:"我听说,刚洗过头的一定要弹去帽上的灰沙,刚洗过澡的一定要抖掉衣上的尘土。谁能让自己清白的身躯,蒙受外物的污染呢?宁可投入长流的大江而葬身于江鱼的腹中,又哪能使自己高尚的品质,去蒙受世俗的尘垢呢?"于是他写了《怀沙》赋,然后抱着石头,投汨罗江而死。

解析

"路漫漫其修远兮，吾将上下而求索！"屈原，为了心中所坚持的道义，"长太息以掩涕兮，哀民生之多艰"，关心人民的疾苦；"吾不能变心而俗兮，固将愁苦而终穷"，他坚持真理，脚踏实地，不畏艰辛，勇于创新，在举世混浊而其独清、众人皆醉唯其独醒的时代，不愿与坏人同流合污，毅然赴死，以死明志，给我们树立起了一座道义的丰碑！

文天祥舍生取义

天祥至潮阳，见弘范，左右命之拜，不拜。弘范遂以客礼见之。与俱入崖山，使为书招张世杰。天祥曰："吾不能捍父母，乃教人叛父母，可乎？"索之固，乃书《过零丁洋》诗与之。其末有云："人生自古谁无死，留取丹心照汗青！"弘范笑而置之。崖山破，遣使护送天祥至京师。天祥在道，不食八日，不死，即复食。至燕，馆人供张甚盛，天祥不寝处，坐达旦。……天祥临刑殊从容，谓吏卒曰："吾事毕矣。"南乡拜而死。

白话文解读

文天祥被押到潮阳，见到张弘范（降将），张弘范的手下让文天祥下跪。文天祥不跪。张弘范就像招待客人一样对待文天祥。张弘范押文天祥到崖山，逼文天祥写信招降张世杰。文天祥说："我不能保护父母，难道还能教别人背叛父母吗？那样行吗？"张弘范不听，一再强迫文天祥写信。文天祥就写了《过零丁洋》一诗给张弘范。张弘范读到诗最后"人生自古谁无死，留取丹心照汗青"两句时，不禁受到感动，不再强逼文天祥了。

崖山被攻陷后，张弘范派人押送文天祥到京城，文天祥在路上八天不吃饭，但是没有饿死，于是就停止了绝食。到了燕京，招待文天祥的人招待得很周到，文天祥不睡觉，整夜就坐在那里。于是把文天祥转交到兵马司，派士兵看守起来。……文天祥临刑的时候很从容，对看守他的士兵说，"我的事完结了，心中无愧了！"朝南方跪拜而死！

解析

鲁迅先生说："我们自古以来，就有埋头苦干的人，有拼命硬干的人，有为民请命的人，有舍身求法的人……虽是为帝王将相作家谱的所谓'正史'，也往往掩不住他们的光耀，这就是中国的脊梁。"文天祥舍生取义，留取丹心照汗青，让人肃然起敬，他就是我们中华民族的脊梁！

荀巨伯探友

荀巨伯远看友人疾，值胡贼攻郡，友人语巨伯曰："吾今死矣，子可去。"巨伯曰："远来相视，子令吾去；败义以求生，岂荀巨伯所行邪！"贼既至，谓荀巨伯曰："大军至，一郡尽空，汝何男子，而敢独止？"巨伯曰："友人有疾，不忍委之，宁以我身代友人命。"贼相谓曰："我辈无义之人，而入有义之国。"遂班军而还，一郡并获全。

白话文解读

荀巨伯到远方探望生病的朋友，正好遇上匈奴人来攻城。友人对巨伯说："我是快死的人了，您赶快走吧！"荀巨伯说："我远道而来探望您，您却要我离开；败坏道义来乞求活命，难道是我荀巨伯所能做得出来的吗？"贼兵攻破城池，（抓住荀巨伯两人），问荀巨伯："大军一到，全城的人都逃走了，你是什么人，竟敢独自留在这里？"荀巨伯回答说："友人生了重病，我不忍心抛下他，宁愿用我的性命来换取他的生命！"匈奴人听了，相互说："我们这些不讲道义的人，竟攻入一个讲道义的国家！"于是整个军队撤离了，全城因此得以保全。

解析

荀巨伯冒着生命危险也要保护他的病友，是因为他们的友谊建立在道义基础上，这样的友谊，才是君子之交。义气，不会因富贵贫贱或生死祸福而改变立场与做法，义气是为了正当的事情，而主动愿意替别人承担危险，甚至不惜舍弃自我，成全他人的气度，这也是"真""诚"的一种体现。一桩舍生取义的义举，不仅救了朋友的性命，更让敌军自惭而退，可见"义"以及道德的强大感化力量。这则故事让我们见证了患难见真情的可贵，荀巨伯在生死关头表现出大义凛然的行为更让人敬佩。

做人应该讲情义，荀巨伯舍生取义的义举不仅救了朋友性命，更是拯救了一座城，乃至一个国家！坚守信义，大义凛然，对友忠诚，舍生取义，把情意看得比生命还重要，这样的人是值得我们去尊敬，也是我们要好好学习的。

第五章

廉耻

"心能辨是非，处事方能决断；人不忘廉耻，立身自不卑污。"一个人有一颗不忘廉耻的心，就有了立身处世的准则，就会时刻注意自己的言行是否符合道义。一个没有廉耻心的人，做事容易是非不分，毫无章法，轻则影响自己的品德，重则可能贪污腐败，祸国殃民。

第一节　清　廉

小篆　　　　隶书　　　　草书　　　　行书　　　　楷书

廉，读音 lián，是形声字，从广兼声。本义为厅堂的侧边。《说文》："廉，仄也。堂之侧边曰廉，故从广。"引申出"边，与角相对"。《九章算术》："边谓之廉，角谓之隅。"

廉由本义引申出的意思还有：①锋利，有棱角。②低廉，便宜。③清廉，不苟取。与"贪"相对。④节俭，逊让。⑤考察，查访。本节主要取第三种引申义（即清廉）进行阐述。《广雅释诂》："廉，清也。"《周礼·小宰注》："廉者，清不滥浊也。"故清、廉并用。古时将有节操、不苟取之人称作"廉士"；将清廉守正的官吏称作"廉吏""清官"。

清廉即清正廉洁。所谓"清正"，是指要想清白、正直，就要明辨是非，奉公守法。所谓"廉洁"，"不受曰廉，不污曰洁"，指的是不受来历不明的财物，拒绝腐蚀。《吕氏春秋》中说"临大利而不易其义，可谓廉矣"。古人常讲的"公生明，廉生威""一身正气，两袖清风"就是对清廉的最好诠释。

对我们学生来说，廉洁自律不仅要做到不贪不多占，更应该做到思想正，灵魂净，即节俭，自律，惜物，不昧金，不攀比。

原典摘编

无欲速，无见小利。欲速，则不达，见小利，则大事不成。

——《论语·子路》

不要图快，不要贪图小利。图快，反而不能达到目的；贪求小利，反而做不成大事。

一味主观地求急图快，做事时往往不够周密，很容易出差错，最后事与愿违。做人做事都应放远眼光，注重知识的积累，厚积薄发，才会水到渠成，达成自己的目标；眼睛只盯着蝇头小利，得到了就沾沾自喜，也很难做成大事。

子曰："君子食无求饱，居无求安，敏于事而慎于言，就有道而正焉，可谓好学也已。"

——《论语·学而》

孔子说："君子在饮食方面不追求丰盛，在居住方面不追求舒适，做事勤快，说话谨慎，向有道德修养的人学习以改正自己的错误，这样的人就可以说是好学的了。"

不追求物质生活的舒适，而追求精神境界的升华。勤快做事，谨慎说话，向有道德的人看齐。孔子指出了一条提高道德修养、做一个名副其实的君子的必由之路。

五色令人目盲，五音令人耳聋，五味令人口爽，驰骋畋猎令人心发狂，难得之货令人行妨。

——《老子》

缤纷的色彩，使人眼花缭乱；嘈杂的音调，使人听觉失灵；丰盛的食物，使人舌不知味；纵情狩猎，使人心浮发狂；稀有的物品，使人行为不轨。

物质享受虽然人人喜欢，但如果无节制地去追求，到头来只能使自己受伤害。老子一向反对过分追求物质财富，认为它是社会的一种退化。这种观点固然有局限，但他看到了事物的另一面：人心不足，欲壑难填，在拼命满足物质需求的同时，也使人自身丧失了许多宝贵的东西，给社会带来了更多的纷争。

见素抱朴，少私寡欲。

——《老子》

外表单纯，内心质朴，减少私欲，降低欲望。

一个人，应该过俭朴的生活，保持恬淡为上，知足常乐，不去蝇营狗苟、追名逐利，可使精神内守，保持内心安足。

祸莫大于不知足，咎莫大于欲得。

——《老子》

最大的祸患莫过于不知满足，最大的灾祸莫过于贪得无厌。

老子这句话告诉我们，如果对欲望不加节制，为了满足欲望而无所不为，最终必然带来灾祸。这一观点也提醒那些蝇营狗苟的人们，如果因贪得无厌而走过了头，结局反而不妙。

一箪食，一瓢饮，在陋巷，人不堪其忧，回也不改其乐。

——《论语·雍也》

一碗饭，一瓢水，住在简陋的小巷子里，别人都忍受不了这种穷困清苦，颜回却没有改变他自有的快乐。

颜回的安贫乐道被老师孔子大加赞赏，孔子不住地说："贤哉，回也！"后人也把此事传为美谈。人忍受清苦已经不容易，而身在清苦中却仍坚守仁义，增进品德修养，不改变自己的快乐，实在值得称赞。

其未得之也，患得之。既得之，患失之。苟患失之，无所不至矣。

——《论语·阳货》

没有得到时，生怕得不到。已经得到了，又怕失去它。如果害怕失去，那就没有什么事做不出来。

孔子把那种贪心小人的嘴脸刻画得入木三分。句中的"之"字，无法断定具体指什么，但一想，无非是名利。那些一心想着名利的人不正是这样吗？没得到的时候，挖空心思想得到；得到了又怕失去，甚至为了保持既得名利，无所不用其极。成语"患得患失"即出于此。

可以取，可以无取，取伤廉；可以与，可以无与，与伤惠；可以死，可以无死，死伤勇。

——《孟子·离娄下》

可以伸手拿，也可以不伸手拿，拿了就会损害廉洁之德；可以给予，也可以不给予，给予了就会使你显得不够慈惠；可以死，也可以不死，死了就会显得你缺乏勇气。

"取伤廉"是比较好理解的，就是君子在"取"的时候要注意保持自己的廉洁，如果有损自己的廉洁，还是不要取的好。这对那些收受红包、吃回扣的人是有警示作用的。

"与伤惠"和"死伤勇"有些令人费解。仔细揣摩，所谓"与伤惠"大概是说，在可以给予也可以不给予的情况下，还是不给予的好。因为单纯给人好处而不抱任何私心，这是仁者，是真正的恩惠；如果给人好处时怀有什么目的，或是为收买人心或别人不是特别需要而你一定要给予，这种情况下的给予，于真正的恩惠是有所损伤的。这就是"与伤惠"。至于"死伤勇"，则是指我们在面临生死抉择的时候，当死则死，这是真勇气，敢牺牲；如果只是一味莽撞，要横斗狠，就称不上"勇"，反而会损害真正的英勇。

面对"两可"之间的取舍时，是世人常有的困惑。孟子对世人的贪婪提出劝诫，提醒人们要严格自律，廉洁自持；对滥施恩惠或别有用心之人提出警告，要他们切莫坏了恩惠的真正含义；对拿鲁莽当勇气之人提出忠告，要他们注意分寸。孟子的话，如醍醐灌顶，让人茅塞顿开。

　　俭节则昌，淫佚则亡。　　　　　　　　　　　——《墨子·辞过》

生活节俭，国家就昌盛；嗜欲放纵，国家就衰亡。

墨子主张"节葬""节用"，他认为一个国家，从国君到百姓，整个社会风气崇尚节约俭朴就民富国强，走向兴旺发达。若一味追求淫逸享受，就国弱民困，国家必然会走向衰亡。这两句用于说明国家要尚节俭而戒淫逸，以保证昌盛久安。唐朝诗人李商隐在《咏史》一诗中也说："历览前贤国与家，成由勤俭败由奢。"勤俭看似小事，其实攸关个人和国家之命运。人无俭不立，家无俭不旺，党无俭必败，国无俭必亡。

　　贪愎喜利，则灭国杀身之本也。　　　　　　　——《韩非子·十过》

贪心固执，喜欢私利，是亡国杀身的祸根。

从因贪食鱼饵而上钩的鱼，到亡国的昏君，纵观古今中外，自然界及人类的无数事例都印证了这一法则，这可谓一条颠扑不破的真理。古人云："贪如水，不遏则燎原；欲如水，不遏则滔天。"对于一国之君来说，贪财好利无异于丧身亡国。但贪欲仍然左右着许多人，因"贪愎喜利"而灭国的国君屡见不鲜，如今因贪而身陷囹圄的人也层出不穷。如刘方仁，贵州省委原书记、省人大常委会原主任，非法收受他人钱款折合人民币677万余元，被判无期徒刑，没收赃款，没收个人全部财产；谷俊山，原中国人民解放军将领，原中将军衔，因贪污、受贿、挪用公款数额巨大，行贿、滥用职权情节特别严重，于2015年8月10日被判处死刑，缓期两年执行，剥夺政治权利终身，并处没收个人全部财产，赃款赃物予以追缴，剥夺中将军衔。这些，正验证了"淫佚则亡""贪愎喜利，则灭国杀身之本"的道理。

　　君子宽而不僈，廉而不刿。　　　　　　　　　　——《荀子·不苟》

君子宽容而不懈怠，有原则却不伤害他人。

这里的"廉"指人有原则，有个性，不同流合污。荀子认为，廉洁是君子的品德，即有个性，君子虽然有棱角、有个性，但是在为人处世时尽量不伤害他人。这告诉我们：为人要廉正宽厚，不怠慢他人。

> 廉，人之高行也。　　　　　　　　　　　　　　——《孟子》

清廉，是人的高尚品德。

古往今来，人们一直赞咏廉洁，歌颂廉者"出淤泥而不染，濯清涟而不妖"的高贵品质。清廉者，淡泊名利，有坚守底线的人生态度。他们能以"春有百花秋有月，夏有凉风冬有雪。若无闲事挂心头，便是人间好时节"的平常心面对这瞬息万变的世界，胜固欣然败亦喜，在物欲横流的社会中保持一颗平常心。若醉心于功名利禄，则非廉也。

> 廉者，民之表也；贪者，民之贼也。　　——包拯《乞不用赃吏疏》

廉洁的官吏，是人民的表率；贪赃的官吏，是人民的盗贼。

作为官吏，应该清正廉洁，艰苦朴素，做民众的表率。为官贪污受贿、贪赃枉法，是民众所不齿的。包拯这句话，是对北宋政坛廉者的热切呼唤，也是对贪官的强烈斥责。贪官把本来属于人民群众的财富据为己有，性质上与做贼、做强盗一样。所以，对于贪官污吏，绝对不能心慈手软、网开一面，而应该像包拯一样，视贪官如蟊贼，高高举起法律的"铡刀"，严惩不贷！

> 文臣不爱钱，武臣不惜死，天下太平矣。　　　　　　——岳飞

文官清正廉洁，武将拼死报国，这样国家就太平了。

岳飞是南宋初年绝无仅有的既不贪财亦不怕死、清正廉洁、严于律己、敢打敢拼、每战必胜的朝廷要员和军事统帅，金人流传有"撼山易，撼岳家军难"的评语，表达对"岳家军"的由衷敬畏。当时民族危机空前严重，朝中大臣却大多贪腐成性，纪纲败坏，畏敌如虎，每战必遁。有人曾问言于岳飞，天下何时可以太平？岳飞即以此言相告。

古代，一般武将不怕死，那么就能保疆卫国；而文臣对钱财不贪婪，一心装着百姓，为百姓谋福利，百姓就能安居乐业，国家就能强大而天下太平。不论文臣武将，廉洁都是为官之道和不可缺少的行为准则。

一丝一粒，我之名节；一厘一毫，民之脂膏。宽一分，民受赐不止一分；取一文，我为人不值一文。谁云交际之常，廉耻实伤；倘非不义之财，

此物何来？　　　　　　　　　　　　——张伯行《禁止馈送檄》

张伯行（公元 1652—1725 年），河南仪封（今河南兰考）人，曾任福建巡抚、江苏巡抚、礼部尚书。他清廉刚直，从不收受礼物，极力反对以馈赠之名行贿赂之实，被康熙誉为"天下第一清官"。

张伯行在福建巡抚任上，为拒绝送礼者，特地撰写了一篇《禁止馈送檄》，张贴于居所院门及巡抚衙门。那些送礼者见此犀利檄文，不敢自讨没趣，便悄然离开。这篇檄文也不胫而走，广为传诵，被视作为政清廉的"金绳铁矩"。

这篇檄文，全文仅 56 字，共用了 8 个"一"字，申述了关心百姓疾苦、注重个人名节、反对送礼行贿的主张。"一丝一粒"虽小，却牵涉我的名节；"一厘一毫"虽微，却都是民脂民膏。对百姓宽待一分，那么百姓所得就不止一分；向百姓多索取一文，那么我的为人便一文不值。这体现了作者廉洁奉公的做人原则与道德操守。

　　吏不畏吾严而畏吾廉，民不服吾能而服吾公。公则民不敢慢，廉则吏不敢欺。公则生明，廉则生威。　　　　　　　　　　　——《官箴》

吏即官员。下级官吏不怕我严厉，而怕我清正廉洁；老百姓不是顺服我的才能，而是顺服我的公正。公正，民众就不敢怠慢；清廉，官吏就不敢欺侮。公正产生严明，清廉才能树立威信。

箴，也叫箴言或箴词，是古代的一种文体，以规劝告诫为主。"官箴"，即示以为官为人之道。

这段仅有三十六字的古代官箴，言简意赅，深藏哲理，可谓字字警策，句句药石，曾成为历史上一些官吏身体力行的座右铭。它诠释为官之本最重要的莫过于两点：一是公，二是廉。

公权本姓公，用权当为民。公款姓公，一分一厘都不能乱花；公权为民，一丝一毫都不能私用。领导干部必须时刻清楚这一点，做到公私分明，克己奉公，严格自律。对手握公权的领导干部而言，不公，难免以权谋私；不廉，自会藏污纳垢，势必导致暗箱操作大行其道，贪污腐败愈演愈烈，党和政府的权威性就会荡然无存，人民将逐渐丧失对国家政权和国家制度的信任和希望。所以领导干部要秉公用权，不以权谋私；依法用权，不假公济私；廉洁用权，不贪污腐败，这是执政用权应有的敬畏之心，也是领导干部理当铭记于心的"官箴"。

　　清静无为，则天与之时；恭廉守节，则地与之财。君子虽富贵，不以养伤身，虽贫贱，不以利毁廉。知为吏者，奉法以利人；不知为吏者，枉法以侵人。

——马融《忠经》

一个人能够清静而且无为，那么上天会给予他时机；能够肃敬廉洁保持节操，那么大地会给予他财富。君子虽然富贵，不会过度享受而伤害身体；虽然贫贱，不因为不义之利而毁坏廉洁。懂得怎样做官的，遵守法律用它服务百姓；不懂得怎样做官的，歪曲法律用它侵害百姓。

克欲节俭的人，天地都会加惠于他。为政者少敛资财，多行节俭，体恤爱戴百姓，才能顺应民心，国家才能长治久安。

绢帕麻菇与线香，本资民用反为殃。清风两袖朝天去，免得闾阎话短长。

——于谦《入京》

朝天：进京朝见皇帝。明代习俗：地方官进京都要携带特产、礼物献给皇帝，贿赂朝官。闾阎（lǘyán）：里巷的门，这里指百姓。话短长：说长道短。诗的大意是：绢帕、麻菇、线香这些东西本是供百姓享用的，可是因为贪官污吏的搜刮，反而成了百姓的祸殃了。所以我进京时总是两手空空而去，免得老百姓背后说我的闲话。

这是明代民族英雄、政治家于谦写的一首诗。于谦为官清廉不贪，时为兵部侍郎、河南巡抚，进京时一无所带，两袖清风，并作了这首《入京》诗，表现了作者不媚上、不逢迎、廉洁刚直的高贵品质，充满了浩然正气。这种清廉无私、不阿权贵的品格，永远值得大家学习。"两袖清风"已成廉洁的代名词，是廉洁为官的标杆。

夫君子之行，静以修身，俭以养德，非淡泊无以明志，非宁静无以致远。

——诸葛亮《诫子书》

德才兼备的人的品行，是依靠内心安静精力集中来修养身心的，是依靠俭朴的作风来培养品德的。不看淡世俗的名利，就不能明确自己的志向；身心不宁静，就不能实现远大的理想。

这是三国时期著名政治家、军事家诸葛亮54岁临终前写给8岁儿子的一封家书。这是修身立志的名篇，其文短意长，言简意赅，字字珠玑。劝勉儿子要想勤学立志、节俭养德，修身养性，就要从淡泊宁静中下功夫。短短的一封家书，为我们的治学、做人和修养提供了极好的借鉴：内心世界始终保持宁静淡泊，不为贪图丰厚的物质享受而分神劳力。

海纳百川，有容乃大；壁立千仞，无欲则刚。（林则徐在广州查禁鸦片

时自题挂于厅堂的对联）

"海纳百川，有容乃大"，就是说要豁达大度、胸怀宽阔，这也是一个人有修养的表现。有句俗话叫"宰相肚里能行船"，人们都把那些具有像大海一样宽广胸怀的人看作是可敬的人。

"壁立千仞，无欲则刚"中"欲"的意思是想得到某种东西或想达到某种目的。欲是人的一种生理本能。人要生活下去，就会有各种各样的"欲"。但是，凡事总要有个尺度。欲望多了、大了，就会生贪心；欲望过多过大，必然欲壑难填。如果被财欲、物欲、色欲、权势欲等迷住心窍，攫求无已，终致纵欲成灾。

面对错综复杂的大千世界，面对来自各方的种种诱惑，我们如何处之？"无欲则刚"这一警语可作为立身行事的指南。人若无欲品自高。就是说，人若没有私欲，品格自然高洁，就能达到大义凛然的境界。

宋人或得玉

《左传·襄公十五年》

宋人或①得玉，献诸子罕②。子罕弗③受。献玉者曰："以示④玉人，玉人以为⑤宝也，故⑥敢献之。"子罕曰："我以不贪为宝，尔⑦以玉为宝，若⑧以与我，皆⑨丧宝也。不若⑩人有其宝。"稽首而告曰："小人怀璧，不可以越乡，纳此以请死也。"子罕置诸其里，使玉人为之琢之，富而后使复其所。

①或：有人。

②诸（zhū）：相当于"之于"。子罕：人名。子，春秋时代宋国公族的姓。子罕，春秋时宋国的贤臣，于宋平公（公元前575—公元前532年）时任司城（即司空，因宋武公名司空，改名为"司城"。主管建筑工程，制造车服器械，监督手工业奴隶），位列六卿。

③弗（fú）：不。

④示：表明，把事物拿出来或指出来使别人知道。

⑤以为：认为……是……。

⑥故：所以。

⑦尔：你。

⑧若：假如。

⑨皆（jiē）：都。

⑩若：如。

白话文解读

宋国有个人得到一块玉，把它献给子罕。子罕不接受，献玉的人说："（我）把（这块玉）给琢玉的人看，琢玉的人认为是块宝，因此才敢献给你。"子罕说："我认为不贪（这种品质）是宝，你认为玉石是宝，假若把玉给我，（咱俩）都失去了宝。不如各人拥有自己的宝。"献玉的人很恭敬地说："小人拥有玉，寸步难行，献上这块玉以求免死。"子罕把它放在自己的乡里，让工匠替自己雕玉，（卖掉玉）使献玉人富有之后，让他回到家里。

解析

献玉的人以玉为宝，所以把美玉献给子罕。而子罕却"以不贪为宝"，认为人世间最珍贵的是廉洁，因而拒收宝玉。这叫"人各有其宝"，这是不同的人生观的反映。子罕所说的"宝"即精神的宝物，是超脱于物质层面的宝。以此为宝，表明子罕超过常人的良好道德品质：洁身自好、不贪钱财。人应该有自律精神，从政者要有洁身自好的高贵品质和坚拒不义之财的浩然正气，这才是世界上最宝贵的东西。

杨震拒金

《后汉书》

杨震字伯起，弘农华阴人也。震少好学，明经博览，无不穷①究。诸儒为之语曰："关西孔子杨伯起。"大将军邓骘闻其贤而辟②之，举茂才，四迁③荆州刺史、东莱太守。当之④郡，道经⑤昌邑，故⑥所举荆州茂才⑦王密为昌邑令⑧，谒见⑨。至夜，怀⑩金十斤以遗⑪震。震曰："故人知君，君不知故人，何也？"密曰："暮夜无知者。"震曰："天知，神知，我知，子知。何谓⑫无知！"密愧而出。后转涿郡太守。性公廉，不受私谒⑬。子孙常蔬食步行，故旧长者或⑭欲令为开产业，震不肯，曰："使后世称为清白吏子孙，以此遗之，不亦厚乎！"

①穷：深入，彻底。

②辟：征召。指帝王召见并授予官职。

③迁：升官。

④之：到，往。

⑤道经：路过。

⑥故：以前。

⑦举：推荐，选拔。茂才：秀才。

⑧令：县令。

⑨谒见：拜见，进见。

⑩怀：动词，怀中藏着。

⑪遗：赠送。

⑫何谓：怎么说。

⑬秘谒：秘密进见。此指私下送礼行贿。

⑭或：有的。

白话文解读

杨震，字伯起，弘农华阴人。杨震从小好学，明习经学，博览群书，对学问没有不深究到底的。众儒生说："真是关西的孔子杨伯起啊。"大将军邓骘听说杨震贤明，就派人征召他，推举他为秀才。他多次升迁，官至荆州刺史、东莱太守。杨震赴任途中，路上经过昌邑，他从前举荐的荆州秀才王密担任昌邑县令，前来拜见（杨震）。到了夜里，王密怀揣十斤金子来送给杨震。杨震说："我了解你，你却不了解我，为什么呢？"王密说："深夜里没有人知道。"杨震回答说："上天知道，神明知道，我知道，你知道。怎么说没有人知道呢！"王密羞愧地拿着金子回去了。后来杨震调动到涿郡任太守。他本性公正廉洁，不肯接受私下的贿赂。他的子孙常吃蔬菜，出门没有车，他的老朋友中有年长的人想要让他为子孙开办一些产业，杨震不答应，对他们说："让后代被称作清白官吏的子孙，把这个馈赠给他们，不也是很优厚（的家业）吗？"

解析

杨震做官清正廉明，不徇私情，他始终以"清白吏"为座右铭。本篇节选自《后汉书·杨震列传》中广为传颂的"杨震拒金"的故事。文中王密为杨震的学生，学生给老师送礼以报答栽培之恩在今天已习以为常。但是杨震为人严谨，严于律己，虽然是"天知，神知，我知，子知"，但他依旧坚持自己做官的原则，由此，其子孙将他的厅堂取名为"四知堂"。他的清廉自律确实给后代树立了榜样，其儿子、孙子、曾孙子都做过太尉，被世人称为"一门四太尉"。这种严于律己的作风无论是过去还是现在，都是人们应该保持的，也是我们用来反思自己的一面镜子。

廉洁声誉、清白家风胜过丰厚家产。一些官员在任时搜刮受贿，给子孙积累巨额财富，到头来往往落得"白茫茫一片真干净"。因此，无论是为官还是做人，要慎微慎独，时刻记住"要想人不知，除非己莫为"的古训，时刻记住"天知，神知，我知，子知"的道理，决不可以因别人不知道就宽容和放纵自己。

叔向贺贫

《国语》

叔向见韩宣子①，宣子忧贫，叔向贺之。宣子曰："吾有卿②之名，而无其实，无以从二三子，吾是以忧，子贺我，何故？"

对曰："昔栾武子无一卒之田③，其宫不备其宗器④，宣其德行，顺其宪则，使越于诸侯。诸侯亲之，戎狄怀之⑤，以正晋国。行刑不疚⑥，以免于难⑦。及桓子⑧，骄泰奢侈，贪欲无艺⑨，略则⑩行志，假货居⑪贿，宜及于难，而赖武之德，以没其身。及怀子⑫，改桓之行，而修武之德，可以免于难，而离桓之罪，以亡⑬于楚。夫郤昭子⑭，其富半公室，其家半三军⑮，恃其富宠以泰⑯于国。其身尸于朝，其宗灭于绛⑰。不然，夫八郤，五大夫三卿⑱，其宠大矣，一朝而灭，莫之哀也，唯无德也。今吾子有栾武子之贫，吾以为能其德⑲矣，是以贺。若不忧德之不建，而患货之不足，将吊不暇，何贺之有？"

宣子拜，稽首⑳焉，曰："起也将亡，赖子存之，非起也敢专承之，其自桓叔以下，嘉吾子之赐。"

注释

①叔向：晋国大夫，羊舌氏。韩宣子：晋国的正卿韩起。

②卿：天子、诸侯所属的高级官员。

③栾武子：栾书，晋国的上卿。上卿所应享受的待遇是一族（五百人）之田，即五百顷。一卒之田：即一百顷，这是上大夫的待遇。

④宗器：宗庙中的祭器。

⑤怀：怀念，归附。

⑥刑：法。疚：病。

⑦以免于难：栾武子曾杀晋厉公，立晋悼公，因为他行为公正，所以没有受到"弑君"的责难。

⑧桓子：栾武子的儿子栾黡（yǎn）。

⑨无艺：无极。

⑩略：犯。则：法。

⑪居：蓄。

⑫怀子：栾黡的儿子栾盈。

⑬亡：逃亡。

⑭郤昭子：名至，晋国的正卿。

⑮家：家臣。三军：春秋时，大的诸侯国有上、中、下三军，共三万七千五百人。

⑯泰：骄傲放肆。

⑰宗：宗族。绛：晋的故都，在今山西省翼城县东南。

⑱八郤：郤氏八人。五大夫：郤文、郤豹、郤芮、郤谷、郤溱，五人皆为晋大夫。三卿：郤锜、郤犨、郤至，三人皆为晋卿。

⑲能其德：能行栾武子之德。

⑳稽首：古时一种跪拜礼，叩头至地，是九拜中最恭敬者。

白话文解读

叔向去拜见韩宣子，韩宣子正为自己的贫困发愁，叔向反而庆贺他。宣子说："我空有正卿的虚名，却没有正卿的财富，不够和其他卿大夫交际往来，我正为此发愁，您却反而祝贺我，这是什么缘故呢？"

叔向回答说："从前栾武子没有一百顷田，家里穷得连祭祀的器具都备不齐全；可是他能够发扬德行，遵循法制，闻名于诸侯各国。各诸侯国都来亲近他，一些少数民族也归附他，因此使晋国安定下来。他执行法度没有什么差错，因此他自己没有遭受祸患。到了桓子，就骄傲奢侈起来，贪得无厌，犯法胡为，放债取利，积蓄财产。这样的人，本来应该遭受祸难。由于凭借栾武子的功德，他才得到善终。到了怀子，改变他父亲桓子的行为，学习他祖父武子的德行，本来可以凭这一点免除灾难，可是受到他父亲桓子的罪恶的连累，因而逃亡到楚国。再说郤昭子，他的财产，抵得上晋国公室财产的一半；他的家臣，抵得上三军的一半，他依仗自己的财产和势力，在晋国过着极其奢侈的生活。结果，他的尸体摆在朝堂上示众，他的宗族在绛这个地方灭亡了。如果不是这样的话，那八个姓郤的中有五个做大夫，三个做卿，他们的官职、权势够大的了，可是一旦被诛灭，没有一个人同情他们，就是因为没有德行啊！现在，您有栾武子一样的清贫境况，我认为您能够继承他的德行，因此向您庆贺。如果不担忧德行的建立，只担忧钱财的不足，那我表示哀怜还来不及，还有什么可贺的呢？"

宣子于是下拜，并叩头说："我正在趋向灭亡的时候，全仗您的开导得以保存。不只我韩起个人承受您的恩惠，就是先祖桓叔的后代，都要感谢您的恩赐。"

解析

《国语》，又名《春秋外传》或《左氏外传》。相传为春秋末鲁国左丘明所撰，是我国最早的一部国别体史书，凡二十一卷，分周、鲁、齐、晋、郑、楚、吴、越八国记事。《国语》所记事件大都不相连属，且偏重记言，往往通过记述历史人物的言论反映事实，以人物之间的对话刻画人物形象，具有一定的文学价值。

本文通过人物对话的方式，先提出"宣子忧贫，叔向贺之"这个出人意料的问题，然后层层深入地展开论述。文章先不直接说明所以要贺的原因，而是举出栾、郤两家的事例，两相对比，反复说明忧德不忧贫的道理。贫可贺，富可忧，可贺可忧的关键在于是否有德。继而将宣子与栾武子加以类比，点出可贺的原因。并进一步指出，如果不建德而忧贫，则不但不可贺，反而是可怕的，点出本文的中心论点。最后用韩宣子的拜服作结，说明论点，有巨大的说服力。这样既把道理讲得清清楚楚，又使人感到亲切自然。本文引用历史事实，阐明了贫不足忧，而应重视建德的道理，没有德行，则愈富有而祸害愈大，有德行则可转祸为福。

叔向的这番言论，虽然是为了卿大夫自身的长治久安，但对"骄泰奢侈，贪欲无艺""恃其富宠"的行为进行了批判鞭挞，是有一定积极意义的。

训俭示康①

司马光

吾本寒家②，世以清白相承。吾性不喜华靡，自为乳儿，长者加以金银华美之服，辄羞赧弃去之。二十忝科名③，闻喜宴独不戴花。同年曰："君赐不可违也。"乃簪一花。平生衣取蔽寒，食取充腹；亦不敢服垢弊④以矫俗干名，但顺吾性而已。众人皆以奢靡为荣，吾心独以俭素为美。人皆嗤吾固陋，吾不以为病。应之曰："孔子称'与其不逊也，宁固。'又曰'以约失之者鲜矣。'又曰'士志于道，而耻恶衣恶食者，未足与议也。'古人以俭为美德，今人乃以俭相诟病。嘻，异哉！"

近岁风俗尤为侈靡，走卒类士服，农夫蹑丝履⑤。吾记天圣中，先公为群牧判官，客至未尝不置酒，或三行、五行，多不过七行。酒酤于市，果止于梨、栗、枣、柿之类；肴止于脯、醢、菜羹，器用瓷、漆。当时士大夫家皆然，人不相非也。会数而礼勤，物薄而情厚。近日士大夫家，酒非内法⑥，果、肴非远方珍异，食非多品，器皿非满案，不敢会宾友，常量月营聚⑦，然后敢发书⑧。苟或⑨不然，人争非之，以为鄙吝。故不随俗靡者，盖鲜矣。嗟乎！风俗颓弊如是，居位者虽不能禁，忍助之乎！

又闻昔李文靖公为相，治居第于封丘门内，厅事前仅容旋马⑩，或言其太隘。公笑曰："居第当传子孙，此为宰相厅事诚隘，为太祝奉礼⑪厅事已宽矣。"参政鲁公为谏官，真宗遣使急召之，得于酒家⑫，既入，问其所来，以实对。上曰："卿为清望官，奈何饮于酒肆？"对曰："臣家贫，客至无器皿、肴、果，故就酒家觞之。"上以无隐，益重之。张文节为相，自奉养如为河阳掌书记⑬时，所亲或规之曰："公今受俸不少，而自奉若此。公虽自信清约，外人颇有公孙布被之讥。公宜少从众。"公叹曰："吾今日之俸，虽举家锦衣玉食，何患不能？顾人之常情，由俭入奢易，由奢入俭难。吾今日之俸岂能常有？身岂能常存？一旦异于今日，家人习奢已久，不能顿俭，必致失所。岂若吾居位、去位、身存、身亡，常如一日乎？"呜呼！大贤之深谋远虑，岂庸人所及哉！

御孙曰："俭，德之共也；侈，恶之大也。"共，同也；言有德者皆由俭来也。夫俭则寡欲，君子寡欲，则不役于物⑭，可以直道而行⑮；小人寡欲，则能谨身节用，远罪丰家。故曰："俭，德之共也。"侈则多欲。君子多欲则贪慕富贵，枉道速祸；小人多欲则多求妄用，败家丧身；是以居官必贿，居乡必盗。故曰："侈，恶之大也。"

昔正考父馔粥以糊口，孟僖子知其后必有达人。季文子相三君，妾不衣帛，马不食粟，君子以为忠。管仲镂簋朱纮⑯，山节藻棁⑰，孔子鄙其小器。公叔文子享卫灵公，史鳅知其及祸；及戌，果以富得罪出亡。何曾日食万钱，至孙以骄溢倾家。石崇以奢靡夸人，卒以此死东市⑱。近世寇莱公豪侈冠一时，然以功业大，人莫之非，子孙习其家风，今多穷困。其余以俭立名，以侈自败者多矣，不可遍数，聊举数人以训汝。汝非徒身当服行⑲，当以训汝子孙，使知前辈之风俗云。

注释

①训俭示康：阐释节俭（对于"立名"的重要意义）给康看。训，训释、解释。

②寒家：指门第低微，余资少。

③忝科名：名列进士的科名。

④垢弊：肮脏破烂的衣服。

⑤丝履：丝织的鞋。

⑥内法：内宫酿酒之法。

⑦营聚：张罗、准备。

⑧发书：发出请柬。

⑨苟或：如果有人。

⑩旋马：马转身。

⑪太祝奉礼：太常寺的两个官职，主管祭祀。常由功臣子孙担任。

⑫得于酒家：在酒馆找到。

⑬掌书记：唐朝官名，相当于宋代判官，故以此代称。

⑭不役于物：不受外物的牵扯、制约。

⑮直道而行：行正直之道，指任何事情都敢于诚实不欺地去做。

⑯簋（guǐ）：古代盛食物的器具。纮：帽带。

⑰山节：刻有山形的斗拱。藻棁：用美丽图案装饰的梁上短柱。棁，梁上的短柱。

⑱东市：刑场。

⑲非徒：不仅。身：自身。服行：实行。

白话文解读

我本来出身于卑微之家，世世代代以清廉的家风相互承袭。我生性不喜欢奢华浪费，从幼时起，长辈把金银饰品和华丽的服装加在我身上，我总是感到羞愧而把它们抛弃掉。二十岁忝中科举，闻喜宴上独有我不戴花。同年中举的人说："皇帝的恩赐不能违抗。"于是才在头上插一枝花。一辈子对于衣服取其足以御寒就行了，对于食物取其足以充饥就行了，但也不敢故意穿脏破的衣服以显示与众不同而求得好名声，只是顺从我的本性做事罢了。一般的人都以奢侈浪费为荣，我心里唯独以节俭朴素为美，人们都讥笑我固执鄙陋，我不认为这没什么不好。回答他们说："孔子说：'与其骄纵不逊，宁可简陋寒酸。'又说：'因为节约而犯过失的很少。'又说：'有志于探求真理而以穿得不好吃得不好为羞耻的读书人，是不值得跟他谈论的。'古人把节俭看作美德，当今的人却因节俭而相讥议，唉，真奇怪啊！"

近年来的风气尤为奢侈浪费，差役大多穿士人衣服，农民穿丝织品做的鞋。我记得天圣年间我的父亲担任群牧司判官，有客人来未尝不备办酒食，有时行三杯酒，或者行五杯酒，最多不超过七杯酒。酒是从市场上买的，水果只限于梨子、枣子、板栗、柿子之类，菜肴只限于干肉、肉酱、菜汤，餐具用瓷器、漆器。当时士大夫家里都是这样，人们并不会有什么非议。聚会虽多，但只是礼节上殷勤；用来作招待的东西虽少，但情谊深。近来士大夫家，酒假如不是按官内酿酒的方法酿造的，水果、菜肴如果不是远方的珍品特产，食物如果不是多个品种，餐具如果不是摆满桌子，就不敢邀约宾客好友，常常是经过几个月的张罗、准备，然后才敢发出请柬。如果不这样做，人们就会争先责怪他，认为他鄙陋吝啬。所以不跟着习俗随风倒的人就少了。唉！风气败坏得像这样，有权势的人即使不禁止，能忍心助长这种风气吗？

又听说从前李文靖公担任宰相时，在封丘门内修建住房，厅堂前仅仅能够让一匹马转过身。有人说地方太狭窄，李文靖公笑着说："住房要传给子孙，这里作为宰相办事的厅堂确实狭窄了些，但作为太祝祭祀和奉礼司仪的厅堂已经很宽了。"参政鲁公担任谏官时，真宗派人紧急召见他，是在酒店里找到他的。入朝后，真宗问他从哪里来的，他据实回答。皇上说："你担任清高显贵的谏官，为什么在酒馆里喝酒？"鲁公回答说："臣家里贫寒，客人来了没有餐具、菜肴、水果，所以就着酒馆请客人喝酒。"皇上因为鲁公没有隐瞒，更加敬重他。张文节担任宰相时，自己的生活如同从前当河阳节度判官时一样节俭，亲近的人中有的劝告他说："您现在领取的俸禄不少，可是生活这样俭省，虽然您自己知道确实是清廉节俭，但是外人对您有不少批评，说您如同公孙弘盖布被子那样矫情作伪。您应该稍微随从一般人的习惯做法才是。"张文节叹息说："我现在的俸禄，即使全家穿绸挂缎、膏粱鱼肉，什么不能做到？然而人之常情，由节俭进入奢侈很容易，由奢侈进入节俭就困难了。像我现在这么高的俸禄，难道能够一直拥有？难道能够一直活着？如果有一天我罢官或死去，情况与现在不一样，家里的人习惯奢侈的时间已经很长了，不能立刻节俭，那时候一定会导致无存身之地。哪如无论我做官还是罢官、活着还是死去，家里的生活情况都永久如同一天不变呢？"唉！大贤者的深谋远虑，哪是才能平常的人所能比得上的呢？

御孙说："节俭，是最大的品德；奢侈，是最大的恶行。"共，就是同，是说有德行的人都是从节俭做起的。因为，如果节俭，就少贪欲，有地位的人如果少贪欲，就不被外物役使，可以走正直的路。没有地位的人如果少贪欲，就能约束自己，节约费用，避免犯罪，使家室富裕，所以说："节俭，是各种好的品德共有的特点。"如果奢侈，就多贪欲；有地位的人如果多贪欲，就会贪恋爱慕富贵，不循正道而行，招致祸患。没有地位的人多贪欲，就会多方营求，随意挥霍，败坏家庭，丧失生命。因此，做官的人如果奢侈，必然贪污受贿；平民百姓如果奢侈，必然盗窃别人的钱财。所以说："奢侈，是最大的恶行。"

过去正考父用饘粥来维持生活，孟僖子因此推知他的后代必出显达的人。季文子辅佐鲁文公、宣公、襄公三君王时，他的小妾不穿绸衣，马不喂小米，当时有名望的人认为他忠于公室。管仲使用的器具上都精雕细刻着多种花纹，戴的帽子上缀着红红的帽带，住的房屋里，连斗拱上都刻绘着山岳图形，连梁上短柱都用精美的图案装饰着。孔子看不起他，认为他不是一个大才。公叔文子在家中宴请卫灵公，史鳅推知他必然会遭到祸患。到了他儿子公叔戌时，果然因家中豪富而获罪，以致逃亡在外。何曾一天饮食要花去一万铜钱，到了他的孙子这一代就因为骄奢而家产荡尽。石崇以奢侈靡费的生活向人夸耀，最终因此而死于刑场。近代寇莱公豪华奢侈堪称第一，但因他的功劳业绩大，人们没有批评他。而子孙习染他的这种家风，现在大多穷困了。其他因为节俭而树立名声，因为奢侈而自取灭亡的人还很多，不能一一列举，上面姑且举出几个人来教导你。你不仅仅自身应当实行节俭，还应当用它来教导你的子孙，使他们了解前辈的作风习俗。

解析

司马光（公元1019—公元1086年），字君实，陕州夏县（今属山西）人。官至左仆射兼门下侍郎。北宋著名史学家，主持编撰了大型编年体通史《资治通鉴》。著有《司马文正公集》等。

本文是司马光写给其子司马康并教导他应该崇尚节俭的一篇家训。

司马光生活的年代，人们竞相讲排场、比阔气，奢侈之风盛行，司马光深感忧虑，他深知这种社会风气对年轻人的思想腐蚀很大。为使子孙后代避免蒙受不良社会风气的影响和侵蚀，司马光特意写了这篇家训，以教育儿子及后代继承发扬俭朴家风，永不奢侈腐化。

全文平实自然，广征博引，说理透彻。虽是告诫后人，却不板着严肃面孔正面训诫，而是以老人回首往事、今昔对比的亲切语调信笔写来。文中的名句，如"由俭入奢易，由奢入俭难""俭，德之共也；侈，恶之大也"等蕴含丰富的人生哲理。司马光认为俭朴是一种美德，并大力提倡，反对奢侈腐化，这种思想在当时封建官僚阶级造成的奢靡的流俗中，无疑是具有巨大进步意义的。在今天看来，司马光的见解和主张，也是很有积极意义的。

现在不少人认为，节俭是物质匮乏时才需要提倡的，现在物质丰富了，不需要再提倡节俭的美德。一些青少年热衷于生活用品和学习用品的高档化，穿名牌，用高档手机，喜欢互相攀比。殊不知，奢靡之始，危亡之渐，追求奢侈和豪华，在生活上铺张浪费，陷入享乐主义的泥潭，很容易失去人生理想和信念，最终可能走向毁灭。"一粥一饭，当思来之不易；半丝半缕，恒念物力维艰。"任何时候，节俭，方能成事；节俭，方能成德；节俭，方能锤炼品格。

当下，随着社会的发展，生活水平的提高，一股攀比之风在校园刮起。一些同学不关心学习，把心思和精力花在物质生活的攀比上：过豪华生日，穿时尚名贵衣服，用高档化妆品、手机、电子产品等。这是不对的，要谨记古训，要做反对铺张浪费、勤俭节约的好学生。

陶母退鱼

　　陶公少时作鱼梁吏，尝以一坩鲊饷母。母封鲊付吏，反书责侃曰："汝为吏，以官物见饷，非唯不益，乃增吾忧也。"

白话文解读

　　晋代名臣陶侃年轻时曾做管理河道及渔业的官吏，一次，他派官府里的差役把一坛腌制好的鱼送给母亲。陶侃的母亲将送来的鱼原封不动退回给他，并写了一封信责备陶侃，信中写道："你身为官吏（本应清正廉洁），却用官府的东西作为礼品赠送给我，（这样做）对我不仅没有任何好处，反而增添了我的忧愁。"

解析

陶母退鱼，足以说明陶母的深明大义。陶侃年少丧父，家境清贫，与母亲湛氏相依为命。湛氏这位坚强的母亲把所有的希望都寄托在儿子身上，更希望儿子出人头地。初做鱼梁吏，用陶罐盛点鱼孝敬母亲并不为过。然而，她的母亲却认为"以官物见饷，非唯不益，乃增吾忧也"。为什么陶母会增加忧愁呢？原因在于儿子"以官物见饷"。陶侃的母亲意识到一个可怕的后果，那就是初次"以官物见饷"的乃鱼也，再次可能是金或银，最后成为落下千古骂名的贪官。这有悖她的初衷，也有悖她的希望，更有悖自己的良心。

陶母退鱼，足以说明一个廉洁奉公的官是培养出来的。"人之初，性本善，性相近，习相远"。陶侃的母亲严把儿子廉洁关，从退鱼开始对陶侃严加管教，并用实际行动告诫儿子如何做官，如何做人，如何做一个不贪污腐败为世人称颂的好官。

吴隐之不惧饮贪泉

吴隐之，操守清廉，为广州刺史，未至州二十里，地名石门，有水曰贪泉，饮者怀无厌之欲。乃至泉所，隐之酌而饮之，因赋诗曰："古人云此水，一歃怀千金。试使夷齐饮，终当不易心。"及在州，清操愈厉。

白话文解读

据《晋书》卷九十载，吴隐之初为晋陵太守时，"在郡清俭，妻自负薪"，颇有政声。及入朝为秘书监、御史中丞，"虽居清显，禄赐皆班亲族，冬月无被，尝浣衣，乃披絮，勤苦同于贫庶。"当时岭南广州一地，多有象牙、珍珠、海味和名贵药材，历任刺史皆贪污受贿以饱私囊，满载而归。简文帝为了改革弊端，委任吴隐之为龙骧将军、广州刺史。隆安中，吴隐之奔赴广州。当至离广州20里的石门时，他听说当地有水名叫"贪泉"，人饮了它，便会贪得无厌。吴隐之不以为然，他俯下身去，自掬水而饮，并赋诗为志说："古人云此水，一歃怀千金。试使夷齐饮，终当不易心。"意思是人们都说喝了此地的泉水，就会贪财爱宝。我可不迷信这种说法，假若让伯夷、叔齐那样品行高尚的人喝下去，（他们）也不会改变自己的意志的。他到任以后，更加清廉勤勉，吃饭时只有青菜和干鱼，衣物器用也极其简单朴素。有人认为他不过是装模作样。但一年年过去，吴隐之一如既往。《南齐书·王琨传》有言："广州刺史但经城门一过，便得三千万。"然而饮了贪泉并放歌唱誓的吴隐之破了这个例。他在广州刺史这个肥缺上，始终保持不贪不占的清白操行。任期满后，他从广州乘船返回建康时，与赴任时一样，依然身无长物，两袖清风，但与前后刺史离任归还时"船载洋货，车装珍宝"形成了鲜明的对比。

解析

吴隐之饮贪泉而不贪的趣闻，一直被传为佳话。唐代诗人王勃在《滕王阁序》中，曾借吴隐之饮贪泉之事，写下了"酌贪泉而觉爽，处涸辙以犹欢"的诗句。

吴隐之饮贪泉而不贪，关键在于本人为官清正，慎独慎微。廉与贪在人不在物，实与泉水无关。饮"贪泉"者未必贪，饮"廉泉"者未必廉。是贪，还是廉，完全取决于一个人自身的操守和定力。

一钱太守

刘宠任会稽太守，除苛政，禁非法，郡中大治。朝廷征为将作大匠。山阴县有五六叟，自若耶谷间出，人赍百钱以送宠，曰："山谷鄙人，未尝识朝政。他守时，吏索求民间，至夜不绝，或狗吠竟夕，民不得安。自明府来，狗不夜吠，民不见吏；年老值圣明，今闻当见弃去，故相扶而送。"宠曰："吾之政何能及公言邪？父老辛苦！"叟奉以钱，宠不能辞，遂各选一钱受之。

白话文解读

东汉末年贤臣刘宠，官至司徒、司空、太尉，一生"清约省素，家无货积"。他在担任会稽太守时，扶持农桑，兴修水利，革除苛政，轻徭薄赋，改善了百姓的生活。而且微服私访，体察民生疾苦，公正廉洁，禁止扰民，赢得了百姓的信任。奉调离开会稽时，五六位龙眉皓发的老农，各捧一百文钱，行至跟前，双手置顶，俯身恳求道："我等乃山里野民，不懂官场，往日当官的时常来乡下扰民，鸡犬不宁，夜不得安。您上任之后，百姓安居乐业，见不到贪官恶吏，夜间狗也不叫了。活到这把年纪能遇到您这样的好官，三生有幸啊！万望您收下这一点点心意！"躬谢再三未果，刘宠只好各取了一文，行至江边，刘宠恭敬地将钱抛入江中，以明其志。江水顿时清澈如碧、荡漾东去。

此事很快传开，人们纷纷称赞刘宠，有人为他起了个美名，叫"一钱太守"。据说，如今浙江绍兴市北面的钱清镇，就是当年刘宠投钱入河的地方。当地百姓为了纪念他，将这条江起名为"钱清江"，江旁建一亭，名曰"钱清亭"。

解析

百姓心中有杆秤，对到处搜刮民脂民膏，闹得百姓鸡犬不宁的官员，人民心怀怨愤。而像刘宠这样吏治清明，造福一方，让百姓安居乐业的官员，才能顺民意，得民心。一位清官是一方百姓之福，为政清廉才能取信于民。

晏婴辞礼

晏平仲婴者，莱之夷维人也。事齐灵公、庄公、景公，以节俭力行重于齐。既相齐，食不重肉，妾不衣帛。

晏子方食，景公使使者至，分食食之，使者不饱，晏子亦不饱。使者反，言之公。公曰："嘻！晏子之家若是其贫也！寡人不知，是寡人之过也。"使吏致千金与市租，请以奉宾客。晏子辞。三致之，终再拜而辞谢。

白话文解读

春秋时期的齐国丞相晏婴，曾经辅佐齐灵公、齐庄公、齐景公三朝，历时40年。他廉洁从政，清白做人，主张"廉者，政之本也，德之主也"，他家一顿饭只吃一道肉菜，妻妾不穿丝绸衣服。他上朝办公，总是坐一辆破旧的车，驾车的马也不好。从不接受礼物，大到赏邑、住房，小到车马、衣服，都一一辞绝，曾三次谢绝齐景公赠送的一千两黄金、豪车宝马以及豪华府第。不仅如此，晏婴还时常把自己所得俸禄送给亲戚朋友和劳苦百姓。晏子为相多年，始终不置家产，两袖清风。

解析

晏婴冒着违抗君命的危险，坚持俭朴的道德主张，一来维护了自己的道德形象，实践了自己的道德主张，二来也为全朝廷的官员，甚至王公和皇上本人树立了榜样。司马迁在《史记》中感慨地说："假令晏子而在，余虽为之执鞭，所忻慕焉。"试想，晏婴作为功勋卓著的三朝元老，尚且可以如此俭朴，其他人做到艰苦朴素更是应该。

就人的本性而言，要做到俭朴并不容易，因为人的本性就是"好利恶害"。因此，要坚持廉洁和俭朴，必须挑战人性中的劣根性，战胜社会发展过程中膨胀起来的私欲，真正做到"甘心淡泊，不受贿赂，门无请谒，身远嫌疑，饮食宴会，稍有非议，皆谢却之"。在这方面，古人晏婴为我们做出了榜样。

另外，晏婴生活俭朴的故事也告诉我们，"上梁不正下梁歪"，廉洁、俭朴之风，应该从权贵大臣做起，上行下效，这是生活中的常理。

羊续悬鱼拒贿

府丞尝献其生鱼，续受而悬于庭；丞后又进之，续乃出前所悬者以杜其意。

白话文解读

羊续，东汉泰山平阳（今山东泰安）人。他历任庐江、南阳两郡太守多年，但从不请托受贿、以权谋私，为官清廉奉法。平时穿着破旧衣服，盖的是有补丁的被子，乘坐着一辆破旧马车。餐具是粗陋的瓦器，吃的是粗茶淡饭。羊续到南阳郡上任不久，一位府丞给羊续送来一条当地有名的白河鲤鱼。羊续推让再三，这位府丞执意要他收下。当这位府丞走后，羊续将这条大鲤鱼悬挂在屋外的柱子上，风吹日晒，成为鱼干。后来，这位府丞又送来一条更大的白河鲤鱼，羊续并未推辞，也不接受，而是把他带到屋外的柱子前，指着柱子上悬挂的鱼干说："你上次送的鱼还挂在这里，已经成了鱼干，请你一起带回去吧。"这位府丞甚感羞愧，悄悄地带着鱼和鱼干走了。

此事传开后，南阳郡百姓无不称赞，敬称其为"悬鱼太守"，也再无人敢给羊续送礼了。

明朝于谦有感此事，曾赋诗曰："剩喜门前无贺客，绝胜厨内有悬鱼。清风一枕南窗下，闲阅床头几卷书。"

至今此事仍以"悬鱼""羊续悬枯（指死鱼）""挂府丞鱼"等典故被后人广为传诵。后遂用"羊续悬鱼""悬鱼""挂府丞鱼"等表示居官清谦、不受贿赂。

解析

为官者，应把廉洁作为一种价值信念来坚守，建立起自己的行事原则和底线，在工作中能够"稳得住心神、管得住行为、守得住清白"，这种坚守，既是一种精神境界的不断"修习"，又是精神家园的始终"保洁"，常怀"良田万顷，日食三升；广厦千间，夜眠八尺"的平和之心，常怀"淡如秋菊无妨瘦，清似莲花不染尘"的思廉之心，让廉洁成为自己的价值取向和人生的信念。

第二节　知　耻

内涵概说

　　　小篆　　　　隶书　　　　草书　　　　行书　　　　楷书

　　从"耻"字的字形演化和含义来源分析，其从"恥"演化为"耻"。就"恥"字而言，由"耳"和"心"组成，《说文解字》曰："恥，辱也，从耳，心声。"《六书总要》曰："恥，从心耳，会意，取闻过自愧之意。凡人心惭，则耳热面赤，是其验也。"意为一个人听到他人对自己的批评或谴责后，内心会萌发羞耻感。就"耻"字而言，由"耳"和"止"组成，意为一个人听到他人对自己的批评或谴责后，就会立刻停止不当行为。

　　从字义上进行分析，"耻"主要包括三层含义：一是指可耻的事情；二是指人的声誉、尊严受到损害时产生的愤怒感和羞耻感；三是指人对自己的过失或过错感到内疚和后悔的羞愧感。

　　在中华传统美德中，知耻是做人的标准，是对所有人的道德品性的要求，具有普遍性。耻感文化是中华传统文化的重要内容之一。耻感这种心理感受加以发掘、升华，使之成为一种文化积淀，对国人的行为和中国的文化产生了深远的影响。

　　纵观当代中国，经济建设如火如荼，精神文明建设的步伐却稍显迟滞，社会中荣辱观错位的危害正逐渐显现。因此，我们要培养"八德"中的"耻德"，践行正确的荣辱观，应以修身立德为根本，弘扬正气，自尊自爱，坚持原则，自觉约束自己的行为，提升自己的道德境界。

原典摘编

　　曾子曰："吾日三省吾身：为人谋而不忠乎？与朋友交而不信乎？传不习乎？"

　　　　　　　　　　　　　　　　　　　　　　——《论语·学而》

曾子说："我每天要从三个方面反省自己：替别人办事尽心竭力了吗？和朋友交往信守诺言了吗？老师传授的知识我温习了吗？"

曾子的这三个问句，问而不答，却发人深省，耐人寻味。在曾子自省的背后，是对忠、信、习的思想的认同，是对不忠、无信、不习的思想的排斥，这是曾子内在耻感的体现。曾子在不断自省的过程中，人格得到完善，耻感得到强化，而强烈稳定的耻感又不断增强自我评价与调整能力，自觉趋善避恶，发扬优点，改正不足，提升人格。正心修身、进德修业是孔门弟子曾子每天的功课，也应成为我们每天的必修课。

恭近于礼，远耻辱也。

——《论语·学而》

恭敬接近于礼，可以远离耻辱。

孔子强调"居处恭"（《论语·子路》）、"貌思恭"（《论语·季氏》）、"行己也恭"（《论语·公冶长》），即在日常起居、容貌态度和行为上都必须要恭敬，尊重他人，以礼待人，依礼而行。但这个"礼"必须有度，过犹不及，不合乎礼的过分恭敬会显得谄媚，只有合乎礼地去讲求恭敬，才能远耻避辱。

子曰："道之以政，齐之以刑，民免而无耻；道之以德，齐之以礼，有耻且格。"

——《论语·为政》

孔子说：用政令去引导百姓，用刑罚去规范百姓，百姓虽可因畏刑罚而免于犯罪，却没有羞耻之心；用道德教育百姓，用礼仪规范百姓，百姓不但有羞耻之心，而且知道规范自己的行为。

在孔子看来，法治是通过刑罚使百姓感到畏惧，从而免于犯罪，而道德教化则着眼于百姓道德修养的提高，百姓有了羞愧之心，就会主动避免再犯同类错误，自觉遵守社会规范。孔子还说："为政以德，譬如北辰，居其所而众星共之。"（《论语·为政》）即以道德原则治理国家，就像北极星一样处在一定的位置，所有的星辰都会围绕着它。可见孔子主张以德治国，德治高于法治。在今天的社会实践中，习近平总书记强调，法律是准绳，任何时候都必须遵循；道德是基石，任何时候都不可忽视，必须坚持依法治国和以德治国相结合，使法治和德治在国家治理中相互补充、相互促进、相得益彰，推进国家治理体系和治理能力现代化。

子曰："士志于道，而耻恶衣恶食者，未足与议也。"

——《论语·里仁》

孔子说:"读书人有志于真理,但又以粗衣糙食为耻辱,这种人,不值得同他商议了。"

在孔子的思想中,"志于道"与"锦衣玉食"并不是绝对对立的,这并不是说读书人一定要穿粗衣,吃糙食,而是要求读书人在追求真理和理想的过程中,不要过分追求吃穿享乐,因为这样必然会分散精力,致使用心不专,做不到心无旁骛,这种人,不会成就远大志向,也是不能与之相谋大事的。

子曰:"古者言之不出,耻躬之不逮也。"　　　——《论语·里仁》

孔子说:"古时候言语不轻易出口,就是怕自己的行动赶不上。"

孔子主张谨言慎行,言行一致。不能轻易许下诺言,如果答应他人而做不到的话,就会自食其言,失信于人。此非君子所为,故"子路无宿诺"(《论语·颜渊》)、"季布无二诺,侯嬴重一言"(唐·魏徵《抒怀》)。同类的话孔子多次提及,如"君子耻其言而过其行"(《论语·宪问》),说得多做得少,会给人造成夸夸其谈、言过其实的印象;又如"有其言,无其行,君子耻之"(《礼记·杂记下》),只说不做,说的就是假话、大话、空话。孔子认为考察人要"听其言而观其行"(《论语·公冶长》),言行相符,才能取信于人。

敏而好学,不耻下问。　　　——《论语·公冶长》

聪明好学,又谦虚下问,不以为耻。

在当今时代,知识呈爆炸性增长,我们需要不断地学习和探索。即使你知识渊博,才学高深,但是在某些方面依然会有所欠缺。所以,我们需要有谦虚好学的态度、不耻下问的精神,以能者为师,以善者为师,不论他的身份和地位如何,只要他有专长,都值得我们虚心去请教,这样也能收到事半功倍的效果。

子曰:"巧言、令色、足恭,左丘明耻之,丘亦耻之。匿怨而友其人,左丘明耻之,丘亦耻之。"　　　——《论语·公冶长》

孔子说:"花言巧语、伪善的容貌、十足的恭顺,这种态度,左丘明认为可耻,我也认为可耻。内心藏着怨恨,表面上却同他要好,左丘明认为可耻,我也认为可耻。"

"巧言、令色、足恭"说的是人的外在表现。语言虚情假意,脸色伪善谄媚,姿态过度谦敬,实则口蜜腹剑,"鲜矣仁"(《论语·学而》)。"匿怨"指向人的内心,虽包藏怨恨，表面却又装出友好的样子，实则口是心非。孔子对这种逢迎虚伪、表里不一的态度和行为极其痛恨，他认为在人与人的交往中，应该正直坦诚，以礼相待，表里如一。

> 子贡曰："君子之过也，如日月之食焉：过也，人皆见之；更也，人皆仰之。"
>
> ——《论语·子张》

子贡说："君子的过失好比日食月食：他犯了错误，每个人都看得见；他改正了错误，每个人都仰望着他。"

每个人都有犯错的时候，可贵之处在于过而能改。孔子曾提出"不贰过"（《论语·雍也》）的高要求，认为只有深悟前过之非，对已犯过失深恶痛绝，才能让前事之过成后事之师，惩前毖后，让自己从此远离耻辱。

> 知耻近乎勇。
>
> ——《礼记·中庸》

知道羞耻就接近于勇敢了。

儒家把"知耻"视作人的道德底线及道德完善的起点，"行己有耻"（《论语·子路》），才能严于律己，有错必纠。如廉颇认识到错误后，登门向蔺相如负荆请罪，这个克服谬误、完善自我的过程需要勇气。"行己有耻"，才能知耻而后勇。如勾践卧薪尝胆而灭吴国，韩信忍胯下之辱而助刘邦一统天下，这是为了洗刷耻辱而捍卫尊严的勇气。"行己有耻"，才能"使于四方，不辱君命"。如蔺相如面对强秦，机智周旋，据理力争，终于完璧归赵，这是临危不惧、慷慨赴义的勇气。

> 羞恶之心，人皆有之。
>
> ——《孟子·告子上》

羞耻心，人人都有。

孟子主张"性善论"，他视"羞耻心"为每个人与生俱来的、普遍存在的道德情感，人人都有亲善远恶的自然反应，只不过某些人"从其小体"（《孟子·告子上》），纵耳目之欲，在滔滔浊流中，道德滑坡，羞耻感迅速销蚀。我们只有牢牢握着"耻鞭"，筑起一道阻挡私欲浊流的围墙，才能回归知耻本心，获得高贵的尊严、挺立的人格。

> 仁则荣，不仁则辱；今恶辱而居不仁，是犹恶湿而居下也。
>
> ——《孟子·公孙丑上》

做合乎仁的事就荣耀，做不合乎仁的事就耻辱；现在的人厌恶耻辱却要做有违仁道的事，犹如讨厌湿处却还要站在低处。

"仁"既是道德修养的境界，也是对人评判的标准之一。若一个人尚有耻感，但为了个人内心膨胀的欲望和目的，违背良心，罔顾是非，不择手段，行不仁之事，只会让自己在灵魂深处备受煎熬，并承受社会的道德谴责。只有"仁者安仁"（《论语·里仁》），把仁德作为发自内心的道德修养，才能远离恶行，心怀坦荡。

> 富贵不能淫，贫贱不能移，威武不能屈，此之谓大丈夫。
>
> ——《孟子·滕文公下》

富贵不能使他骄狂，贫贱不能改变他的心志，威武不能使他屈服，这样才叫作大丈夫。

孟子认为，人无论处在什么地位，拥有多少金钱，不可改变初衷；面对强权，不能退缩妥协。这是对气节、对尊严铿锵有力的呼唤，是知荣明耻的体现。"大丈夫"人格在历史上鼓舞了不少仁人志士，文天祥兵败被俘后，拒绝高官厚禄，慷慨就义；陶渊明不为五斗米折腰；朱自清宁死不领美国的救济粮；李大钊被反动军阀抓捕后，受尽严刑拷打，大义凛然，坚贞不屈。直至今日，孟子关于"大丈夫"的这句名言，依旧闪耀着人格的光辉。

> 不耻不若人，何若人有？
>
> ——《孟子·尽心上》

不把赶不上人看作耻辱，怎么能赶上别人呢？

在孟子看来，只有把在道德方面赶不上他人视为耻辱，才能为了避免耻辱而奋起直追，在德行上赶超他人。知耻的作用不仅在于成就道德，它还是激发人们不甘落后、自强不息精神的内在驱动力。某些时候，相比于他人，我们会暂时落后，如果这时我们无动于衷，没有追赶的决心，那么差距会越拉越大，所以，我们要化耻辱为力量，迎头赶上。

> 先义而后利者荣，先利而后义者辱。
>
> ——《荀子·荣辱》

把合乎正义的行为放在利益的前面是光荣的，把私利放在正义的前面是可耻的。

荀子不否认人们对利益欲望的追求，但应以义为先，他把为满足一己私欲而背弃正义的人称作"至贼"（《荀子·修身》）。如不法商家不择手段欺骗消费者，牟取非法利益；腐败分子置国家和百姓利益于不顾，贪赃枉法，其行为令人不齿。他们或会受到严厉的道德谴责，或会受到法律的制裁。

君子耻不修，不耻见污；耻不信，不耻不见信；耻不能，不耻不见用；是以不诱于誉，不恐于诽。　　　　　　　　　——《荀子·非十二子》

君子以道德不修为耻，而不以被人污蔑为耻；以不讲信义为耻，而不以不被人信任为耻；以没有能力为耻，而不以没有得到任用为耻。所以不被浮名所诱惑，不被诽谤所吓倒。

现在，有些人知耻的方向反了，自己没有德行却不喜欢他人批评，自己不守诚信却难过失去信任，自己没有能力却责怪别人不给机会。荀子告诉我们，我们所耻的应是自身的道德、能力没有提升，当德至善时，泼过来的不会全是污水，也终会赢得他人的信任；再加上自身不断提升的能力，或许还可以等来机会。

不患位之不尊，而患德之不崇；不耻禄之不伙，而耻智之不博。
　　　　　　　　　　　　　　　　　　　　——张衡《应问》

不要担心职位不够高，而应该担心自己的道德是不是崇高；不要以自己的收入不够高而感到耻辱，而应该以自己的学识不够渊博为耻辱。

我们对道德和学识的追求应高于对地位和金钱的追求，节操、精神是为关键。"见富贵而生谄容者，最可耻。"（朱柏庐《朱子家训》）一味对欲望放任自流，利欲熏心，亦可耻。

德比于上，欲比于下。德比于上故知耻，欲比于下故知足。
　　　　　　　　　　　　　　　　　　——荀悦《申鉴·杂言下》

在德行上，要和高于自己的人相比；在欲望上，要和低于自己的人相比。和德行高的人相比，故而会有羞愧之心；和欲望低的人相比，故而知道满足。

市场经济的大潮泥沙俱下，现实社会的诱惑无处不在，我们必须把持好本心，不能缺乏自制、迷失方向，陷入欲望的泥沼。向上比德，见贤思齐，完善人格；向下比欲，知足常乐，云淡风轻。

当官避事平生耻，视死如归社稷心。
　　　　　　　　　　　　　　　——元好问《四哀诗·李钦叔》

当了官却逃避责任，这一生都该感到羞耻，视死如归才是一片爱国之心。

为官要有担当精神，在其位则谋其政，为国家贡献才能，为百姓做实事。而不能遇到困难就绕道搁置，看见歪风邪气还睁一只眼闭一只眼，一旦形成这种明哲保身、老于世故的不良风气，社会便会失去推动力。现如今，面对全面深化改革、实现伟大复兴中国梦的历史使命，为官者更需有"苟利国家生死以，岂因祸福避趋之"（林则徐《赴戍登程口占示家人》）的担当精神，方能尽显公仆本色。

士大夫当为此生惜名，不当为此生市名。　——金兰生《格言联璧》

读书人应当珍惜一生的名声，而不应该沽名钓誉了却一生。

《格言联璧》还指出，熟读诗书，崇尚气节，取予谨慎，仪表端庄，此乃惜名；争相标榜，攀附权贵，矫揉造作，是非模糊，此乃沽名钓誉。读书人应有自己的道德要求和底线，不能为了外在的名利而绞尽脑汁，如跳梁小丑般吹嘘做作，荣辱不辨。保持一颗自由的灵魂，保持一颗淡远之心，才能不为权所乱，不为欲所迷。

士皆知有耻，则国家永无耻矣；士不知耻，为国之大耻。

——龚自珍《明良论二》

读书人都知道羞耻，那么国家永远不会遭受耻辱；读书人不知道羞耻，就是国家最大的耻辱。

读书人作为国家文化的传承者与创造者，他们道德水平的高低关乎整个社会的价值和风俗的导向。读书人有知耻之心，平时能行荣远耻，危难之时能勇举义旗，普通百姓竞相效仿他们的言行后，整个社会风气就会逐渐好转，国家的命脉就能够延续；反之，若读书人恬不知耻，那么他们就会成为社会风气败坏的根源。作为读书人，我们要有超越一己私利的悲天悯人意识，还要有信仰，有担当，有责任感，不能成为精致的利己主义者。

声闻过情，君子耻之

《孟子·离娄下》

徐子曰①："仲尼亟②称于水，曰：'水哉，水哉！'何取于水也？"

孟子曰："源泉混混③，不舍昼夜，盈科④而后进，放乎四海。有本者如是，是之取尔⑤。苟为无本，七八月之间雨集，沟浍⑥皆盈，其涸也，可立而待也。故声闻⑦过情，君子耻之。"

注释

①徐子：孟子的学生徐辟。

②亟（qì）：屡次。

③混混：水奔流不息的样子。

④科：坎地。

⑤是之取尔："取是尔"的倒装句，"取这个罢了。"

⑥浍（kuài）：田间的大沟渠。

⑦闻：名声，名誉。

白话文解读

徐子问（老师）："孔子多次赞叹水，说：'水啊，水啊！'他赞同水的什么方面呢？"

孟子说："有源头的泉水滚滚奔流，日夜不停，注满了洼地之后才向前进，一直流到大海去。有本源的就像这样，孔子赞同水的这一点。如果是没有本源的，像七八月之间雨水汇集，水沟、水渠都满了，但它的干涸，也是立等可待的。所以名誉超过实情，是君子引为耻辱的。"

解析

古代很多先贤都将水与认识社会、启迪人生、感悟道德联系起来，如孔子的名句"仁者乐山，智者乐水"（《论语·雍也》），这是说水的各种自然形态，常给人以智慧。孔子还用水来比拟人的道德，他认为水到处给予而无私，这是有德行；所到之处万物生长，这是有仁爱；流向总是循着一定的道理，这是有正义；等等（《韩诗外传》）。

他试图沟通水之美与人类道德精神的内在关联。

而孟子用水之源与流的关系来说明"声闻"与"情"之间的关系。"声闻，名誉也；情，实也。"（朱熹《孟子集注》）孟子认为，人的声名要与人的实质相吻合，这样声名才会像有源之水日夜不停地流入大海一样持续；人的声名如果不是由本源自然而然生发出来的社会评价，名不副实，就如无源之水、无本之木，终不能长久。比如那些依靠吹嘘成名的人，他们只会受到良心的谴责或历史的唾弃，像尘埃一般随风而逝。对于君子而言，是耻于虚华不实、浪得虚名的，内心必坚定地秉持着实事求是的人格操守。

不食嗟来之食
《礼记·檀弓下》

齐大饥，黔敖为食于路①，以待饿者而食②之。有饿者蒙袂辑屦③，贸贸然④来。黔敖左奉⑤食，右执⑥饮，曰："嗟⑦，来食！"扬其目而视之，曰："予唯不食嗟来之食，以至于斯⑧也。"从而谢焉⑨，终不食而死。曾子闻之，曰："微与⑩！其嗟也可去⑪，其谢也可食。"

①黔敖：齐国的一位富商。

②食（sì）：给吃，喂养。给……吃。

③蒙袂（mèi）：用衣袖蒙着脸。辑屦（jù）：身体沉重迈不开步子的样子。

④贸贸然：眼睛看不清而莽撞前行的样子。

⑤奉：同"捧"，端着。

⑥执：拿。

⑦嗟：带有轻蔑意味的呼唤声。语气词，喂。

⑧斯：这地步。

⑨从：跟随。谢：表示歉意。

⑩微与：不应当。与，表示感叹的语气词。

⑪去：离开。

白话文解读

齐国出现了严重的饥荒，黔敖在路边准备好饭食，以供路过的饥饿的人来吃。有个饥饿的人用袖子蒙着脸，无力地拖着脚步，莽撞地走来。黔敖左手端着吃食，右手端着汤，说道："喂！来吃吧！"那个饥民扬眉抬眼看着他，说："我就是不接受那种带有侮辱性的施舍，才落到这个地步！"黔敖追上前去向他道歉，他仍然不吃，终于饿死了。曾子听到这件事后说："恐怕不该这样吧！黔敖无礼呼唤时，当然可以拒绝；但他道歉之后，则可以去吃。"

解析

这则故事，篇幅虽短，却言简义丰。饥饿者宁愿失去生命也不愿丢弃气节，体现了人格的尊严与独立，也是孔子"杀身成仁"精神的体现。

孟子说过类似的故事："一箪食，一豆羹，得之则生，弗得则死，呼尔而与之，行道之人弗受；蹴尔而与之，乞人不屑也。"对于行人、乞人来说，即使在十分饥饿之际，也绝不接受侮辱人格的嗟来之食。"万钟则不辩礼义而受之，万钟于我何加焉？"（《孟子·告子上》）对于士大夫来说，如果不符合礼义的要求，即使是高官厚禄，也绝不接受。不论身处顺境还是逆境，每个人都应不失本心，要始终有骨气，保持独立的人格和高贵的节操。

历史上有很多例子，如周武王灭商后，伯夷、叔齐耻食周粟，采薇而食，饿死于首阳山；汉代苏武出使匈奴遭羁押，拒绝劝降，啮雪吞毡，忠贞守节；宋代遗民谢枋得拒绝元朝诱降，绝食而死，为国尽节。他们都是"富贵不能淫、贫贱不能移、威武不能屈"的大丈夫品格的践行者。

报任安书①（节选）
司马迁

太史公牛马走司马迁再拜言②。

少卿足下：曩者辱赐书③，教以慎于接物，推贤进士为务④。意气勤勤恳恳⑤，若望仆不相师，而用流俗人之言⑥。仆非敢如此也。请略陈固陋⑦。阙然久不报，幸勿为过。

仆之先，非有剖符丹书之功⑧，文史星历⑨，近乎卜祝⑩之间，固主上所戏弄，倡优畜之⑪，流俗之所轻也。假令仆伏法受诛，若九牛亡一毛，与蝼蚁何以异？而世又不与能死节者比⑫，特以为智穷罪极，不能自免，卒就死耳。何也？素所自树立⑬使然也。人固有一死，或重于泰山，或轻于鸿毛，用之所趋异也。太上不辱先，其次不辱身，其次不辱理色⑭，其次不辱辞令，其次诎体⑮受辱，其次易服⑯受辱，其次关木索、被箠楚受辱⑰，其次剔毛发、婴金铁⑱受辱，其次毁肌肤、断肢体受辱，最下腐刑极矣！传曰："刑不上大夫⑲。"此言士节不可不勉励也。猛虎在深山，百兽震恐，及在槛阱⑳之中，摇尾而求食，积威约之渐㉑也。故士有画地为牢，势不可入；削木为吏，议不可对，定计于鲜㉒也。今交手足，受木索，暴肌肤，受榜箠，幽于圜墙㉓之中。当此之时，见狱吏则头枪㉔地，视徒隶则心惕息㉕。何者？积威约之势也。及以㉖至是，言不辱者，所谓强颜耳，曷足贵乎！且西伯⑦，伯⑧也，拘于羑里；李斯㉔，相也，具于五刑㉚；淮阴，王也，受械于陈㉛；彭越、张敖，南面称孤，系狱抵罪；绛侯诛诸吕㉝，权倾五伯，囚于请室㉞；魏其，大将也，衣赭衣，关三木㉟；季布为朱家钳奴㊱；灌夫受辱于居室㊲。此人皆身至王侯将相，声闻邻国，及罪至罔㊳加，不能引决自裁㊴。在尘埃之中，古今一体，安在其不辱也？由此言之，勇怯，势也；强弱，形也㊵。审矣，何足怪乎？夫人不能早自裁绳墨㊶之外，以稍陵迟㊷，至于鞭箠之间，乃欲引节，斯不亦远乎！古人所以重㊸施刑于大夫者，殆为此也。

夫人情莫不贪生恶死，念父母，顾妻子；至激于义理者不然，乃有所不得已也。今仆不幸，早失父母，无兄弟之亲，独身孤立，少卿视仆于妻子何如哉？且勇者不必死节，怯夫慕义，何处不勉焉！仆虽怯懦，欲苟活，亦颇识去就之分矣㊹，何至自沉溺缧绁㊺之辱哉！且夫臧获㊻婢妾，犹能引决，况仆之不得已乎？所以隐忍苟活，幽于粪土之中而不辞者，恨私心有所不尽，鄙陋没世㊼，而文采不表于后也。

古者富贵而名摩㊽灭，不可胜记，唯倜傥非常之人称焉。盖文王拘而演《周易》㊾；仲尼厄而作《春秋》㊿；屈原放逐，乃赋《离骚》；左丘失明，厥有《国语》[51]；孙子膑脚，《兵法》修列[52]；不韦迁蜀，世传《吕览》[53]；韩非囚秦，《说难》《孤愤》[54]；《诗》三百篇，大底圣贤发愤之所为作也。此人皆意有所郁结，不得通其道，故述往事，思来者[55]。乃如左丘无目，孙子断足，终不可用，退而论书策，以舒其愤，思垂空文以自见[56]。

仆窃不逊，近自托于无能之辞，网罗天下放失旧闻，略考其行事，综其终始，稽其成败兴坏之纪[57]，上计轩辕[58]，下至于兹，为十表，本纪十二，书八章，世家三十，列传七十，凡百三十篇。亦欲以究天人之际，通古今之变，成一家之言。草创未就，会遭此祸。惜其不成，是以就极刑而无愠色。仆诚已著此书，藏之名山，传之其人，通邑大都，则仆偿前辱之责，虽万被戮，岂有悔哉！然此可为智者道，难为俗人言也。

且负下[59]未易居，下流[60]多谤议。仆以口语遇遭此祸，重为乡党所笑，以污辱先人，亦何面目复上父母之丘墓乎？虽累百世，垢弥甚耳！是以肠一日而九回，居则忽忽[61]若有所亡，出则不知其所往。每念斯耻，汗未尝不发背沾衣也！身直为闺阁之臣[62]，宁得自引深藏于岩穴邪[63]？故且从俗浮沉，与时俯仰，以通其狂惑。今少卿乃教以推贤进士，无乃与仆私心剌谬乎[64]？今虽欲自雕琢，曼辞以自饰，无益于俗，不信，适足取辱耳。要之死日，然后是非乃定。书不能悉意，略陈固陋。谨再拜。

注释 --

①报：答。任安：字少卿，西汉荥阳人。年轻时很贫穷。后来做大将军卫青舍人，经卫青推举，任郎中，后来迁益州刺史。征和二年，戾太子发兵杀江冲等，当时任安任北军使者护军（监理京城禁卫军北军的官），太子命令任安发兵，任安接受了命令，但闭门不出。太子事平，任安被判腰斩。他

生前曾写信给司马迁，责以进贤之义，司马迁写了这封信答复他。

②太史公：官名，即太史令。牛马走：像牛马般被驱使的仆人，这是谦辞。走，等于说仆人。

③曩（nǎng）：从前，过去。

④务：事。为务：作为应当做的事。当时司马迁任中书令（由宦者担任），掌文书及推选人才等事，所以任安要他推贤进士。

⑤意气：这里等于说情意。勤勤恳恳：诚恳的样子。

⑥"若望"二句大意是：好像怨我不效法你的话，而遵行世俗之人的话。望，埋怨。

⑦固陋：指固塞鄙陋之见，这是谦辞。

⑧剖符：分剖之符。古代符分作两块，君、臣各执其一，以示信守。丹书：又称丹书铁券，是在铁券上用朱砂写上誓词，作为后世子孙免罪的凭信。剖符、丹书，都是颁发给功臣的。

⑨文史星历：指文献、历史、天文、历法。"文史星历"都是太史令掌管的事。

⑩卜：掌占卜的官。祝：掌祭礼的官。

⑪倡优畜之：像优伶一样养育着他（实指我）。倡：乐人。优：戏人。在封建社会，倡优被视为所谓下等人。

⑫比：同等看待，相提并论。

⑬所自树立：自己用来立身于世的，也就是自己的职业和地位。

⑭理：腠理。色：脸上的气色。"理色"在这里泛指脸面。

⑮诎（qū）体：身体被捆绑。诎，同"屈"，弯曲，卷曲。

⑯易服：换上（罪人的）衣服（赭色）。

⑰关：贯，指戴上。木：指枷。索：绳。被：遭受。箠：杖。楚：荆条。"箠楚"都是当时用来打犯人的。

⑱剔：通"剃"。剔毛发，剃去头发，即所谓髡（kūn）刑。婴：绕。婴金铁，以铁圈束颈，即所谓钳刑。

⑲语见《礼记·曲礼上》。

⑳槛阱：养兽之圈（juàn）。

㉑渐：浸渍，用作名词，指浸渍的结果，亦即逐步发展的结果。

㉒鲜：态度鲜明。即自杀，以示不受辱。

㉓圜墙：牢狱。

㉔枪：同"抢"。

㉕徒隶：狱卒。惕：怕。息：喘息。心惕息，即胆战心惊的意思。

㉖以：通"已"。

㉗西伯：即周文王。据《史记》记载，文王被囚，是由于崇侯虎潜文王于纣，说文王积善累德，将不利于纣。

㉘伯：通"霸"。

㉙李斯：秦始皇时任为丞相，后因秦二世听信赵高谗言，受五刑，被腰斩于咸阳。

㉚具：具备。五刑：据《汉书·刑法志》记载，汉初"尚有夷三族之令。令曰'当三族者皆先黥劓，斩左右趾，笞杀之，枭其首，菹（即醢，剁成肉酱）其骨肉于市，其诽谤詈诅者又先断舌。'故

谓之具五刑"。汉初系承用前制，秦时之五刑，也当如此。

　　㉛"淮阴"三句：淮阴：即汉初大将淮阴侯韩信。刘邦曾因怀疑楚王韩信谋反而在陈地将他抓起来，赦免后降为淮阴侯。械：拘束手足的刑具如桎梏等，类似手铐脚镣之类。

　　㉜彭越：昌邑（今山东金乡县西北）人，字仲，最初事项羽，不久降刘邦，多建奇功，封梁王。后来被人诬告谋反，夷灭三族。张敖：张耳之子，张耳死，张敖嗣立赵王，他曾因人诬告谋反而被囚。

　　㉝绛侯：周勃。诸吕：刘邦之妻吕后的亲族吕产、吕禄等。惠帝、吕后死后，吕禄为上将军，吕产任相国，将要颠覆汉朝。周勃与陈平等共诛诸吕，迎立刘邦次子刘恒为帝，史称文帝。

　　㉞请室：大臣待罪之室。周勃后来也曾因人诬告谋反而被囚于请室。

　　㉟魏其：大将军窦婴，汉景帝时被封为魏其侯。武帝时，营救灌夫，被人诬告，下狱判处死罪。赭衣，罪人之服。三木：加在颈、手、足三处的刑具，即枷及桎梏。

　　㊱季布：项羽将，数困辱汉高祖。项羽败死，高祖悬重金购求季布，季布髡钳，变姓名，卖身为鲁人朱家家奴，借以藏身。

　　㊲灌夫：汉景帝时为郎中将，武帝时为太仆，因得罪丞相田蚡而被囚。居室：少府所属的官署。后改名保宫。

　　㊳罔：通"网"，罗网。这里比喻"法网"。

　　㊴引决：下决心。裁：制裁。自裁，等于说自杀。

　　㊵"勇怯"二句：勇怯强弱都是形势所决定的。

　　㊶绳墨：指法律。

　　㊷以：以此，因此。稍：渐。陵迟：衰颓，这里指志气衰微。

　　㊸重：意动用法，等于说难。

　　㊹颇：稍。去就：指舍生就义。

　　㊺缧（léi）：大绳子。绁（xiè）：长绳子。缧绁：引申为捆绑、囚禁。

　　㊻臧获：古人对奴婢的贱称。《方言》："海岱之间，骂奴曰臧，骂婢曰获。"

　　㊼没世：等于说终结一生，也就是死的意思。

　　㊽摩：通"磨"。

　　㊾演：推演。相传周文王被拘于羑里后，推演易之八卦为六十四卦。

　　㊿孔丘字仲尼，周游列国宣传儒道，在陈地和蔡地受到围攻和绝粮之苦，返回鲁国作《春秋》一书。

　　51左丘：即左丘明。厥：句首语气词。据说《国语》为左丘明所作。

　　52孙子：姓孙，其名不详，战国时的大军事家，据说他著有兵法八十九篇，今不传。孙子的同学庞涓事魏惠王，妒忌孙子之才，就把他骗到魏国处以膑刑。后来孙子事齐威王，大败魏军。因为孙子受过膑刑，后世就称之为孙膑。

　　53不韦：即吕不韦，战国末期大商人，秦庄襄王因其力而得立。庄襄王元年，为丞相，秦始皇即位，尊不韦为相国。始皇十年，以罪免职，后又奉命徙蜀，于是自杀。

　　54据《史记·韩非列传》，韩非屡次以书谏韩王，韩王不能用，韩非于是作《说难》《孤愤》等篇十余万言。书传到秦国，秦始皇看了很喜爱，于是急攻韩，韩于是派出韩非出使秦国。至秦，因受李斯等的谗毁而被害。

⑤思来者：意思是想让将来的人知己之志。

⑤垂：指流传。空文：是与具体的功业相对而言。

⑤稽：考察。纪：纲纪，这里指道理、规律。

⑤轩辕：即黄帝，传说中的远古君王，姓公孙，因居于轩辕丘，所以又称轩辕。

⑤负下：担负着污辱之名。

⑥下流：水的下游，这里比喻卑贱的身份与受辱的处境。

⑥忽忽：等于说恍恍惚惚。

⑥直：仅，不过。闺阁：宫中的小门，指皇帝的内廷。闺阁之臣，即宦官。

⑥自引：指自己引身而退。深藏于岩穴：指过隐居生活。

⑥私心：我的心思，谦辞。剌（là）谬：违背。

白话文解读

太史公、愿为您效犬马之劳的司马迁再拜陈言。

少卿足下：前些日子蒙您屈尊赐信给我，指教我谨慎待物，并以推举贤才为己任。您情意诚挚恳切，好像是埋怨我不采纳您的意见，反而听信了俗人的话。我是不敢这样的。请让我大概地陈述鄙陋之见。这么久没有给您回信，希望您不要责怪。

我的先人，并没有受赐剖符、丹书那样的功劳，不过是掌管文献、历史、天文、历法，近似于卜官、祝官一流，本是为主上所戏弄，像乐师、优伶那样被豢养，而被世人所轻视。假如我被法律处罚遭到杀戮，不过就像九牛失去一毛，跟死去只蝼蛄、蚂蚁有什么不同呢？而世俗又不把我和那些死于坚持气节的人相提并论，只是认为我智虑穷尽、罪大恶极、不能自脱、终于被杀而已。为什么呢？平日我自己从事的职业使人们有这样的看法罢了。人总有一死，有的人的死比泰山还要重，有的人的死比鸿毛还要轻，这是因为他们死的原因和目的不同。最好是不使祖先受辱，其次是自身不受辱，再次是不使自己的颜面受辱，再次是不在言辞上受辱，再次是身体被绑而受辱，再次是穿上囚服而受辱，再次是戴刑具、被抽打而受辱，再次是剃掉毛发、颈戴铁圈而受辱，再次是毁坏肌肤、截断肢体而受辱，最下等的就是腐刑，受辱到了极点！古书上说："刑罚不施加于大夫以上。"这是说作为士大夫不可不磨砺他的气节。猛虎在深山，百兽感到震恐，一旦猛虎掉进陷坑或被关进笼子，便摇着尾巴向人求食，是因为长期以来的威力使它渐渐驯服的缘故。所以，士人即使在地上画个圆圈做监牢，他也不会进入；削个木头人做法吏，他也不会对案，而态度鲜明地计划在受辱之前就自杀。如今手脚被绑，戴上了刑具，暴露肌肤，被杖打鞭抽，囚禁在牢狱里，在这时候，见到狱吏就赶紧磕头，看见狱卒就心惊胆战不敢喘气。为什么呢？这是由于威力的长期施加造成的。都已经到了这种地步，却说自己没有受辱，不过是厚脸皮罢了，有什么可赞扬的呢！况且，西伯姬昌是一方诸侯之长，却被囚禁在羑里；李斯是一国的丞相，遭受五种刑罚；淮阴侯韩信，被封为王，却在陈地被戴上刑具；彭越、张敖都是南面称王的人，却被下狱定罪；绛侯周勃，曾诛灭诸吕，权势超过春秋五霸，也被囚禁在请罪室中；魏其侯窦婴是大将军，却穿上赭色囚衣，戴上头枷、手铐和脚镣三种刑具；季布自受钳刑给朱家做奴隶；灌夫被拘于居室而受屈辱。这些人都是位至王侯将相，名声传到邻国，等到犯了罪而法网加身的时候，却不能自杀而死。落入尘埃之中，古今一样，哪里有不受屈辱的呢？由此说来，勇怯、强弱都是形势使然。很明白的了，还有什么值得奇怪的呢？人不能在法律制裁之前就自杀，以致慢慢受挫而颓唐，到了身受杖打鞭抽的时候，才想为气节而死，这不是晚了点吗！古人之所以不轻易对大夫实施刑罚，大概就是因为这个。

人之常情，无不贪生恶死，顾念父母妻子儿女；至于那些激愤于正义公理的人却不是如此，他们是有不得已的地方。如今我不幸父母早早过世，也没有兄弟，独自一人活在世上，你看我对妻子儿女又怎样呢？而且勇敢的人不一定非要为气节而死，怯懦的人要是仰慕节义，哪里找不到可以勉励自己的人呢！我虽然怯懦，想要苟且偷生，也很明白舍生就义的道理，哪里至于甘心被囚而受侮辱呢！而且奴仆婢妾尚且可以自杀，何况我是不得已，不是更该受死吗？我之所以暗自苟且偷生，置身在肮脏的监狱中而不自裁，是因为我的心愿未了，如果屈辱离世的话，我的文章便不能流传后世。

古时候生前富贵而死后却声名不传的人，多得数不清，只有成就卓著、风流倜傥的人能受到后人的称道。像周文王被拘禁而推演出《周易》；孔子受困厄而著作《春秋》；屈原被流放才写出《离骚》；左丘明双目失明，写出《国语》；孙膑膝盖骨被剜而编写出兵法；吕不韦迁居蜀地，《吕览》才得以流传于后世；韩非在秦国被捕下狱，写出了《说难》《孤愤》；《诗经》三百篇，大都是贤人、圣人抒发内心的愤懑而作的。这些人都是心里抑郁闷结，得不到宣泄，所以才追述以往的事情，寄希望于后来人。就像左丘明失明，孙子断了脚，再也得不到重用了，于是退而著书立说，以此抒发心中的愤懑，希望文章流传后世使后人能了解自己。

近些年，我私下不自量力，依靠拙劣的文辞，搜集天下各处的旧闻，粗略地考订其事实，综合其来龙去脉，考察其成功、失败、兴起、衰亡的规律，上自皇帝，下至于今，写成表十篇、本纪十二篇、书八篇、世家三十篇、列传七十篇，共一百三十篇。也是想用来探究自然和人事之间的关系，通晓由古到今的变化，建立一家之言论。还没有写成，就遭遇了这起灾祸，我为此书未成深感痛惜，所以，遭受极残酷的刑罚却毫无愠色。如果我真的能写完此书，在名山之中将它珍藏，传到了解我的人和交通发达的大都邑，那么就偿还了我此前受辱的债，即使我受刑被杀一万次，还有什么可后悔的呢！然而这些话只能对智者去说，难于跟一般的人去讲。

而且，背着侮辱的罪名不易立身当世，地位低下的人常常被人诋毁。我因进言而遭遇这场灾祸，深受家乡人的耻笑。因为我让祖上受辱被污，还有什么脸面再给父母上坟呢？即使过了一百世，耻辱只会越来越加重！因此，痛苦之情难以抑制，在肠中百转千回，平日在家经常深思游移，若有所失，出门常常不知道要到哪里去。每当想到这种耻辱，次次都是汗流浃背、沾湿衣服！我已经成了宦官，怎么能自我隐退避居山野呢？所以，暂且跟着世俗随波逐流，与时势俯仰上下，以抒发内心的悲愤。如今少卿竟然叫我推贤举能，不是和我个人的想法相违背吗？现在就算我想用推贤举能的行动来粉饰自己，用甜言美语为自己开脱，可这对世俗没有好处，不能取信于人，恰恰更加自辱而已。总之到死的那一天，然后是非才会有这个定论。这封信不能充分表达我的心意，只是概略地陈说一下鄙陋之见。谨再次叩首。

解析

　　《报任安书》是司马迁写给任安的回信。司马迁四十七岁时，正当他的《史记》"草创未就"之际，突遭李陵之祸，受宫刑之辱。出狱后任职中书令。任安在此时曾写信给司马迁，希望他能"推贤进士"。司马迁对此事感到很为难，"奈何令刀锯之余荐天下豪俊哉"！所以他一直没有复信。后任安因罪下狱，被判死刑，司马迁才给他写了这封回信。

　　在此信中，司马迁以极为激愤的心情，痛诉了自己的不幸遭遇，宣泄了内心的深切痛苦和不满。腐刑，已把司马迁的人格尊严破坏殆尽，"每念斯耻，汗未尝不发背沾衣也"！司马迁在文中反复呻吟着这种痛苦。但司马迁之所以"隐忍苟活"，是担心"文采不表于后世也"。司马迁不仅没有向苦难的命运屈服，还从莫大的耻辱中获得了创作动力，"意有所郁结，不得通其道，故述往事，思来者"，他将血泪凝成了文字，意图通过文字来雪刷前耻，他用另一种方式证明了生命的价值，从而重新获得了生命的尊严。

　　在文中，司马迁还提出："人固有一死，或重于泰山，或轻于鸿毛。"司马迁肯定有价值的从容赴死，更赞赏为了实现可贵的理想而坚韧不屈、隐忍以行、终成大业之士。要死后名垂千古，就要做一个"倜傥非常"之人，让生命体现出最大的价值。

廉耻（节选）

顾炎武

　　《五代史·冯道传》①论曰："礼义廉耻，国之四维，四维不张，国乃灭亡②。善乎管生③之能言也。礼义，治人之大法；廉耻，立人之大节。盖不廉则无所不取，不耻则无所不为，人而如此，则祸败乱亡亦无所不至。况为大臣，而无所不取，无所不为，则天下其有不乱，国家其④有不亡者乎！"然而四者⑤之中，耻尤为要。故夫子之论士曰："行己有耻。"⑥孟子曰："人不可以无耻，无耻之耻，无耻矣⑦！"又曰："耻之于人大矣，为机变之巧者，无所用耻焉⑧！"所以然者，人之不廉，而至于悖⑨礼犯义，其原皆生于无耻也。故士大夫之无耻，是谓国耻⑩。

吾观三代⑪以下，世衰道微，弃礼义，捐⑫廉耻，非一朝一夕之故。然而松柏后凋于岁寒⑬，鸡鸣不已于风雨⑭，彼昏之日，固未尝无独醒⑮之人也。顷读《颜氏家训》⑯，有云："齐朝⑰一士夫，尝谓吾曰：'我有一儿，年已十七，颇晓书疏⑱，教其鲜卑语⑲，及弹琵琶，稍欲通解，以此伏⑳事公卿，无不宠爱。'吾时俯而不答。异哉此人之教子也！若由此业，自致卿相，亦不愿汝曹为之㉑！"嗟乎！之推不得已而仕于乱世㉒，犹为此言，尚有《小宛》㉓诗人之意，彼阘然㉔媚于世者，能无媿㉕哉！

注释 --

①《五代史》：书名，亦称《五代史记》，即《新五代史》。宋欧阳修撰，共七十四卷。《冯道传》列入该书第五十四卷杂传第四十二中。冯道（公元882—公元954年），五代景城（今河北省交河县）人，字可道，历事唐、晋、汉、周四朝，官皆将相，自号长乐老。

②"礼义"四句：语见《管子·牧民》。四维，维，网罟之纲，用以系网者。网之四角系之，则纲举目张。故以礼义廉耻四者比喻维持国家之工具。

③管生：管仲，春秋时期齐国杰出的政治家。曾辅佐齐桓公进行政治改革，使齐首先称霸于诸侯。《管子》相传就是他的著作。

④其：同"岂"。

⑤四者：谓礼、义、廉、耻。

⑥夫子：即孔子。论士，见《论语·子路》："子贡问曰：'何如斯可谓之士矣?'子曰：'行己有耻。使于四方，不辱君命，可谓士矣！'"行己有耻，言为士者立身行事能知耻而有所不为。

⑦"人不可以"三句：语见《孟子·尽心上》。言人能以无耻为可耻，自然不会有耻辱之事到他身上来。

⑧"耻之于人"三句：语见《孟子·尽心上》。机变，巧伪变诈。无所用耻，把廉耻不放在心上的意思。

⑨悖（bèi）：违背。

⑩国耻：国家所蒙受的耻辱。

⑪三代：指夏、商、周。

⑫捐：弃。

⑬"松柏"句：见《论语·子罕》："岁寒，然后知松柏之后凋也。"

⑭"鸡鸣"句：见《诗经·郑风·风雨》："风雨如晦，鸡鸣不已。"已，止。岁寒、风雨并指衰乱之世。

⑮独醒：比喻不同于流俗。《史记·屈原传》："举世混浊，而我独清；众人皆醉，而我独醒。"

⑯《颜氏家训》：书名，北朝颜之推作。共七卷，分二十篇。内容多叙述立身治家之法，兼及文字音训之考辨与文学批评。其中对北朝士大夫之丧失民族气节与南朝贵族之骄奢淫逸之事，时加抨击。文笔平易朴实。

⑰齐朝：谓北齐（公元550—公元577年）。

⑱疏：记。

⑲鲜卑语：北魏本鲜卑人，齐之先世虽为渤海人，但因久处北方，亦从鲜卑俗，用鲜卑语。

⑳伏：同"服"。

㉑以上见《颜氏家训·教子》。

㉒之推：颜之推（公元531—公元595年），《颜氏家训》的作者，字介，琅琊临沂（今山东省临沂市）人。历仕梁、北齐、北周、隋诸朝。博览群书，长于文学。

㉓《小宛》：《诗经·小雅》篇名。朱熹认为这是一首"大夫遭时之乱，而兄弟相戒以免祸之诗"。

㉔阉然：昏暗闭塞貌。《孟子·尽心下》："阉然媚于世也者，是乡原也。"集注："阉，如奄人之奄，闭藏之意也。"

㉕媿：同"愧"。

白话文解读

《五代史·冯道传》中论述道："礼义廉耻，是治国的纲纪准则，治国的纲纪准则得不到伸张推行，国家就会灭亡。"妙啊！管子善于立论！礼义，是治理人民的大法；廉耻，是为人立身的大节。大凡不廉洁，便什么都可以拿，不知耻，便什么都可以做。人如果到了这种地步，那灾祸、失败、逆乱、死亡也就都随之而来了。更何况身为大臣，如果什么都拿，什么都做，那么天下哪有不乱，国家哪有不亡的道理呢？"然而在这四者之中，知耻尤其显得重要。因此孔子论及怎么才可以称为士时，说道："个人处世必须有羞耻心。"孟子说："人不可以没有羞耻，不知羞耻的那种羞耻，真是不知羞耻啊！"又说："羞耻心对于人来说关系重大，那些搞阴谋诡计耍花样的人，把廉耻不放在心上。"之所以如此，因为一个人不廉洁，甚至于违背礼义，原因都产生在没有羞耻心上。因此士大夫没有羞耻心，可以称之为国耻。

我考察自夏、商、周三代以后，社会道德日益衰微，礼义廉耻被抛弃，不是一朝一夕形成的。但是凛冽的严冬中有不凋的松柏，风雨如晦中有警世的鸡鸣，在那些昏暗的日子里，其实不是没有独具卓识的清醒者啊。最近读到《颜氏家训》上有一段话说："齐朝一个士大夫，曾对我说：'我有一个儿子，年已十七岁，颇能写点文件书牍什么的，教他讲鲜卑话，也学弹琵琶，想要让他稍微通晓一点，用这些技能侍候公卿大人，肯定到处受到宠爱。'我当时低下头不曾回应。奇怪啊，这个人竟是这样教育儿子的！倘若借助这些本事能使自己做到卿相，我也不愿你们这样做。"唉！颜之推不得已而出仕于乱世，尚且能说出这样的话，还有《小宛》诗人的精神，那些曲意逢迎、卑劣地献媚于世俗的人，能不感到惭愧吗？

解析

礼义廉耻，是中华民族可贵的道德传统。这篇短文开篇即以《五代史·冯道传》

所引管仲名言为全文张本，开宗明义，说明礼义乃治人之大法，廉耻乃立人之大节，若不廉无耻，则祸败乱亡会无所不至。而国家大臣若不讲廉耻，则将导致亡国。并且指出：礼、义、廉、耻四者之中，"耻尤为要"，并用孔子"行己有耻"及孟子"人不可以无耻"的名言为例证，推断出"士大夫之无耻，是谓国耻"的结论。顾炎武目睹明亡后士大夫们纷纷屈节仕清，所谓"蓟门朝士多狐鼠，旧日须眉化儿女。生女须教出塞装，生男要学鲜卑语"（顾炎武《蓟门送子德归关中》）。对这种不讲廉耻、士风败坏之丑行深恶痛绝，称之为"国耻"。

顾炎武忠于明朝，反清复明之志至死不渝，故对士大夫们的仕清之举谴责鞭挞，这在今天看来，无疑有其时代与民族的局限。但他提倡"行己有耻"却绝对是正确的。越王勾践卧薪尝胆，终于灭吴雪耻；苏武冰天雪地持节牧羊，不辱使命，名扬青史。"知耻"已成为中华民族的一种优良道德传统，成为爱国主义的重要心理基础。那些卖国投敌、认贼作父、伤天害理、奴颜婢膝者，自当为国人所不齿。在改革开放的今天，《廉耻》一文，仍有现实意义，它将激励我们自觉加强自身修养，成为"行己有耻"的人。

卢革避试

宋，卢革字仲辛，吴兴人。少举童子，知杭州马亮见所为诗，异之。时值贡举，亮戒主司勿遗革。革闻曰："以私得荐，吾耻之。"去弗就试。后二年，遂首选，至登第年方十六。神宗谓宰相曰："雅闻革廉退士也，宜拜嘉郡守。"

（蔡振绅《八德须知全集》）

白话文解读

宋代，一个人姓卢名革，字仲辛，他是吴兴人。年幼的时候被举为童生。杭州的太守马亮见到卢革所做的诗句，觉得很惊奇。这时正值科举考试，马亮就叮嘱主试官，不要遗漏了卢革。卢革听到了说道："因私得以举荐，这是我所羞耻的。"于是他就放弃考试。后来过了两年，他才去考，竟然中了第一名。到应试得中之时，年纪还只有十六岁。神宗皇帝对宰相说："向来听闻卢革是一个知廉耻的隐退之士，应当授予他嘉郡太守一职。"

解析

卢革的故事告诉我们：我们应当秉承"是金子始终会发光"的理念，凭自己的真才实学去拿到考场、职场的"敲门砖""通行证"，并应当常常谨慎、羞耻于"瓜李之嫌"，即便当时耽误一时之机，日后反而有获得更大的尊重与礼遇的可能。

<h1 align="center">纯仁无愧</h1>

宋，范纯仁尝与司马光论役法，不合，后朝廷治司马党。韩维以执政日与光不合得免。或劝纯仁援维为例，纯仁曰："吾昔与君实同朝论事不合则可，以为今日解脱地，则不可。有愧心而生，孰若无愧心而死乎？"

（蔡振绅《八德须知全集》）

白话文解读

宋代，范纯仁曾经与司马光讨论役法，他们的意见不同，后来朝廷里惩治司马光一党的人。韩维因为和司马光意见不合日益生疏，得以幸免。有人劝范纯仁援引韩维的前例，去请求免罪。范纯仁说道："我从前和司马光其实是同在朝中讨论政事而意见不同，那是可以的，要把它作为逃脱责任的事，则是不可以的。与其有了惭愧心地活着，还不如没有惭愧心地死去好呢。"

解析

君子不仅要有自己应有的底线与原则，更要磨炼"和而不同、举贤不避亲仇"的高尚境界，遑论为了一己之祸福，而去做任何有悖自己内心本愿与立场，甚至落井下石之耻事。君子要勇于承担自己所需承担的责任，不做墙倒众人推、树倒猢狲散之徒。这与君子不立危墙之下所面对的境况是完全不一样的。

谧婶惭泣

晋，皇甫谧叔母任氏，无子。立夫兄子谧为嗣。谧年二十，不好学，尝得瓜果进任氏，任氏曰："三牲之养，未足为孝。显亲扬名，孝之大者。吾家世凋零，子复不好学，何以慰先人之望？吾死，惭见伯姒于地下矣。"因对之涕泣，谧亦感泣就学，卒成大儒，号"玄晏先生"。

（蔡振绅《八德须知全集》）

白话文解读

晋朝时候，有个叫皇甫谧的人，他婶婶任氏没有儿子，所以就让丈夫兄弟的儿子皇甫谧做了自己的儿子。皇甫谧二十岁了，不喜欢读书。有一次，他得到一个水果，就拿去敬奉给任氏，任氏说："即使你用牛羊猪来奉养我，还是算不上不孝。若能光宗耀祖，才是真正的大孝。我们的家世已经这样衰败，而你又不喜欢读书，怎么可以告慰祖辈们的期望呢？我死了，就是在九泉之下也没有面目去见兄嫂啊！"说完，就对着他哭。皇甫谧也忍不住痛哭起来。从此认真读书，终于成了一个大学问家，大家都称他为"玄晏先生"。

解析

以现代的观点看，我们读书绝不仅仅是为了光宗耀祖、扬名显亲，也不是只为了满足上一代对我们的期待，而更是为了丰富自己的头脑，获得安身立命的武器与技能，找到心灵的安适之所，实现自己更大的人生价值。

房崔愧心

北魏，房爱东妻崔氏，清河人。亲授子景伯、景光九经，景伯为清河守。贝丘民妇列子不孝，吏欲案之。崔氏使景伯呼其母入府，与己同居共食，置子于景伯左右。每景伯温清，其子侍立堂下。未及旬日，悔过求还。崔氏曰："此特颜惭，尚未心愧，且置之。"后二十余日，其子叩头流血，其母亦涕泣求还，乃始听之，终以孝闻。

（蔡振绅《八德须知全集》）

白话文解读

北魏国有个叫房爱东的人，他的妻子崔氏是清河地方的人。崔氏亲自教他们的两个儿子房景伯、房景光读"九经"，后来房景伯做了清河太守。有一次，地方贝丘的一个妇人到衙门状告儿子不孝，房景伯就想治这个不孝之子的罪。崔氏得知这事，就叫房景伯把那个妇人叫到府里来，和自己同吃同住，又叫那个妇人的儿子跟在房景伯的身边。每次房景伯温情问候崔氏时，那个妇人的儿子就立在堂下看着。不到十日，那个妇人的儿子就说悔改了，要求回去。崔氏说："他只是脸面上过不去，心里还没有真正的惭愧，且不要理他。"后来又过了二十多天，那个妇人的儿子羞愧地叩着头，还流了血出来，请求把母亲接回去，他的母亲也哭着流着眼泪要求回去。直到这时，房景伯才让他们母子回去。那儿子回到家后，后来竟因孝顺出了名。

解析

这个故事告诉我们：对父母不孝顺是一件令人羞耻的事，父母含辛茹苦将我们养大，我们要学会感恩，由心而发地孝顺他们；激发人的羞耻心莫过于身教言传、耳濡目染，简单的惩戒只能让人感受到畏惧，并不能很好地实现教化；羞耻心不是面子上的惭愧、难为情，而是人内心深处的耻感，一个人只有真正意识到羞耻的时候，才会具有强烈的自尊和高尚的人格。

湛妻激贲

唐，湛贲妻，进士彭伉之姨也。伉既登第，贲为郡吏，妻族贺伉，满座皆一时名士。伉居客右，一坐尽倾，而贲饭于后阁。其妻责之曰："男子不能自励，以致窘辱至此，亦复何颜？"贲感其言，乃力学，一举而擢第。时伉方郊游，闻之，失声坠驴，时人语曰："湛郎及第。彭伉落驴。"君子谓湛贲之妻，能激夫以成名。

（蔡振绅《八德须知全集》）

白话文解读

　　唐朝湛贲的妻子，是进士彭伉妻子的妹妹。彭伉中进士的时候，他的连襟湛贲还在县里做小官。彭伉妻子的亲戚和族里的人都来向彭伉道喜，座上都是当时有名的人物。彭伉坐在客人们的右边，这些客人都对他表示很佩服。可是湛贲却没人理会，他一个人躲在后面的小阁子里吃饭。湛贲的妻子见了这般情形，也觉得很惭愧，就去责备丈夫说："作为男子汉，不能够自己勉励自己，以致被人家羞辱到这般地步，还有什么脸面呢？"湛贲感觉妻子说得在理，很有触动，于是开始用功读书，终于一举及第。当时彭伉正在野外游玩，听说湛贲及第的消息，简直不敢相信，惊愕地叫了一声，就从驴背上跌了下来。所以那时的人有"湛郎及第，彭伉落驴"的说法。君子都称许湛贲的妻子，能够因势激励丈夫，使得丈夫成就了功名。

解析

　　这个故事告诉我们，一些人的羞耻感是需要激发的，当一个人对身处逆境不以为然或逃避、迷茫时，他需要身边的人给予适时、适当的点拨与鼓励。当一个人受到外界的羞辱时，需要激发自我的羞耻心，化耻辱为动力，让自己强大起来，这才是洗刷耻辱的最佳方法。此外，身居高位时不要小瞧别人，身落蓬门荜户时也不必看轻自己，摆正自己心态，守住礼义廉耻，在人生的每一个阶段，给予别人应有的尊重，给自己足够奋斗的理由，才算真正无愧于此间平凡的一生。

参考文献

[1] 许凌云，张孝美，等．古文观止［M］．长沙：岳麓书社，1988.

[2] 杨柏峻．论语译注［M］．北京：中华书局，1980.

[3] 安德义．论语解读［M］．北京：中华书局，2007.

[4] 王文锦．礼记译解［M］．北京：中华书局，2016.

[5] 万丽华，蓝旭．孟子［M］．北京：中华书局，2016.

[6] 朱熹．孟子集注［M］．济南：齐鲁书社，1992.

[7] 安小兰．荀子［M］．北京：中华书局，2016.

[8] 朱东润．中国历代文学作品选［M］．上海：上海古籍出版社，1979.

[9] 钟基，李先银，等．古文观止［M］．北京：中华书局，2016.

[10] 王力．古代汉语［M］．北京：中华书局，1999.

[11] 来新夏．中华文化集粹丛书：明耻篇［M］．北京：中国青年出版社，1991.

[12] 蔡振绅，深蓝．德育读本：廉耻篇［M］．南昌：二十一世纪出版社，2011.

[13] 揭芳．中国人的美德：耻［M］．天津：天津人民出版社，2013.

[14] 杨峻岭．先秦儒家耻感思想的基本内容、主要特征及其现实意义［J］．伦理学研究，2008（2）：
69-72.

后　记

　　国学是中华民族的先哲们遗留给后人的、历经数千年变化而逐渐丰富的以儒家经典为主体的中华传统文化与学术，它涵盖我们社会生活的方方面面，其中的一些经典著作更是对一个人从小到大、从个人修养到对外交往等做了一些善意的规劝甚至约束。可以说，一个人长大之后成才与否，与他成长路上逐步形成的国学素养是有很大关系的。

　　中高职学生正处于人生成长的关键期，他们个人的综合素养的如期形成，他们的学习、工作能力的顺利提升，将会对他们个人乃至国家有着长远的意义。基于此，《国学经典读本（上）》在《国家中长期教育改革和发展规划纲要》的指导下，根据《完善中华优秀传统文化教育指导纲要》和《关于培育和践行社会主义核心价值观　进一步加强中小学德育工作的意见》的理念精神，适应并贴近中高职在校学生实际与培养目标要求，顺应当前教育改革与发展的形势编写而成，并充分体现了以下理念。

　　1. 以人为本的教育价值。该读本首先关注的是中高职学生的国学教育能力与素养。在编写该教材的过程中，我们根据《教师教育课程标准（试行）》《幼儿园教师专业标准（试行）》《中小学教师专业标准（试行）》精神，吸收学前教育与小学教育专业建设的研究新成果，强化实践意识，关注现实问题，体现教育改革与发展对教师的新要求，引导未来幼儿与小学教师掌握国学传承活动的设计与组织等专业能力，从而提高中高职学生国学教育活动能力与素养。其次，所选经典名言、名篇以中高职学生现实的全面、协调发展和未来的持续、终身发展为出发点与落脚点，内容与中高职学生的生活息息相关，接地气。最后，为使本读本更有观赏性，更符合学前教育、小学教育专业特点，书中穿插了中华传统文化中五种字体和国画的内容。

　　2. "学教一体化"的教育理念。本册国学读本，在整合传统认知体系与特色的基础上，形成了一种"从实践到理论，从理论到再实践"的认知逻辑体系。在设计本册读本的结构时，更是注重从中高职学生专业化成长的角度出发，将理论与实际相联系，将教材内容与幼儿教育、小学教育实践活动进行有机结合。本读本不仅关注中高职生"学"的层面，更关注其学了之后"教"的层面，从而真正践行"学教一体化"的教育理念，以增强学前教育与小学教育专业人才培养的师范性与职业性。

　　本书编写分工如下：第一章由何云峰、秦松元（永州师范高等专科学校）编写；

第二章由秦松元、李梅兰（永州师范高等专科学校）编写；第三章由贺红山、彭双宝、桂金菊（永州师范高等专科学校）编写；第四章由钟健颖、杨玉如、刘治国（湘中幼儿师范高等专科学校）编写；第五章由张玲（衡阳幼儿师范高等专科学校）、赵小勤（湘南幼儿师范高等专科学校）、刘文英（怀化师范高等专科学校）编写。他们以高度的责任感完成了本书的编写工作；但也因为他们都是一线教育工作者，工作繁忙，编写时间紧，难免有不少疏漏和错误之处，在此表示歉意。

编写过程中，湖南大学出版社的刘锋、罗红红等编辑给予了大力支持，因编写的需要，我们还参阅了许多同仁的资料，在此一并表示衷心感谢。

何云峰

2017 年 6 月 22 日